悪戦苦闘
2006年の現場
21_21 DESIGN SIGHT
TADAO ANDO ARCHITECT & ASSOCIATES

安藤忠雄

21_21

安藤忠雄建築研究所

一枚のスナップがある。快晴の空の下、視界の向こうに地上を鋭角に掘り込んだ穴が見える。その底には驚くべき密度と正確さで敷き詰められた鉄の格子。穴の中ほどに三人の男が見える。皆、思い思いの場所で背を屈め、一ミリの綻びも見落とすまいと、鉄筋の締まり具合を確かめている。21_21 DESIGN SIGHTの工事現場、ある冬の朝のワン・シーンだ。何と清々しく気高い風景だろう。

建築は完成途中の、今まさに立ち上がろうとするときが一番美しい。裸形の空間にはその建築の意図が最もダイレクトに表れるし、なによりも建設にかかわる職人一人ひとりのモノづくりの執念や情熱を肌で感じることができるからだ。

There is a snapshot that shows an acutely-angled hole dug into the ground in the distance under a clear sky. At the bottom of the hole is a steel lattice of amazing density and precision. Three men can be seen inside the hole. They are bending down in different places, checking the steel reinforcements with intent expressions on their faces, as if they were determined not to miss a single millimeter of error in the arrangement. The inspection took place one winter morning at the construction site of 21_21 DESIGN SIGHT. It was a scene of brisk activity.

A building is most beautiful when it is being constructed. That is because the naked space expresses most directly the architect's intention and reveals to the touch the devotion to and the passion for craftsmanship of each worker.

悪戦苦闘　2006年の現場　目次

序・建築のプロセス ──"現場"の悪戦苦闘　　8
　　安藤忠雄

1．設計現場の悪戦苦闘
　　実現へ向けて揺れ動くプロセス　　15

　　　　PHASE 1　初めの構想
　　　　PHASE 2　敷地が変更となる
　　　　PHASE 3　規模が変更となる
　　　　PHASE 4　鉄板屋根案の浮上
　　　　PHASE 5　最終案

2．建設現場の悪戦苦闘1
　　コンクリートの検討　　95

3．建設現場の悪戦苦闘2
　　鉄板屋根の検討　　145

4．建設現場の悪戦苦闘3
　　各部への展開　　219

5．竣工直前写真　　248

6．巻末資料　　267

　　　　21_21 DESIGN SIGHT アクセスマップ
　　　　建築計画データ
　　　　竣工図面
　　　　プロジェクトの経緯
　　　　安藤忠雄　略歴

序・建築のプロセス ——"現場"の悪戦苦闘
安藤忠雄

　本書は、2007年春に完成を迎えた『21_21 DESIGN SIGHT』の構想から建設、完成に至るまでのプロセスをそのまま一冊の本にまとめたものである。落書きのようなスケッチ、あるいは何本もの線が重ね描かれた図面は決して美しいものではない。それに汗と泥にまみれた男たちが駆け回る現場のスナップは、完成した建物のイメージとはかけ離れているかもしれない。通常は覆い隠されてしかるべき、建築の舞台裏をあえて本にしようと思ったのは、一つには記録を通じて、私なりに建築へ向かう姿勢を確かめたいと思ったからだ。

　二十世紀後半からの情報化の波は、これまでの価値観にいやおうもなく変更を迫っている。建築の生産現場においても、CADの導入を皮切りにあらゆる局面で身体性の喪失が見られる。建築界の一部の前衛には、完全にリアリティを捨て去って、建築をヴァーチャルなものとして捉える動きも出てきている。

　なるほど、建築が時代と社会の産物である以上、変化は必然だ。しかしどれだけ時代が変わろうとも、人間の意志で、ある場所を選び、重力に逆らって部分から全体を組み上げていくという、建築という行為の本質的な泥臭さは変わりようがないのではないか。

　四十余年、建築活動を続けてきた中で、この泥臭い建築のプロセスで悪戦苦闘するほどに、建築に生命が宿ることを我々は体験的に知っている。いまだにローテクな建築づくりにこだわる我々は、既に社会とズレてきているのかもしれない。しかしこの本におさめられた現場での悪戦

The Beginning: The Architectural Process ——The Struggle on the Site
Tadao ANDO

This book covers the entire process from conception and construction to completion of 21_21 DESIGN SIGHT, which was finished in spring 2007. Sketches that resemble scribbles and drawings over which lines have repeatedly been drawn are by no means beautiful. Snapshots taken of workers covered in sweat and dirt scrambling around the site may be very different from the image projected by the completed building. The reason I thought of publishing a book on the backstage proceedings of architecture which are normally hidden from view was to reexamine my particular approach to architecture through a documentation of that process.

The increasing importance of information and communication to society since the second half of the twentieth century is forcing on us a change in values. We have witnessed a loss of physical connection in every aspect of the production of buildings, a loss that began with the introduction of CAD. Among avant-gardists in architecture, there are now some who are discarding reality entirely and approaching architecture as something virtual.

Change is of course inevitable inasmuch as architecture is a product of the times and of society. However, no matter how much the times may change, architecture will always be a grimy, hands-on undertaking because it involves the selection of a place and the assembly of a whole out of parts in defiance of gravity and in accordance with human intentions.

Having engaged in architectural activities for over forty years, we know from experience that the more we struggle during this grimy architectural process,

苦闘ぶりを通じて、今一度リアルに建築をつくることの意味を問うてみたい。

　もう一つ、本書で伝えたかったのは建築の実現にかけるつくり手達の思いの深さである。現在、日本の建設業界は逆風にある。元来の不透明な業界の体質に加えて、耐震偽装等の2006年の一連の不祥事に至り、社会からの信頼を完全に失ってしまった。我々はこの事態を重く受け止め、信頼を回復すべく努力せねばならない。

　しかし、そうした暴挙を許した未熟な風潮の一方で、この業界の根っ子を支える現場のつくり手達は今日も汗をかき、変わらぬ熱心さでコツコツとモノづくりに励んでいる。彼らは、協調心と勤勉さに長けた、この日本という国の民度の高さを実証する民族の誇りだ。彼らが誇りを持って自分の仕事に打ち込めるような環境をつくらねばならない。

　勢い込んで編集を始めたものの、建築と同様迷うことばかりで、結果として文字通りのあくせくしたプロセスそのままの記録になってしまったが、ともあれ悪戦苦闘する現場の空気は伝わるだろう。これが建築だ。

ニューヨーク・ペースギャラリーでのイサム・ノグチ個展会場にて。左から安藤、故イサム・ノグチ、三宅一生。このとき三人で交わした「日本にも何かデザインの発信基地ができれば…」という会話が、十数年の時を経て「21_21 DESIGN SIGHT」の構想につながった。(1988.05.13)

the greater is the life in a building. We who continue to be obsessed with the low-tech making of buildings may already be out of step with society. However, we would like to consider here what it really means to create a building through a presentation of our struggles on the site.

One other thing we wanted to communicate through this book was how much those who make buildings care about seeing a building to completion. Today, the Japanese construction industry is facing much skepticism. A series of scandals in 2006 concerning falsified structural strength reports, not to mention the murky nature of the industry itself, has completely undermined the public's confidence in the industry. We must take this state of affairs seriously and work to restore confidence.

Nevertheless, despite displays of poor judgment that have led to such reckless acts, those who are the backbone of the industry are even now working steadily and enthusiastically at crafting things on the site. They are the pride of Japan, demonstrating the spirit of cooperation and the industriousness for which the Japanese have always enjoyed a reputation. We must create an environment that enables them to commit themselves fully to their work.

Although we began editing with grand intentions, we were troubled by doubts as by any architectural project. As a result, this became the direct, unprettified record of a hectic process. Nevertheless, we believe this will communicate to readers the atmosphere of an embattled construction site. This is architecture.

大淀のアトリエ(安藤忠雄建築研究所) 内観 大阪

大淀のアトリエ（安藤忠雄建築研究所）外観　大阪

設計現場の悪戦苦闘

実現へ向けて
揺れ動くプロセス

建築について考えるのなら、出来上がった建物はもとより、そこに至るまでのプロセスに目を向けるといい。
建築家は自身の夢を形にすることからはじめ、そこに機能、構造、経済、社会といった多岐にわたる与件を重ねる。そして随所に生じる矛盾と葛藤しながら一つの建築をつくりあげていく。唯一絶対の答えはない。選択肢はいくつもあり、それゆえに設計途中の建築には複数の可能性が秘められている。その建築に至るまでに、つくり手はいかに迷い、いかに考え、いかに創っていったか。完成した建築とは別の確固たる世界がそこには広がっている。

Focusing on the process rather than the completed building itself may be a better way to examine the building.
The architect begins with a vision to which he wishes to give form; to that are attached diverse given conditions—functional, structural, economic and social. Resolving contradictions that arise at every turn, he gradually creates architecture. There is no single, absolute answer. There are countless choices; therefore, countless possibilities lie hidden in the process. To arrive at a building, in what ways did those who make it hesitate, think and create? Another architectural world lies beyond the architectural space before our eyes.

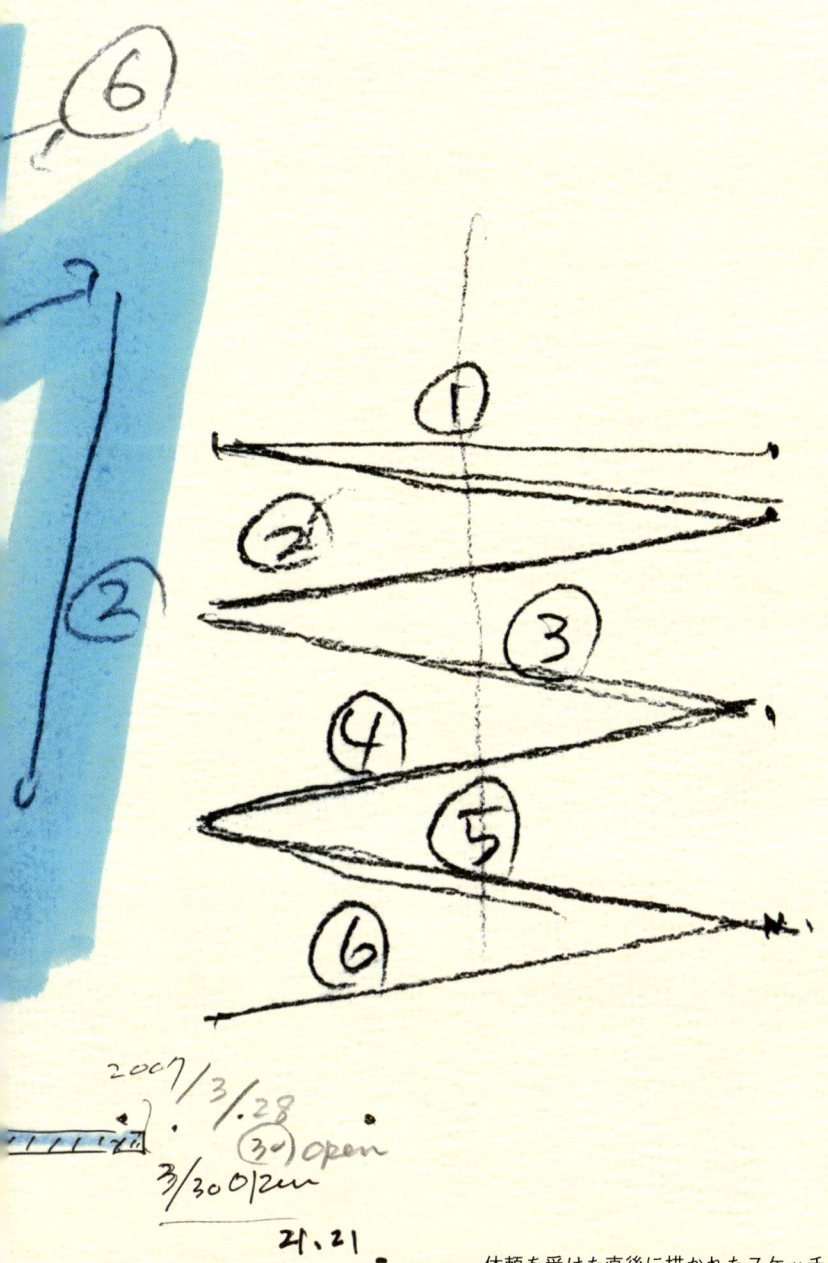

依頼を受けた直後に描かれたスケッチ。三角形を描くスパイラル構成のギャラリーイメージが描かれている。建築の出発点。(2003.06)

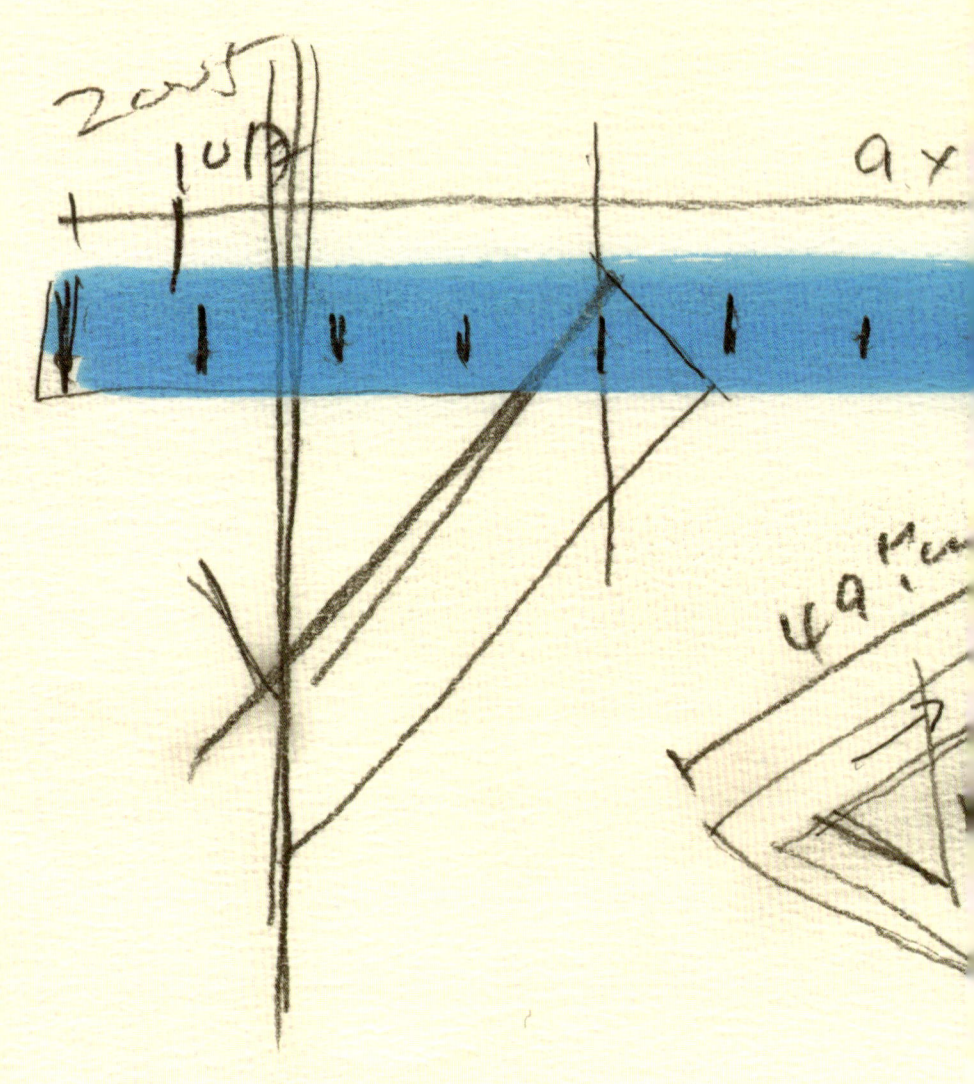

6ᵐ   10A

9⁰⁰⁰   49ᵐ

                        (9ᵐ)   45ᵐ,⁰⁰⁰

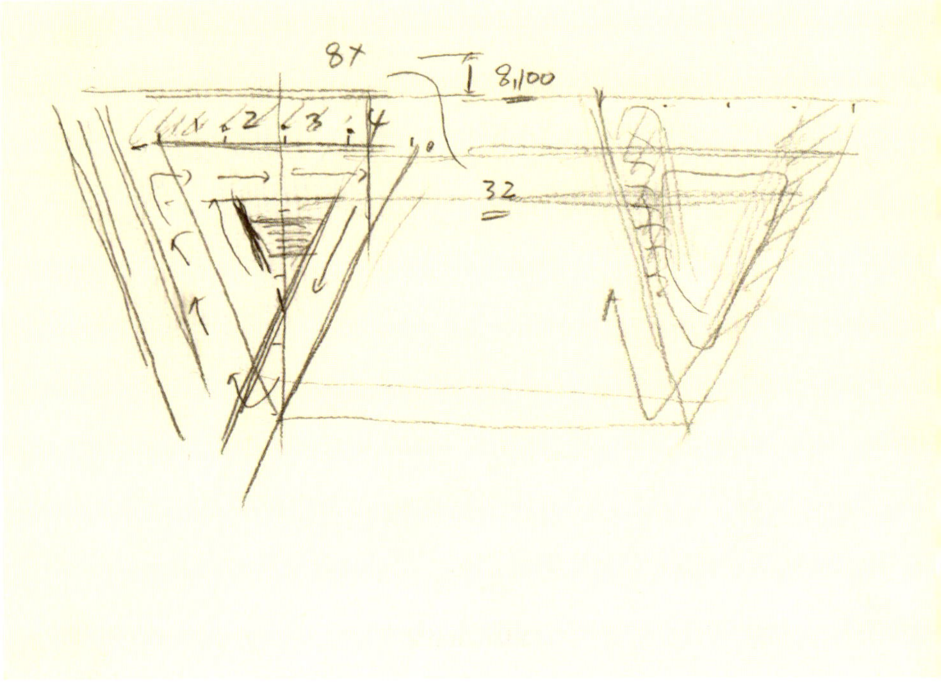

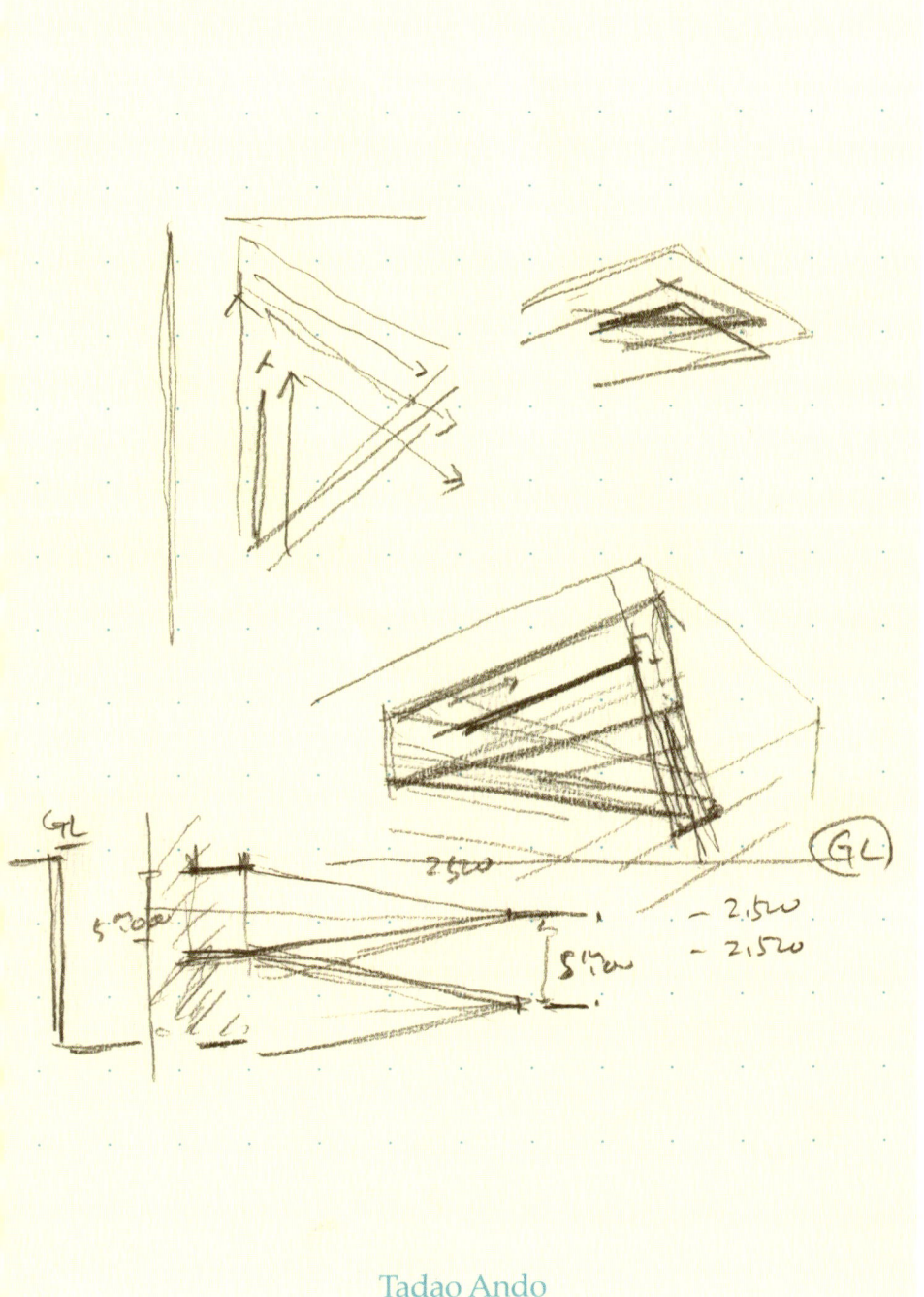

Tadao Ando

■TOKYO DESIGN MUSEUM 構想 スタディ（案）

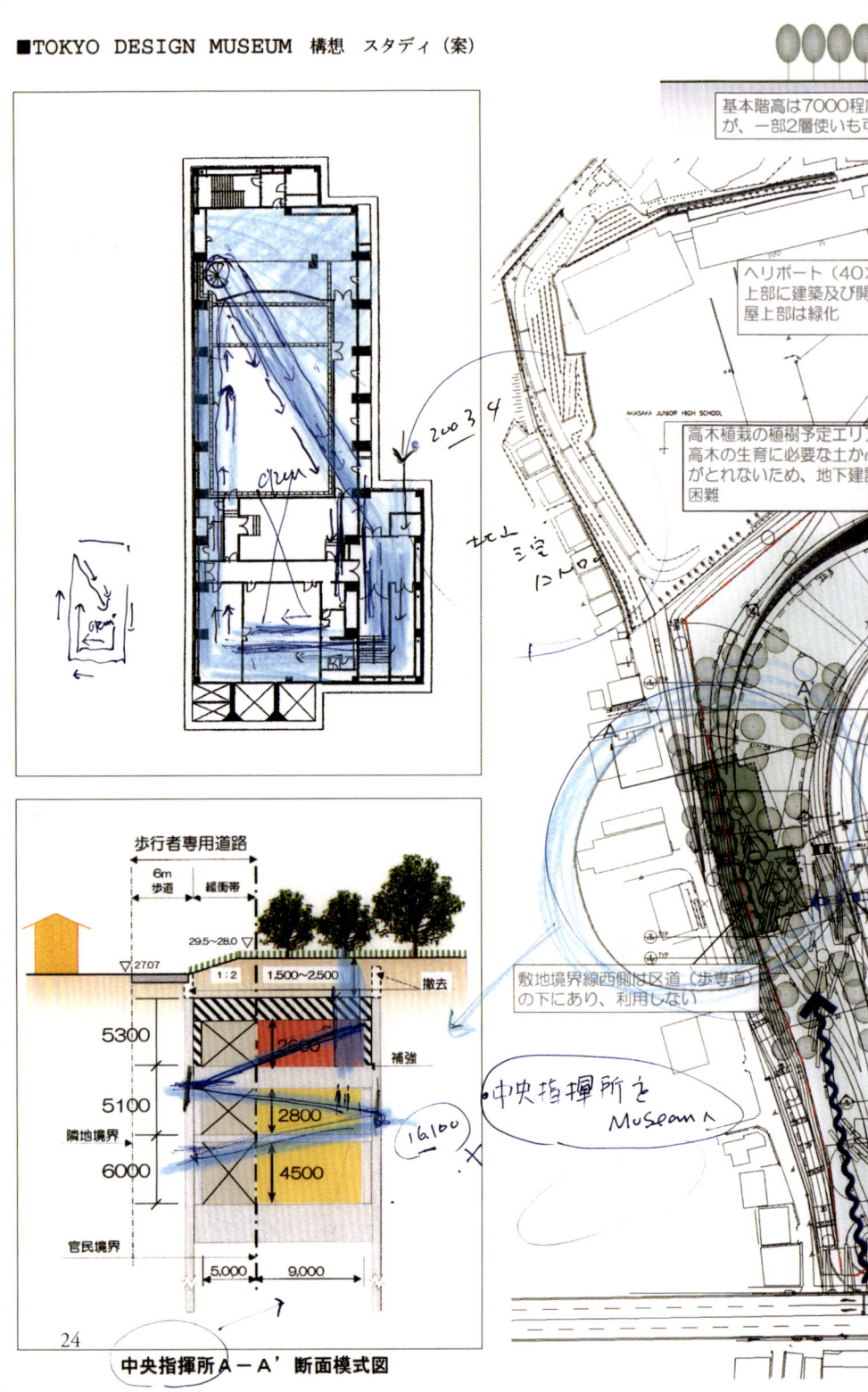

中央指揮所A－A'断面模式図

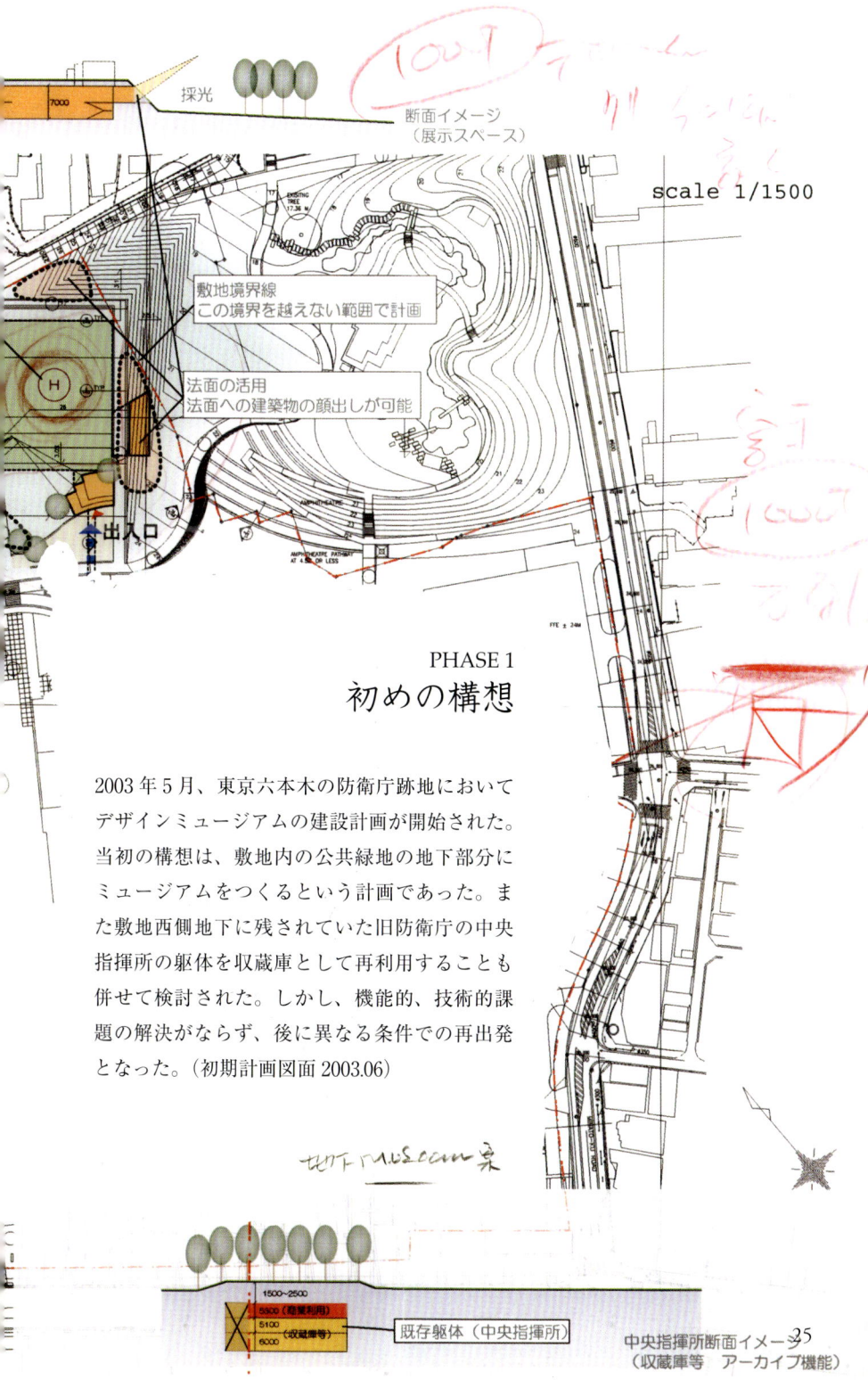

PHASE 1
初めの構想

2003年5月、東京六本木の防衛庁跡地において デザインミュージアムの建設計画が開始された。 当初の構想は、敷地内の公共緑地の地下部分に ミュージアムをつくるという計画であった。ま た敷地西側地下に残されていた旧防衛庁の中央 指揮所の躯体を収蔵庫として再利用することも 併せて検討された。しかし、機能的、技術的課 題の解決がならず、後に異なる条件での再出発 となった。(初期計画図面 2003.06)

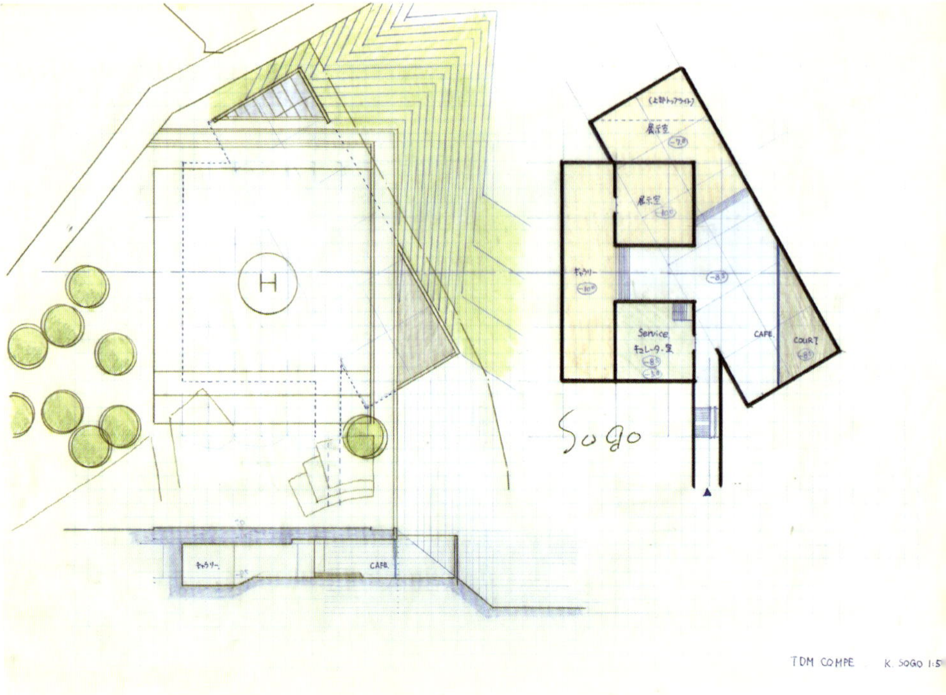

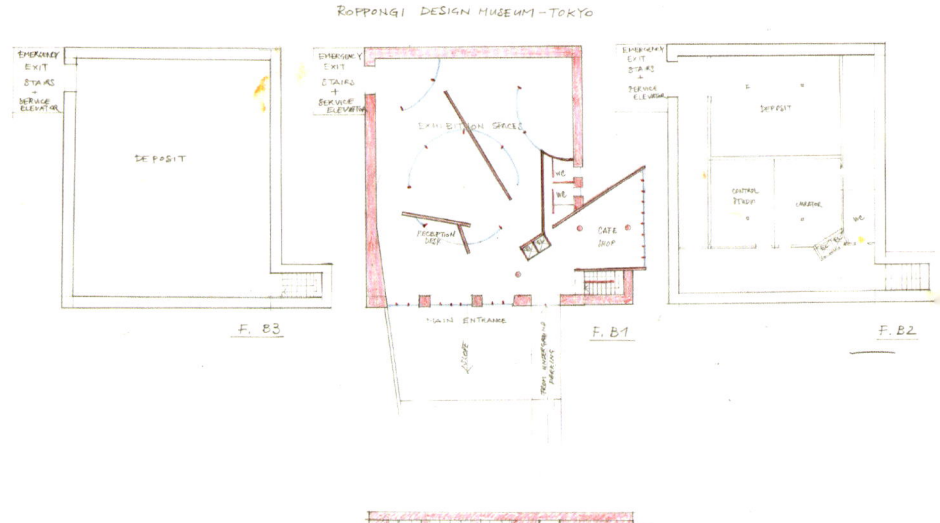

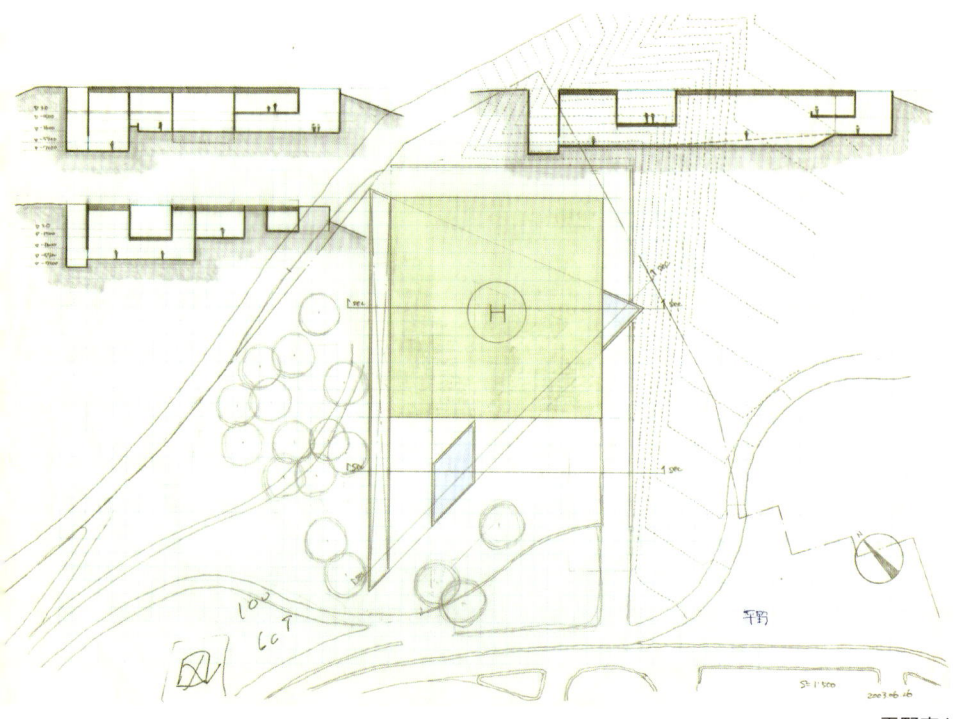

平野案 I

刂の仕事の傍らで、毎回気を張って他のスタッフに負けないアイデアを出すのは大変だ。
しかしこのコンペのお陰で自分の関わっていない事務所のプロジェクトが身近になる。

(十河, TA*)

NDOに自分の個性をアピールできる若手にとって貴重な機会。　　　(鈴木, TA)

所内コンペ

安藤忠雄建築研究所では、新たなプロジェクトが始まるたびに、総勢20名余りのスタッフ全員参加でアイデアコンペが開かれる。敷地と大まかなプログラムといった限られた条件のため、提出案は多様な広がりを見せる。プロジェクトの持つ建築的可能性を探るためには最も有効な手段である。(2003.06)

所属を表す。p.286 参照のこと

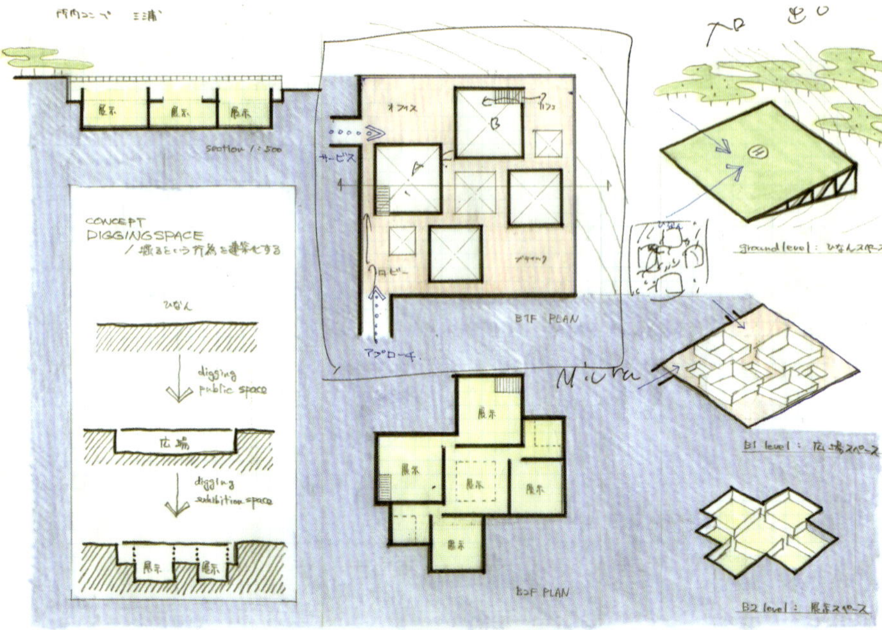

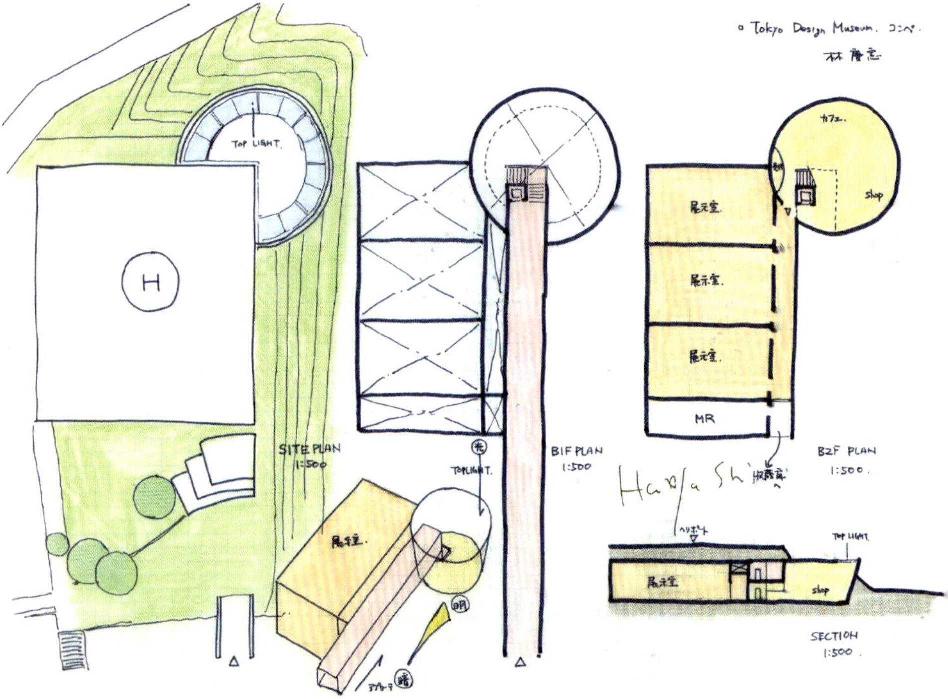

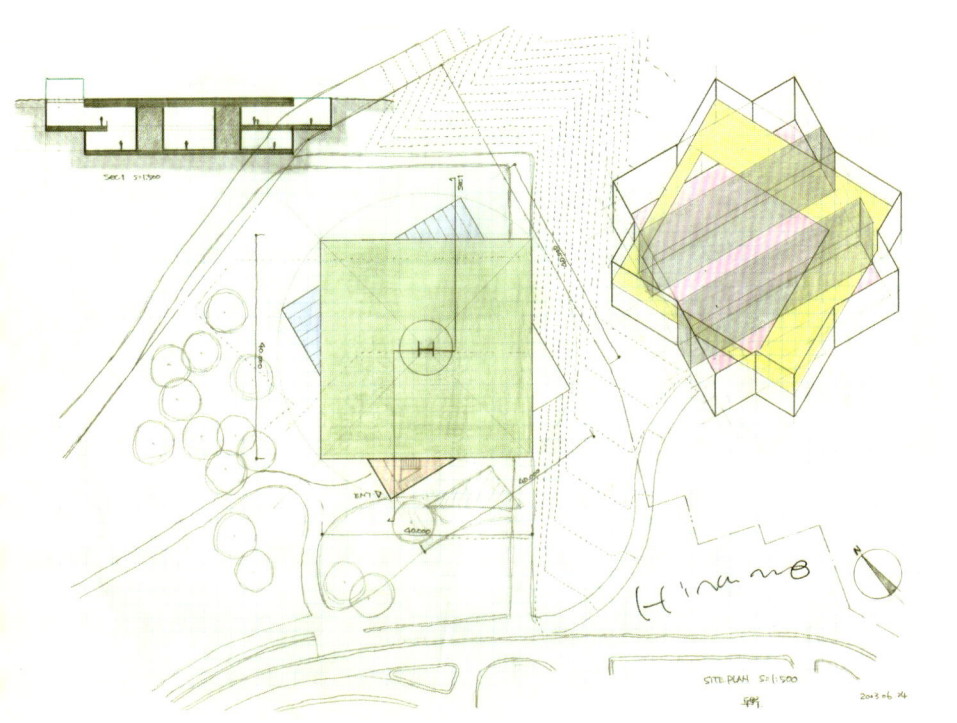

平野案II

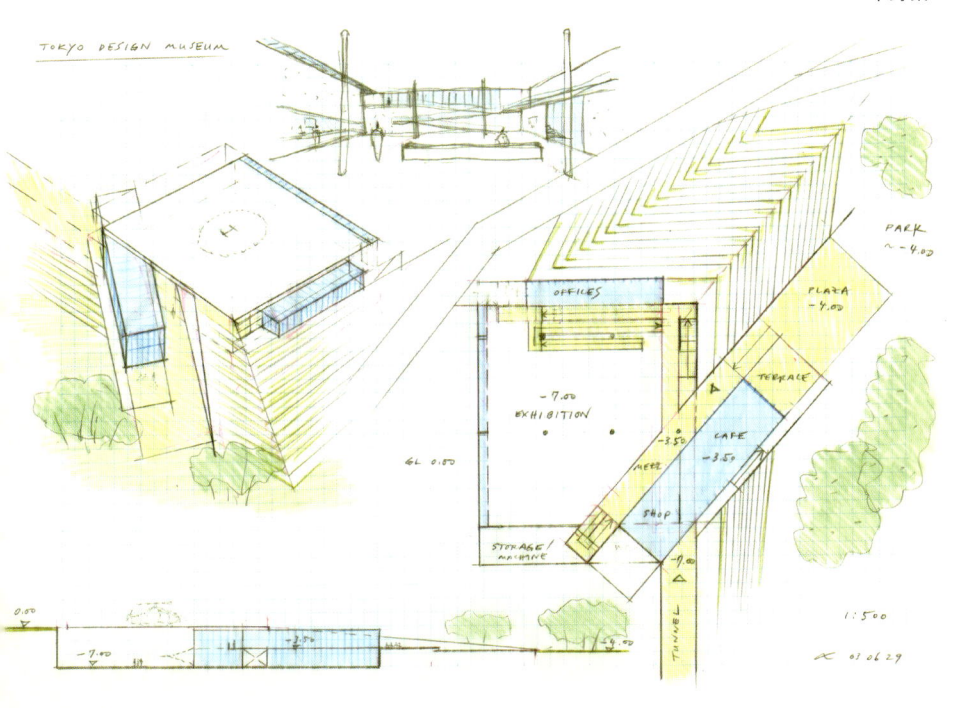

守谷案

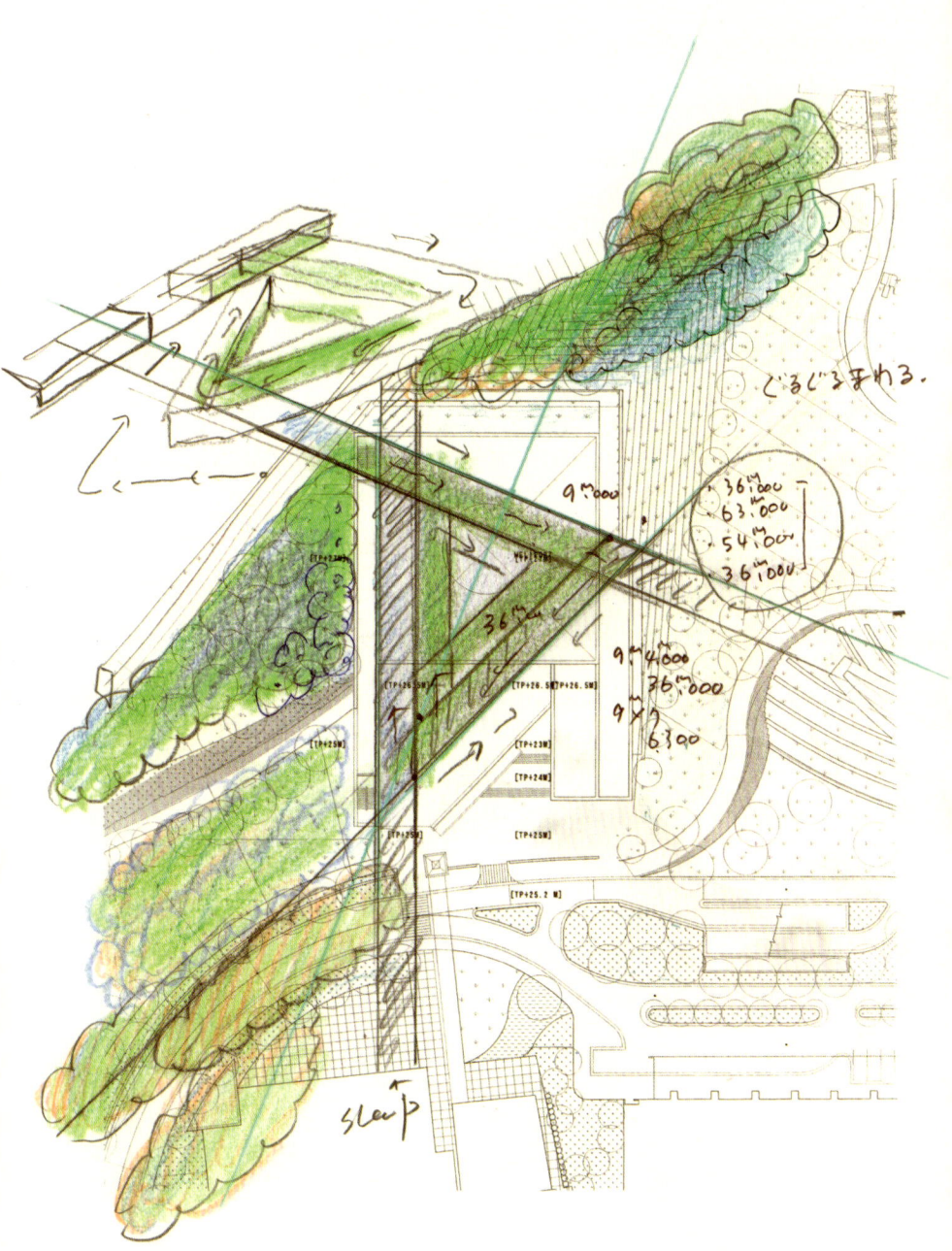

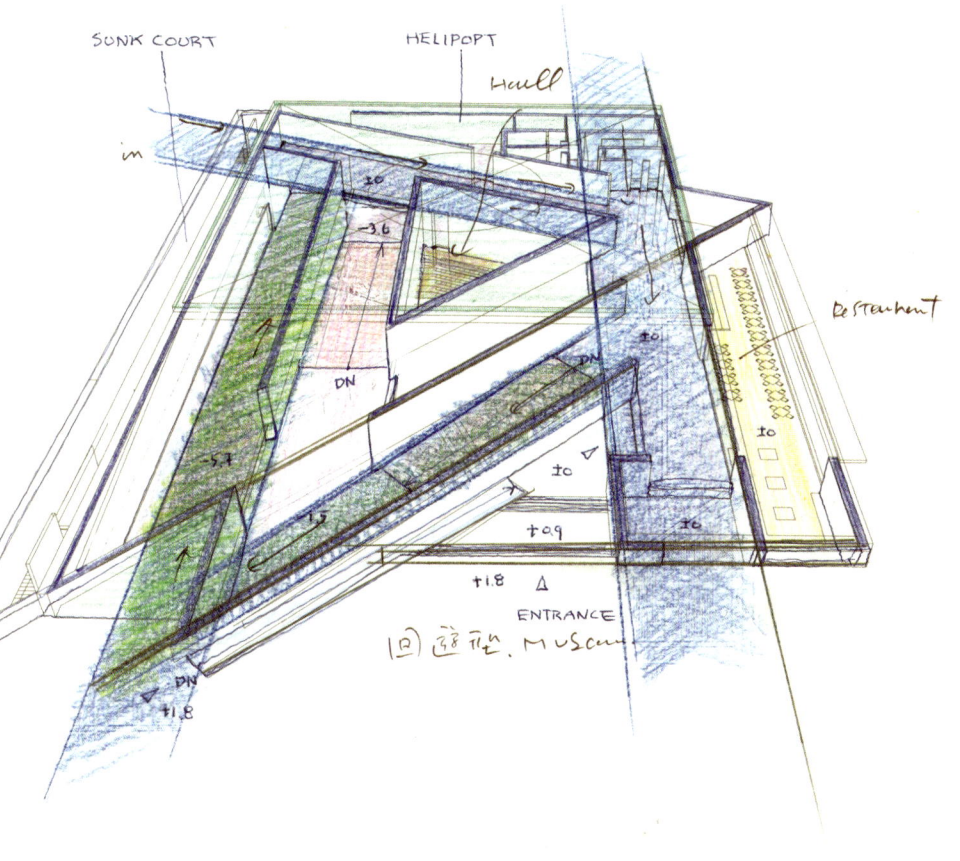

安藤の初期イメージが現実の敷地に組み入れられ、徐々にスケールを持った具体的な形が描かれ始めている。(2003.06)

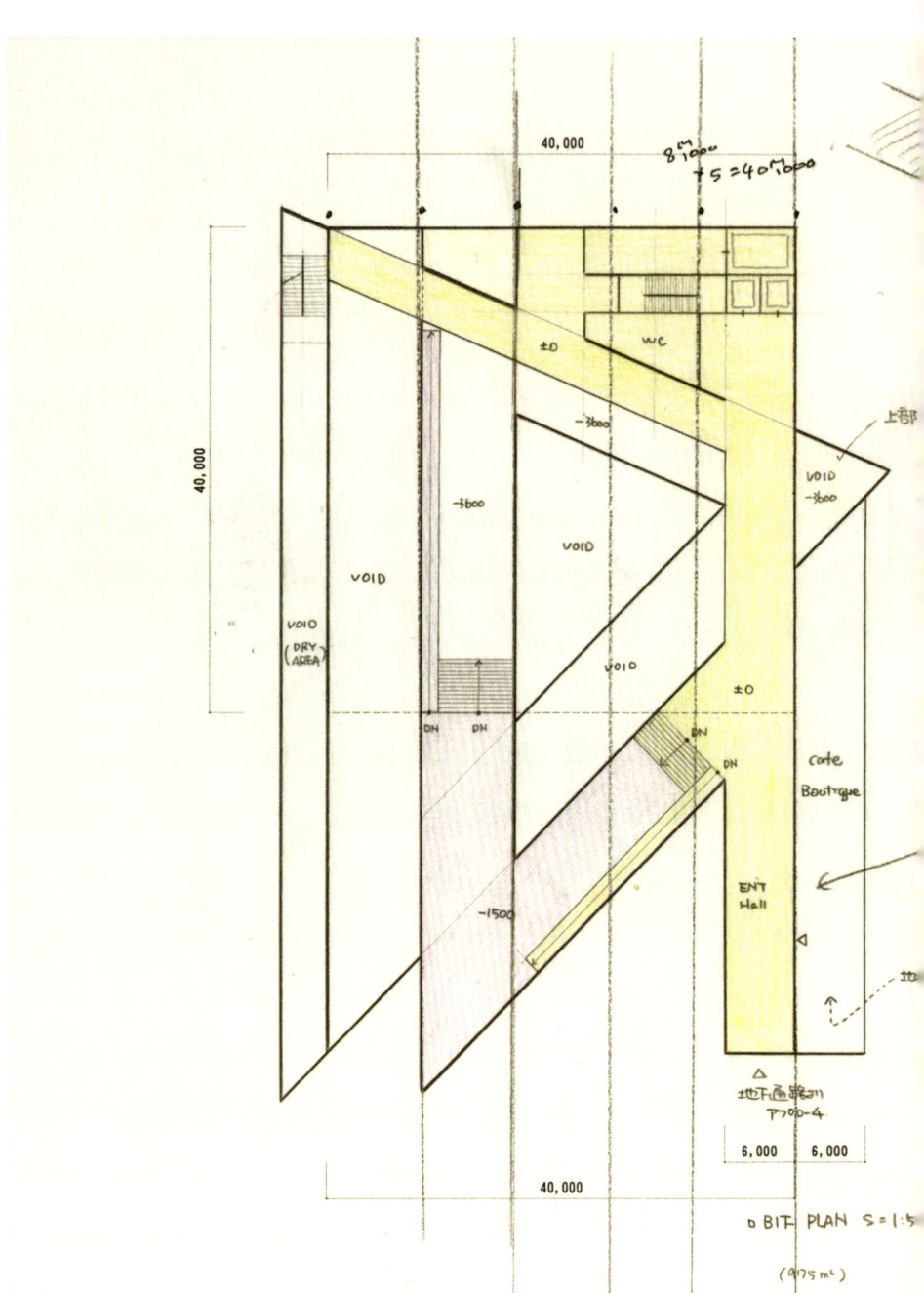

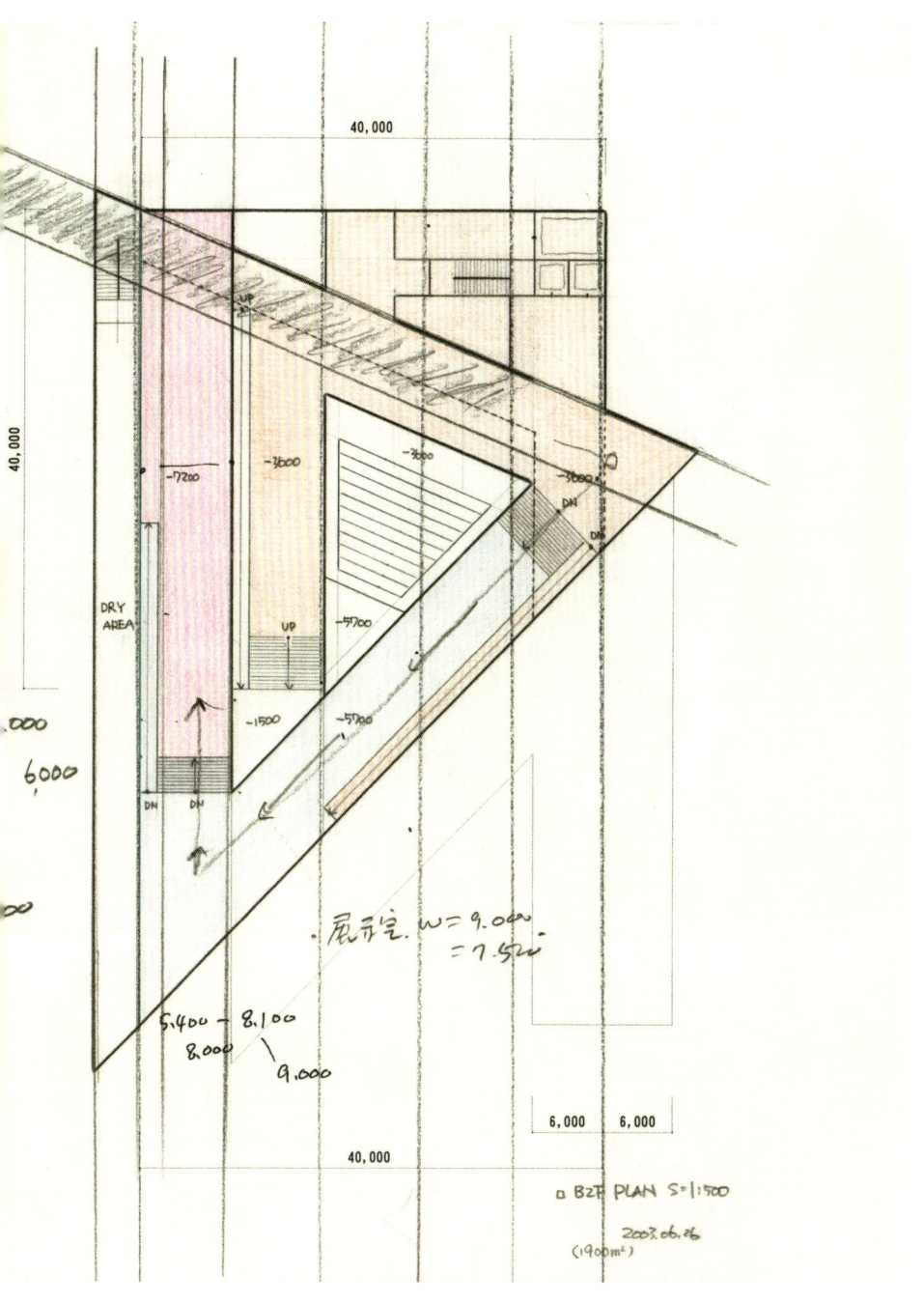

スパイラルの空間構成を8mグリッドのPLANに落とし込んでいく。スロープによる各フロアのレベルの関係により、徐々に空間の骨格が定まっていく。
(2003.06)

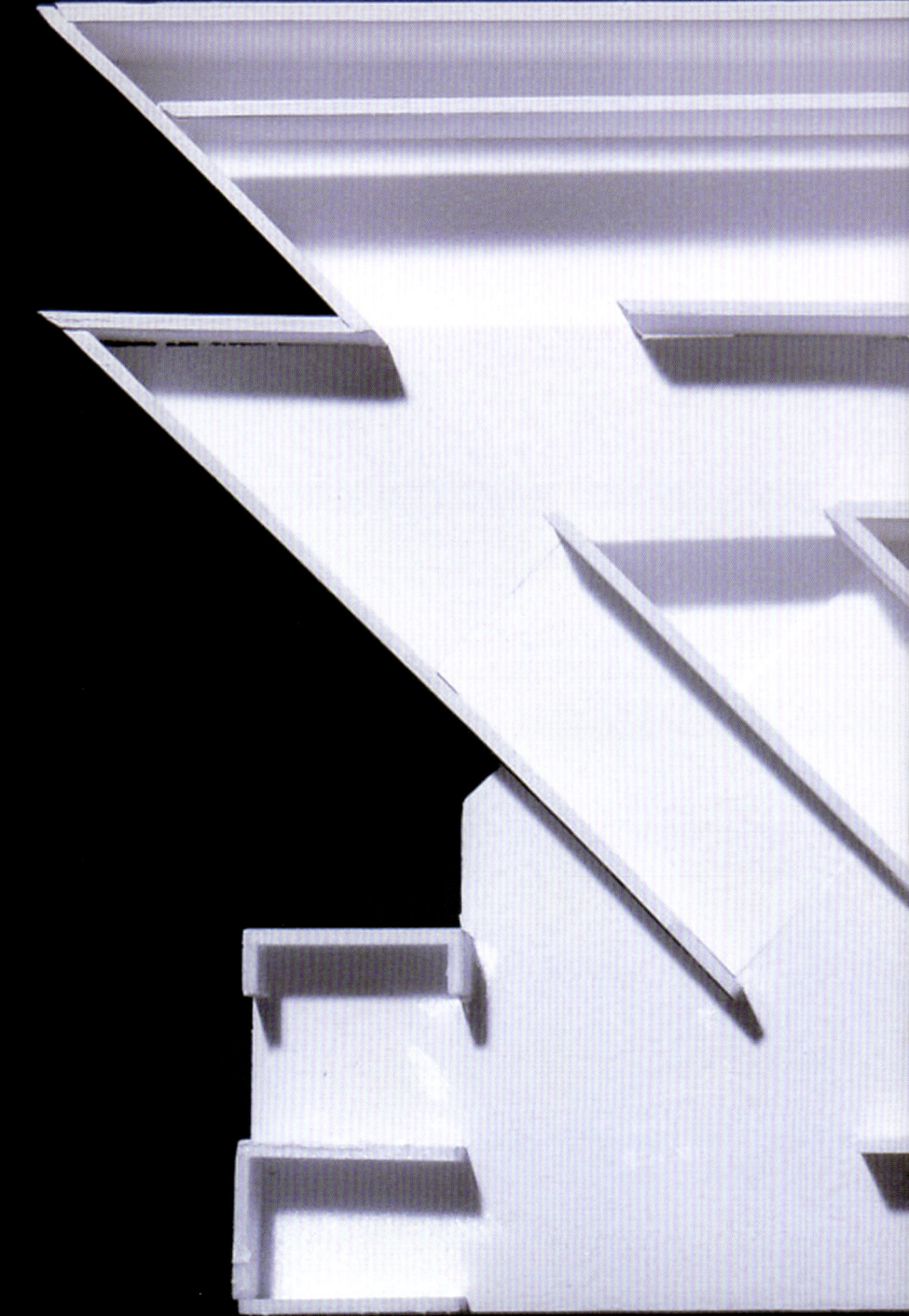

初期構想模型(2003.07)

悪戦苦闘　2006年の現場　安藤忠雄
建築は矛盾から生まれる
Architecture Is Born of Contradictions

　建築は抽象的な概念からスタートする。設計者は常日頃から基本的なアイデアをストックしているものだ。だがそれを現実の敷地にあてはめ、組み立てあげていくときにクリアしなければならない諸条件は、実に具体的かつ複雑で、建築家の思い描いた夢などゆうに押し潰してしまえるほどたくましい。たとえば空間構成でいうと構法と構造とプランニング、これらにはそもそも整合性がない。さらには材料、形態、法規の矛盾。どこかの局面でそれらを一気に統合しなければならない。

　観念と現実、抽象と具体——この矛盾を正面から受け止め、いったりきたりを繰り返しながら、それでもあきらめずに奔り続けた時、〈建築〉が見えてくる。建築は予定調和ではない、矛盾の中から生まれるものだ。

　Architecture begins in abstract concepts. They are basic ideas that the architect has in stock. However, the conditions that must be met if those ideas are to be fitted to and assembled on a real site are quite specific and complex and can readily destroy dreams envisioned by the architect. Take spatial composition, for example. Construction method, structure and planning are not compatible to begin with. Then there are the contradictions of materials, forms and laws and regulations with which the architect must contend. These must be resolved and integrated all at once in some way.

　Ideals and reality, abstraction and representation. When one squarely confronts these contradictions and perseveres in seeking a solution despite repeated setbacks, one begins to see the emergence of architecture. Architecture is born of, not preestablished harmony, but contradictions.

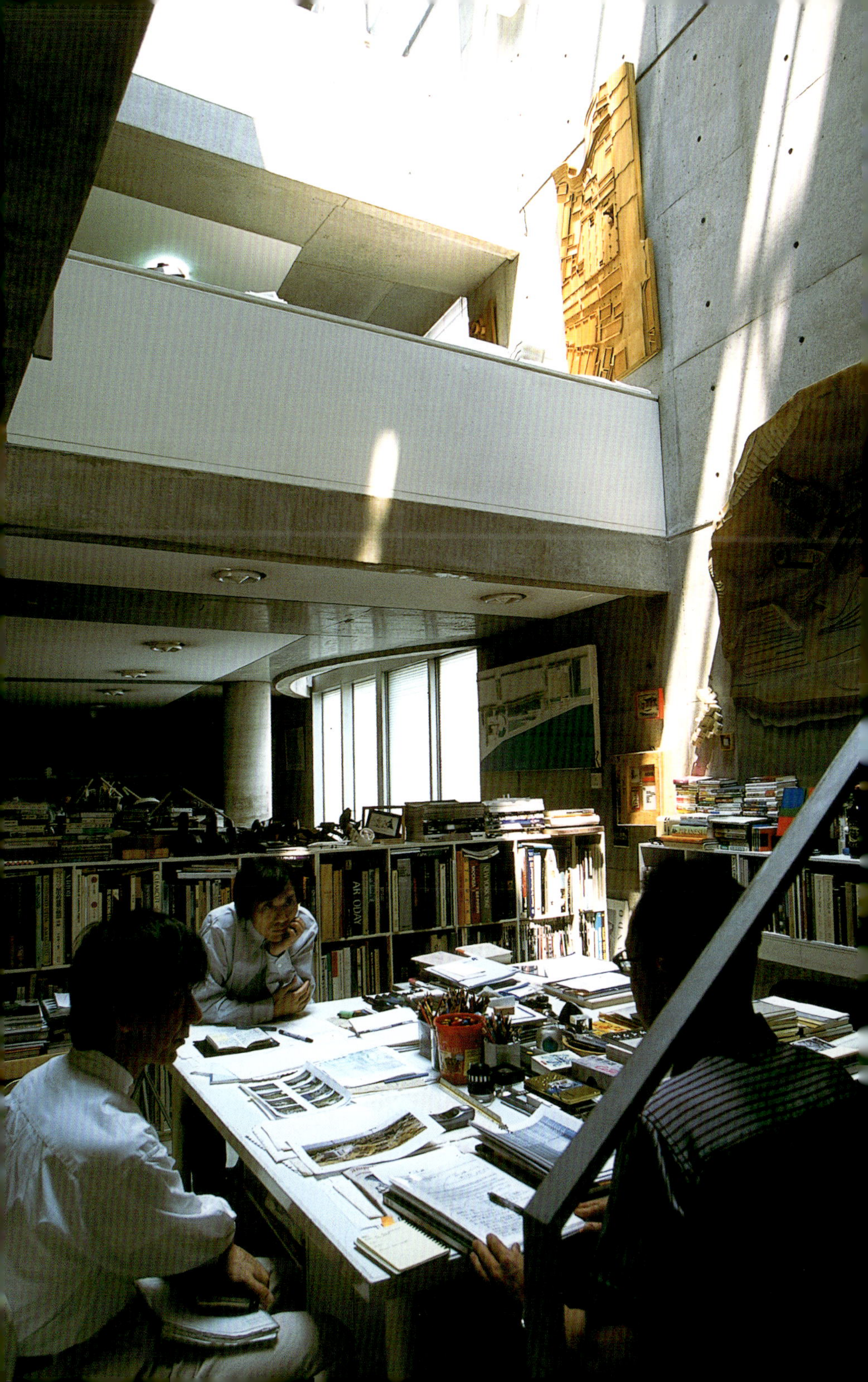

水戸・仙川
2004/03
敷地寻

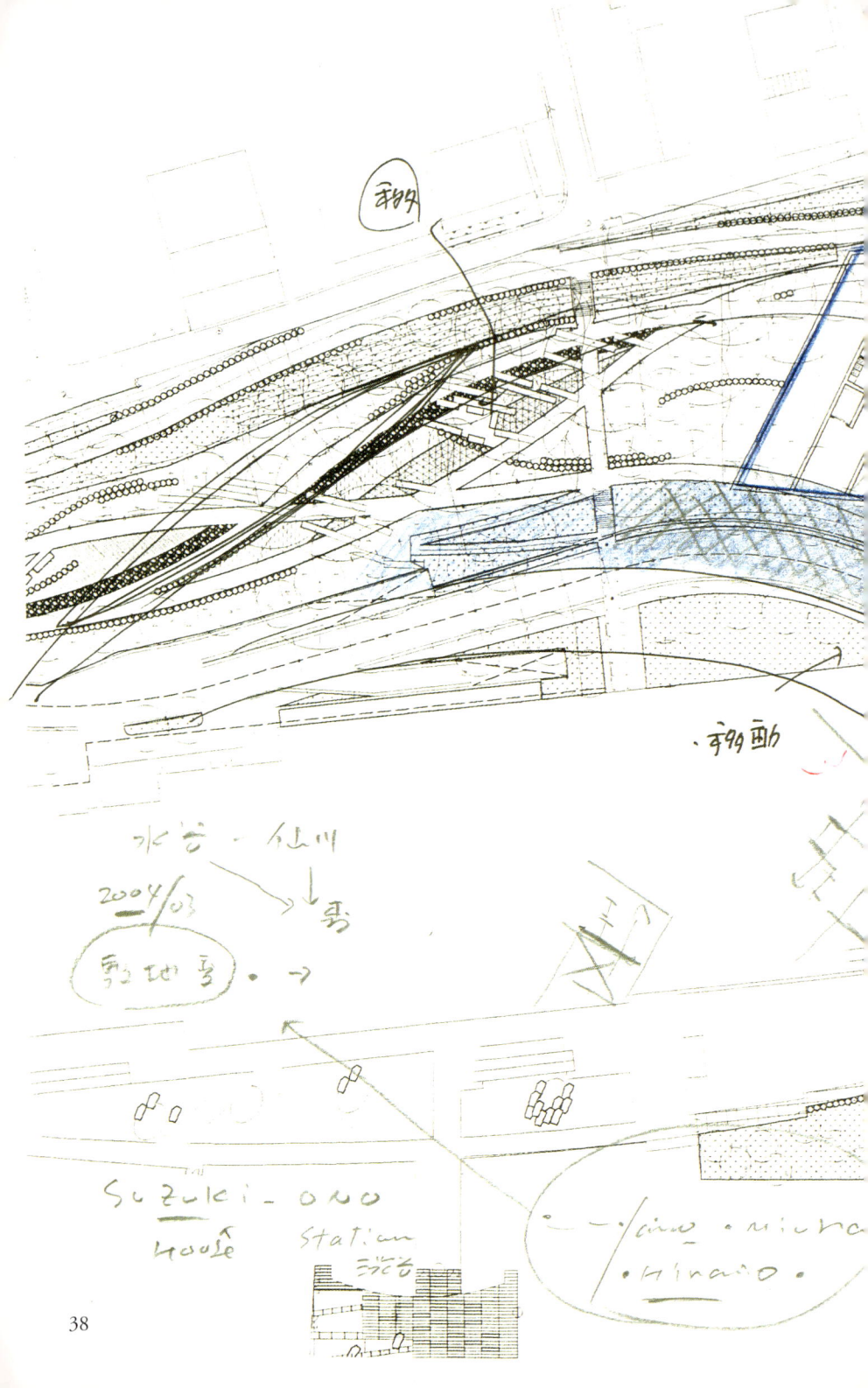

SUZUKI-ONO
House Station

PHASE 2
敷地が変更となる

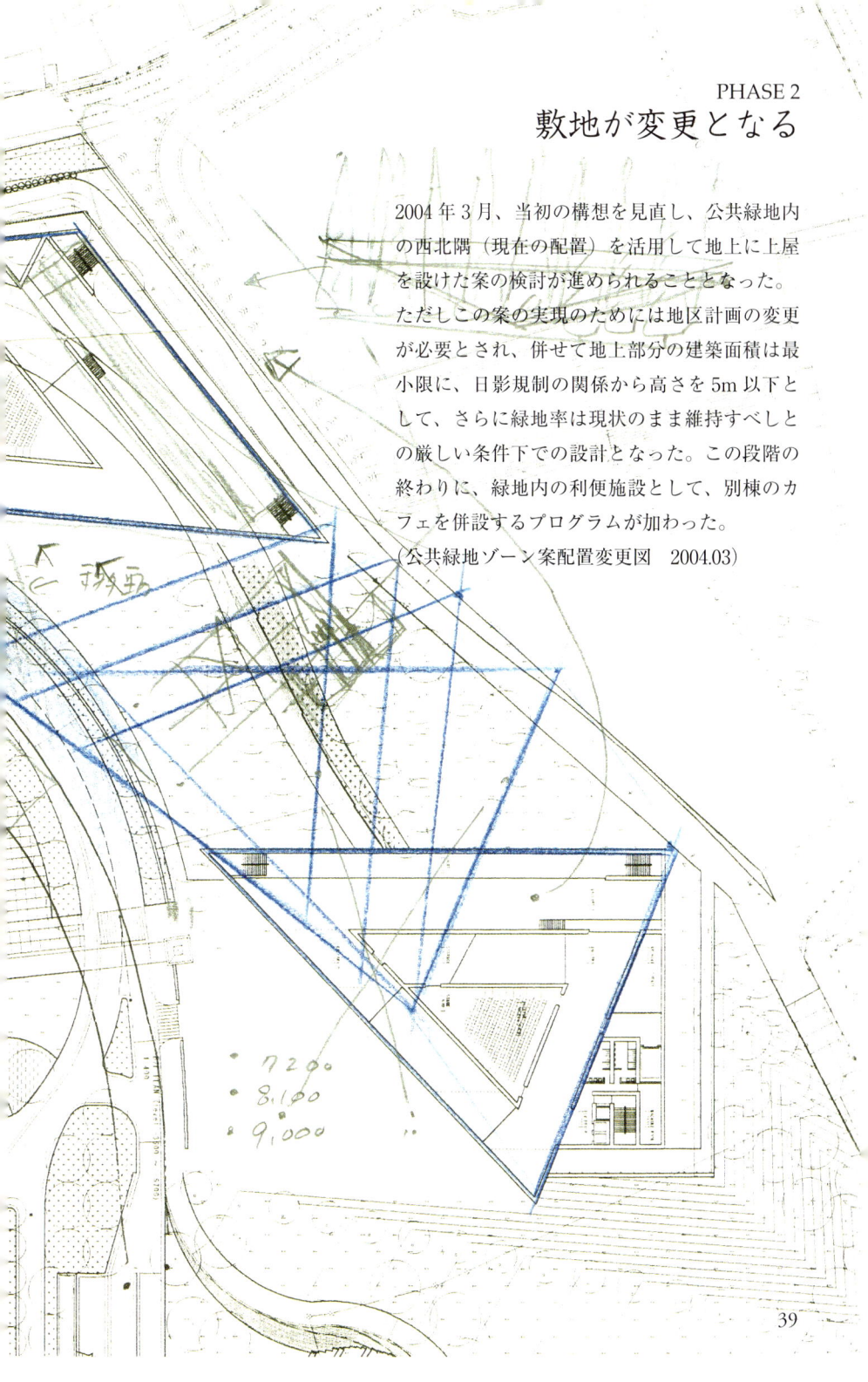

2004年3月、当初の構想を見直し、公共緑地内の西北隅（現在の配置）を活用して地上に上屋を設けた案の検討が進められることとなった。ただしこの案の実現のためには地区計画の変更が必要とされ、併せて地上部分の建築面積は最小限に、日影規制の関係から高さを5m以下として、さらに緑地率は現状のまま維持すべしとの厳しい条件下での設計となった。この段階の終わりに、緑地内の利便施設として、別棟のカフェを併設するプログラムが加わった。
（公共緑地ゾーン案配置変更図　2004.03）

$\sqrt{2}$ 45°

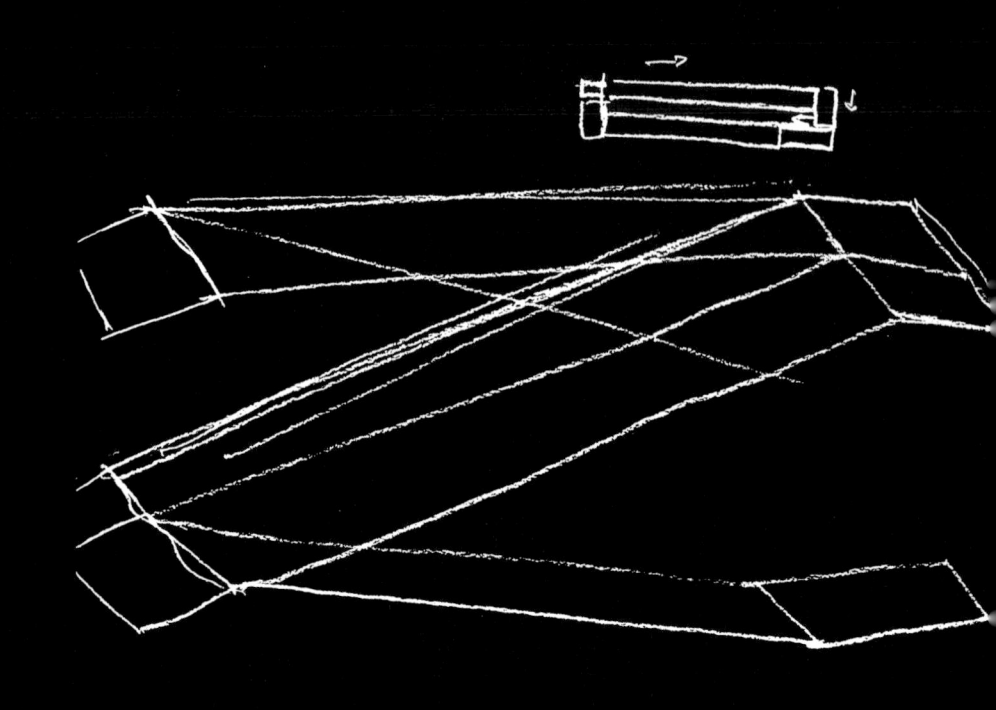

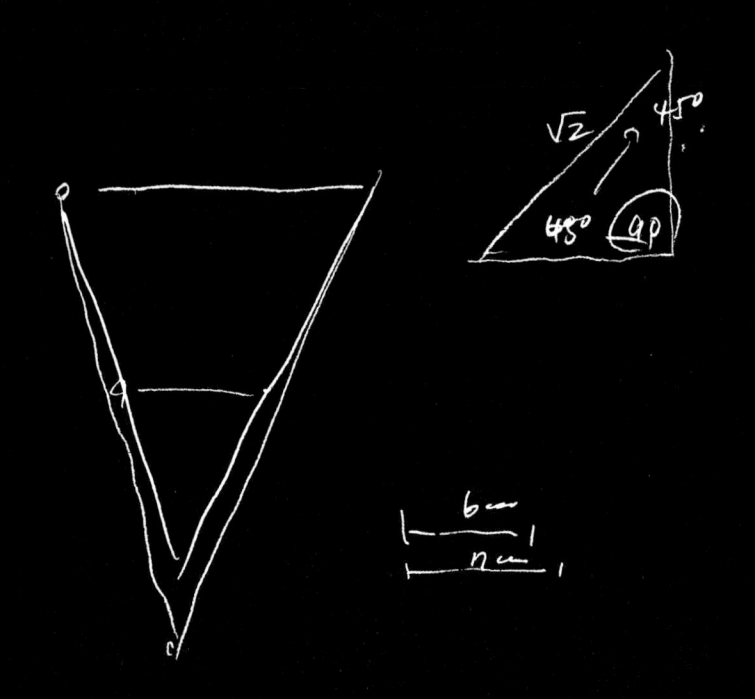

45°   4p

b cm
n cm

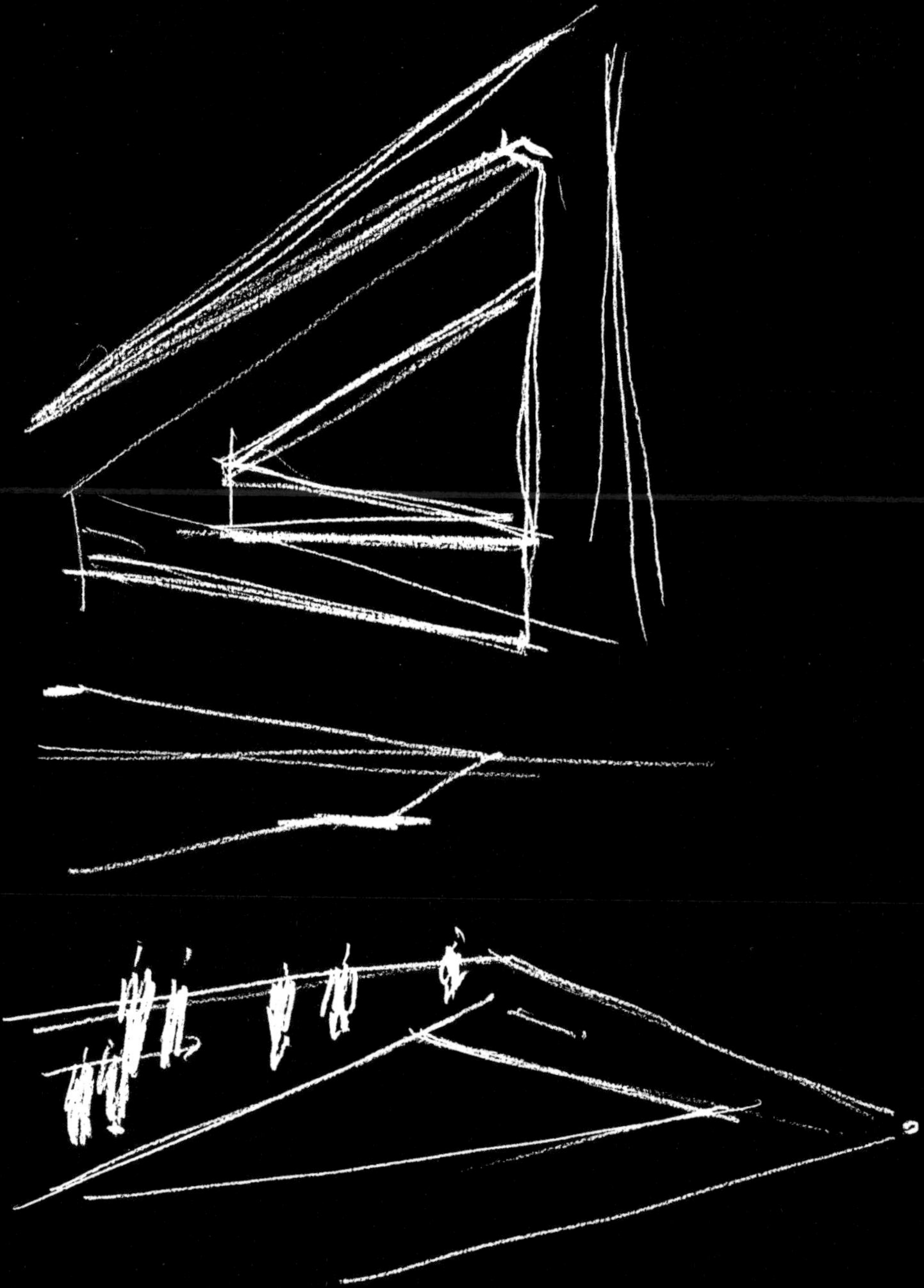

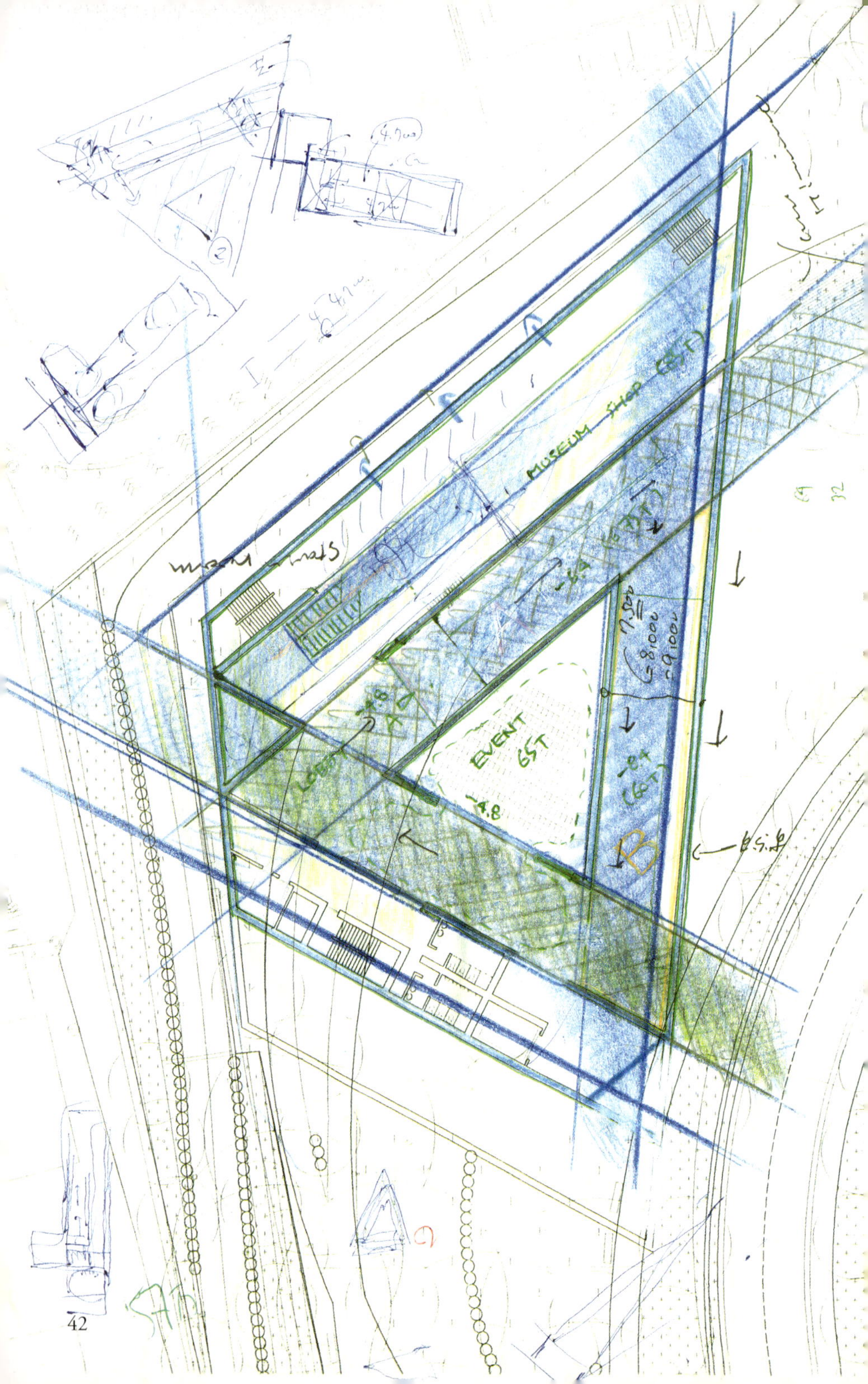
MUSEUM SHOP (GST)
EVENT
GST
LOBBY

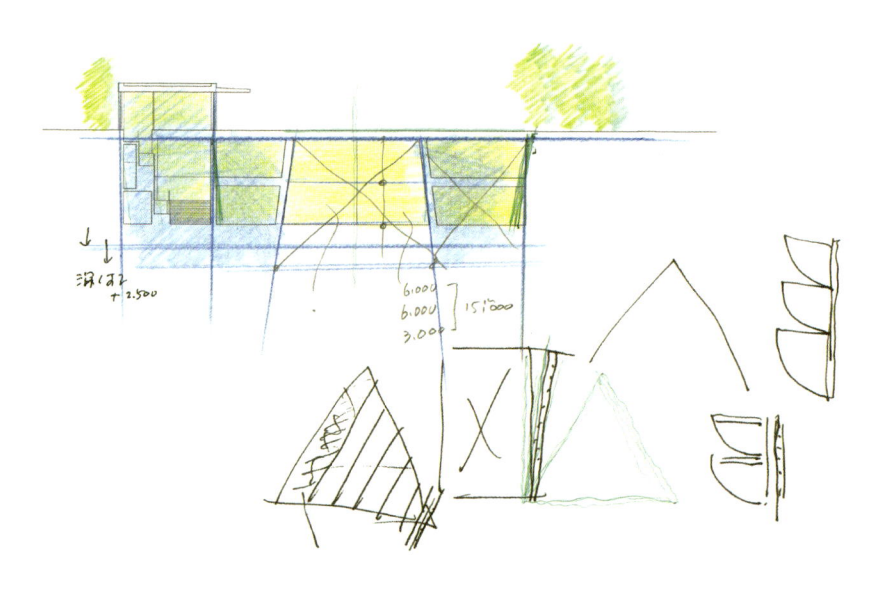

平面スケッチ（左）と断面スケッチ（上）。かたまりつつあったイメージを新たな敷地とプログラムに併せて変形させていった段階。この時点では、まだカフェ分棟の計画は組み込まれていない。（2004.05）

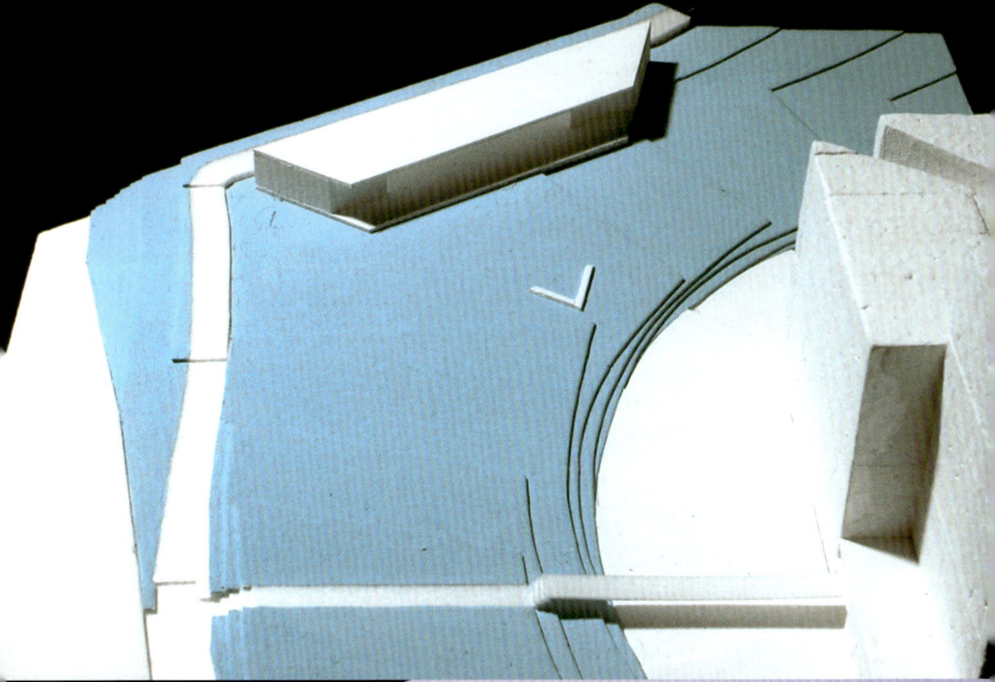
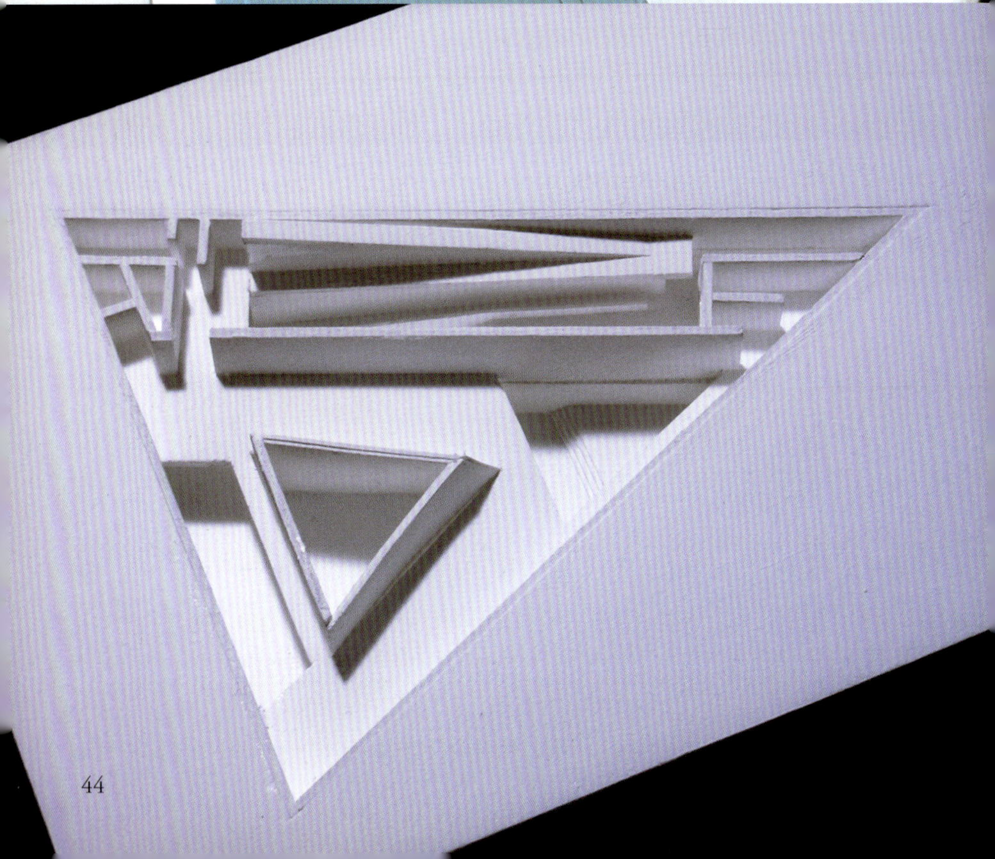

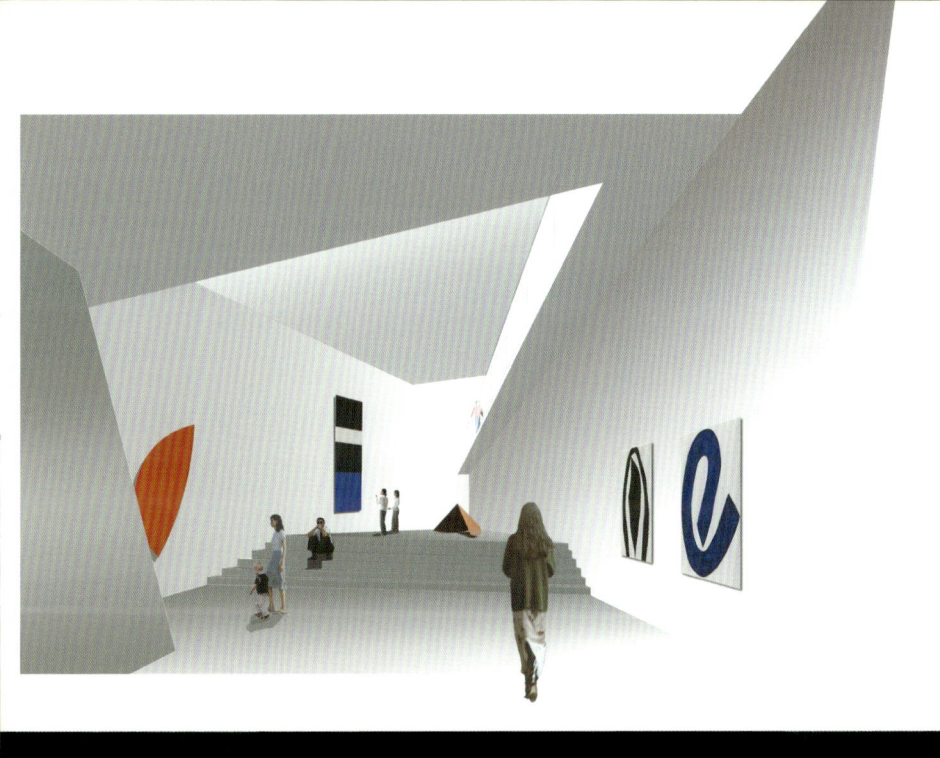

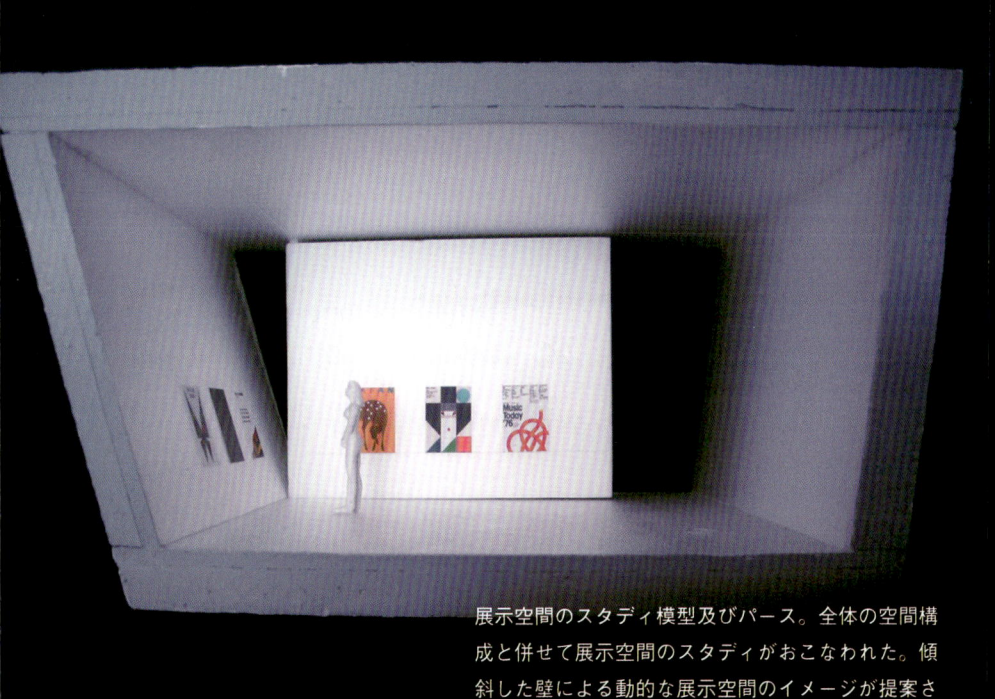

展示空間のスタディ模型及びパース。全体の空間構成と併せて展示空間のスタディがおこなわれた。傾斜した壁による動的な展示空間のイメージが提案された。(2004.05)

40,000

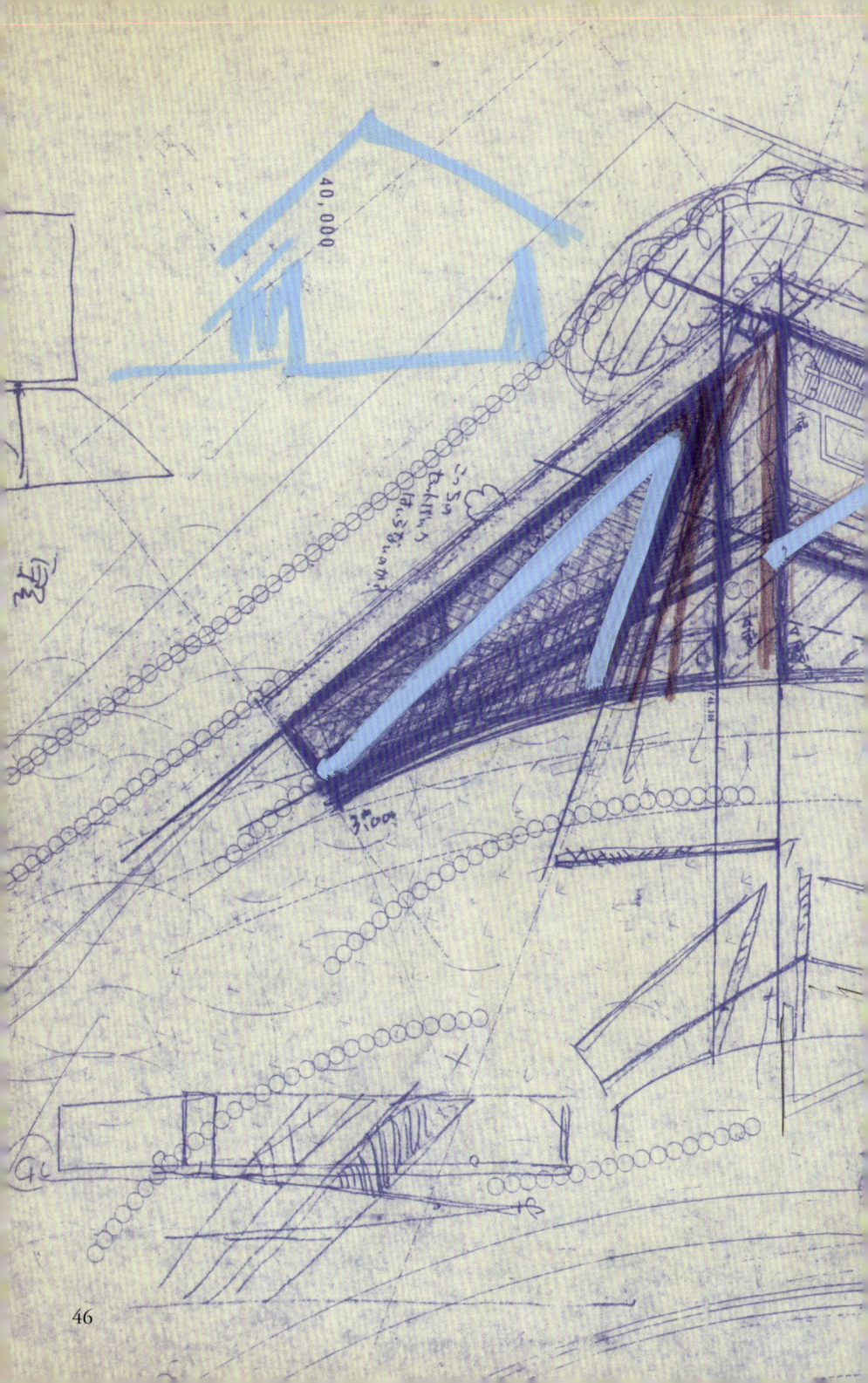

カフェ分棟が検討され、地下部分と上屋部分による
建物構成のテーマが明確化された。(2004.06)

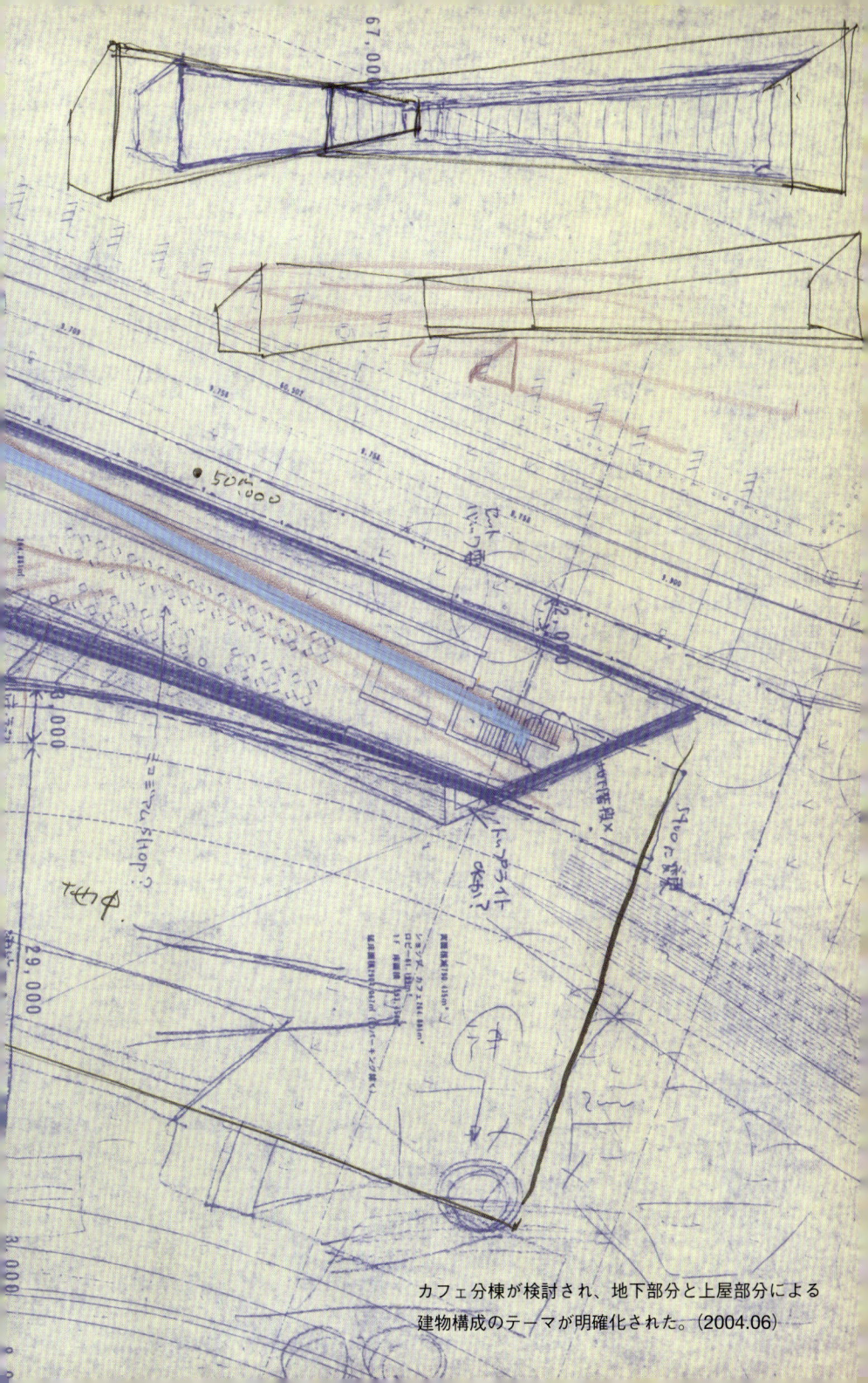

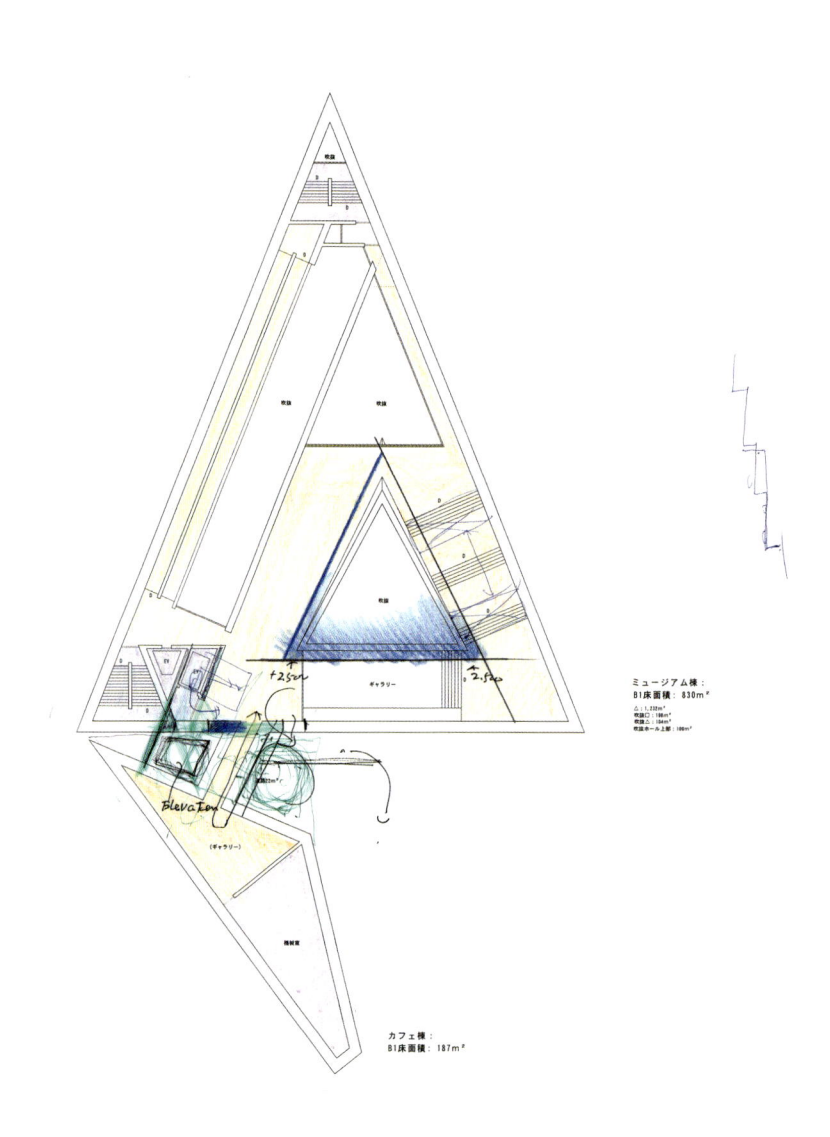

ミュージアム棟：
B1床面積：830m²

カフェ棟：
B1床面積：187m²

2009.08.03

48

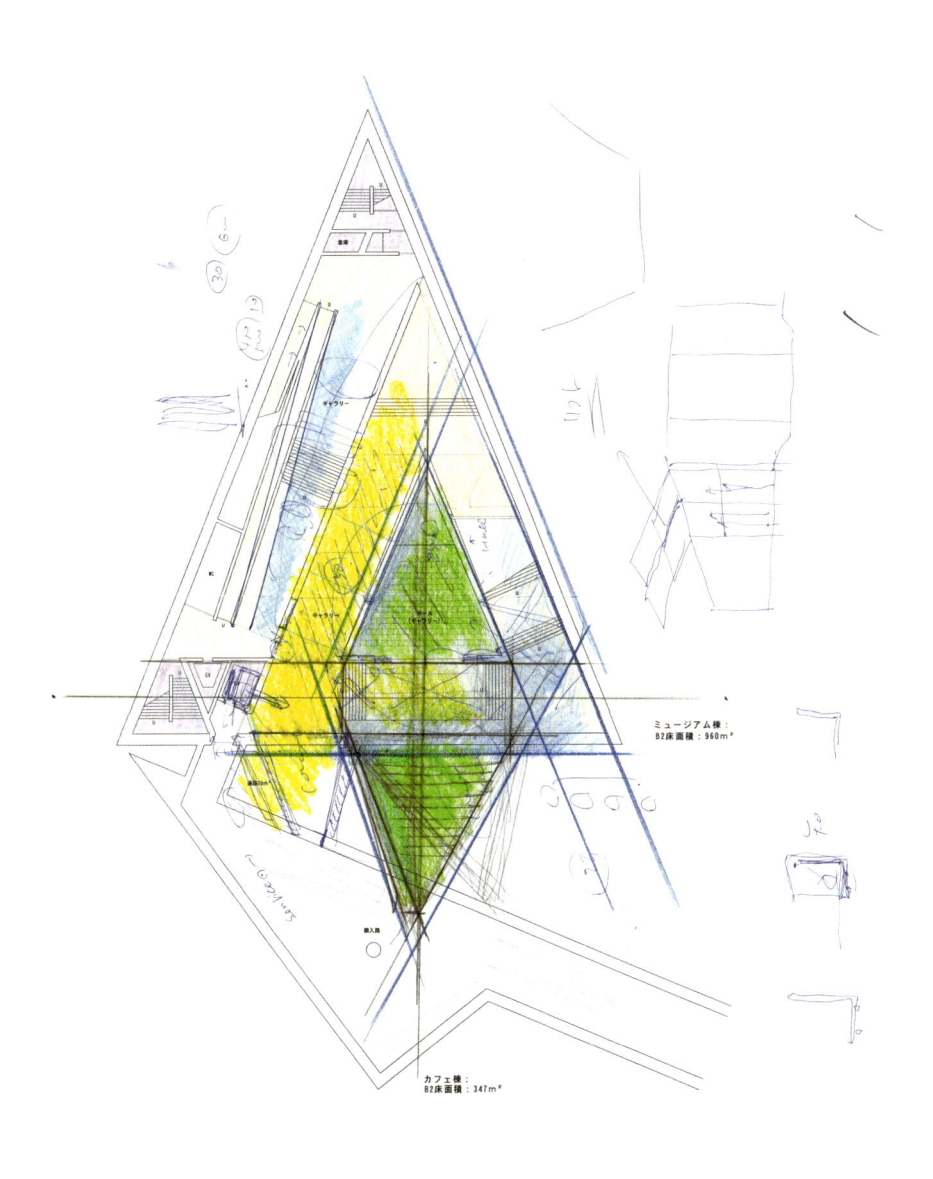

ミュージアム棟地下平面検討図。三角形平面の空間が折り重なっていくようなイメージが描かれている。(2004.08)

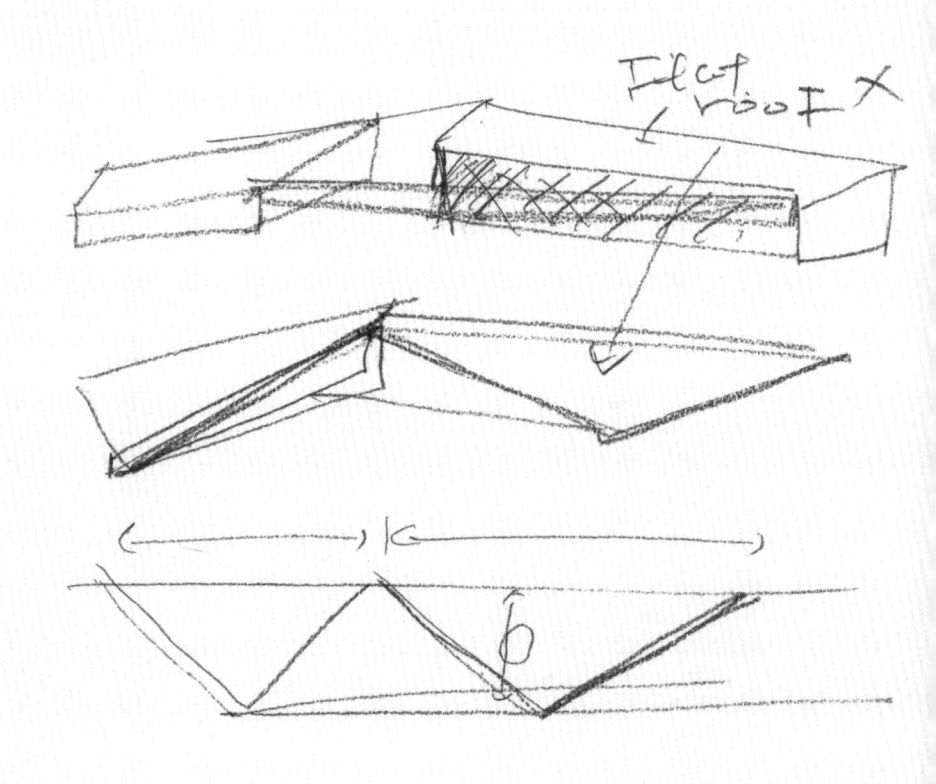

この段階での最終的な上屋ヴォリュームのイメージ。上は次頁の模型と同時期に描かれていた上屋の検討スケッチ。この時点で、一枚屋根による建築のイメージも検討されていた。(2004.11)

51

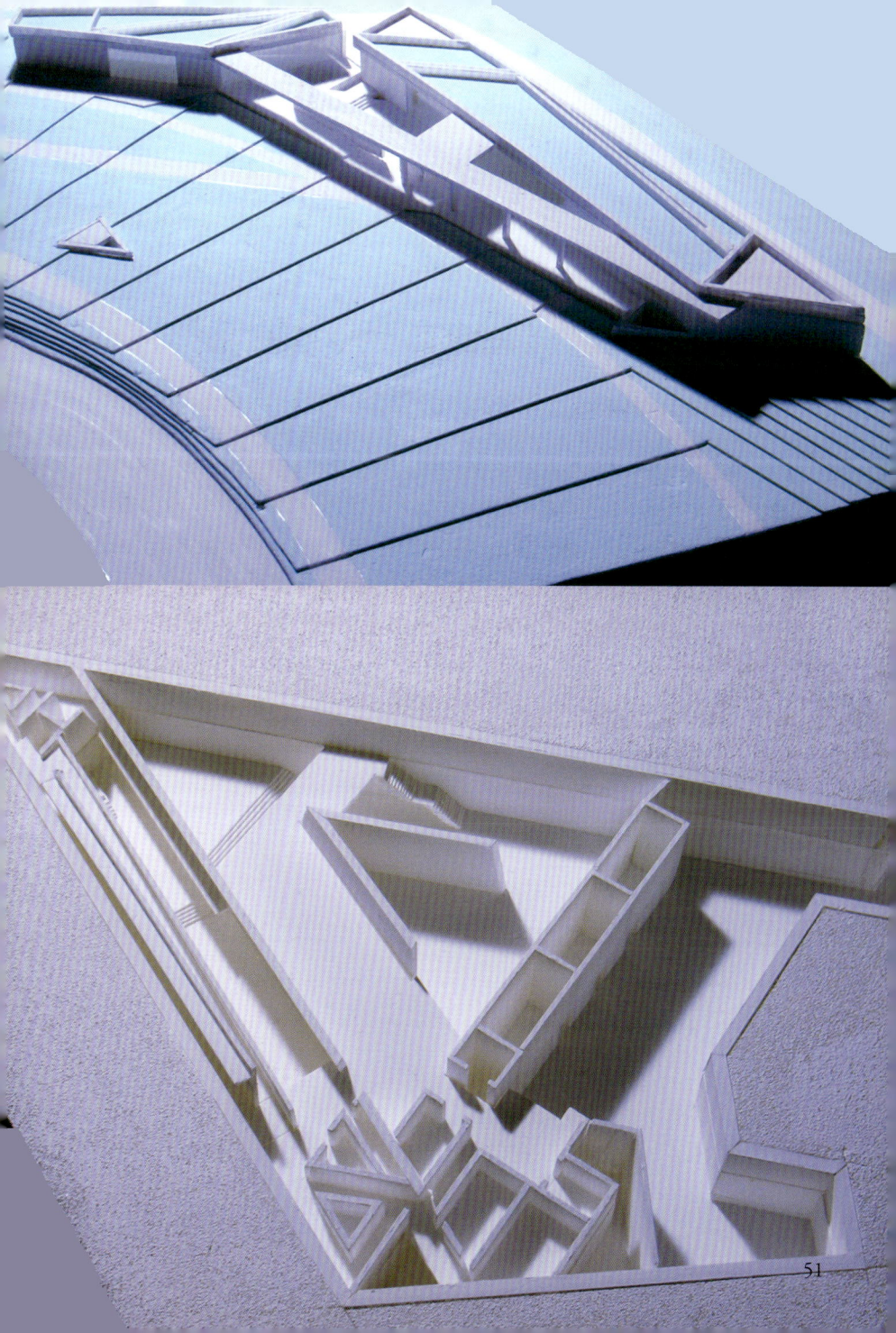

PHASE 3
規模が変更となる

2004年12月、運営方式の見直しがなされた。地下部分の規模が縮小されるなど、さまざまな条件変更が課せられた。東京ミッドタウン本館との地下での接続も中止となり、完全に独立した建物となる。東京ミッドタウン全体のスケジュールは2006年末竣工と決まっており、地区内のほとんどの建物はすでに工事が始まっていた。そのため非常に短期間で設計をまとめる必要があり、また工期の短縮も設計に考慮する必要があった。

せっかく基本設計までまとめたところで、設計条件が変更。全て一からやり直し。着工まで時間もなく厳しい状況だが、逆にこれを「もう一度設計ができる」チャンスと考え乗りきった。　　　　　（三浦, TA）

10.500
9.000
10.5w

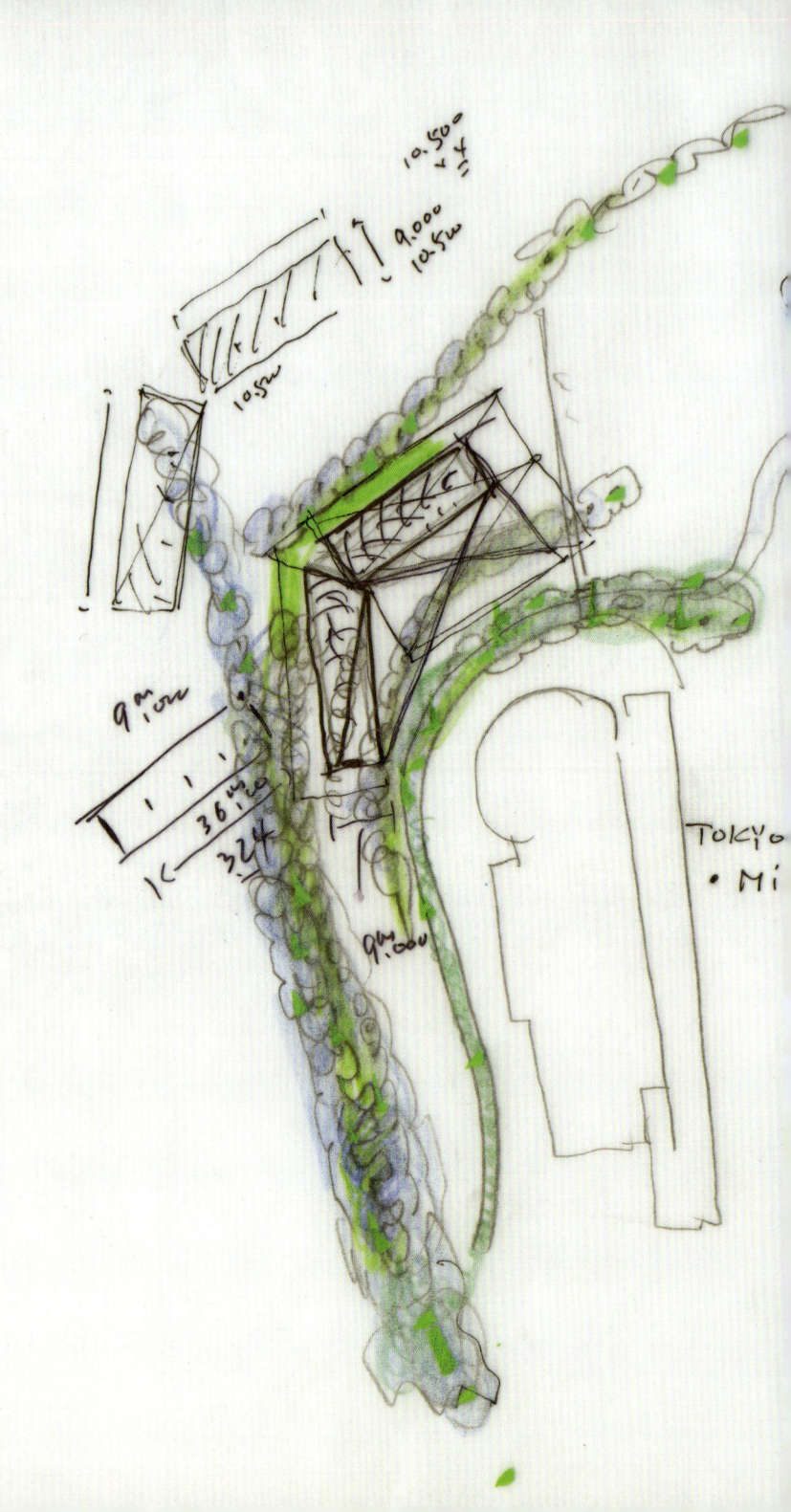

10.5w

9m
1ow
36m²
324

9m
1000

TOKYO
・Mi

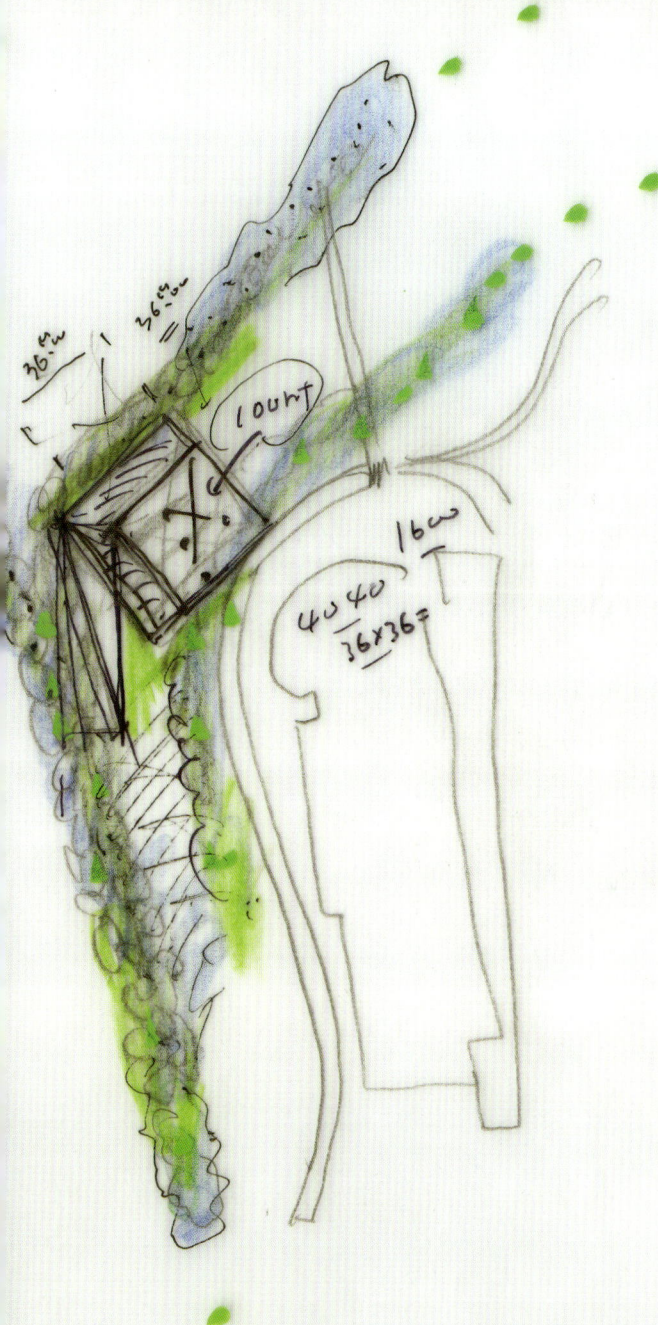

設計規模変更後の計画案スケッチ。規模の縮小に伴い大幅に計画が見直される。当初検討していた三角形のスパイラル構成のイメージは影を潜め、代わりに地下部と地上部との相互関係に焦点が当てられた。(2004.12)

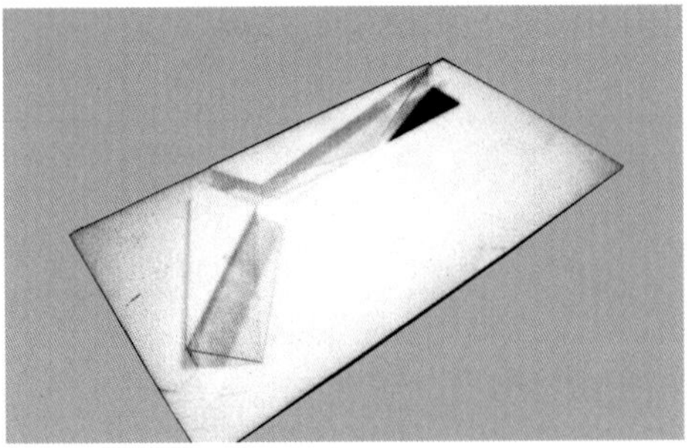
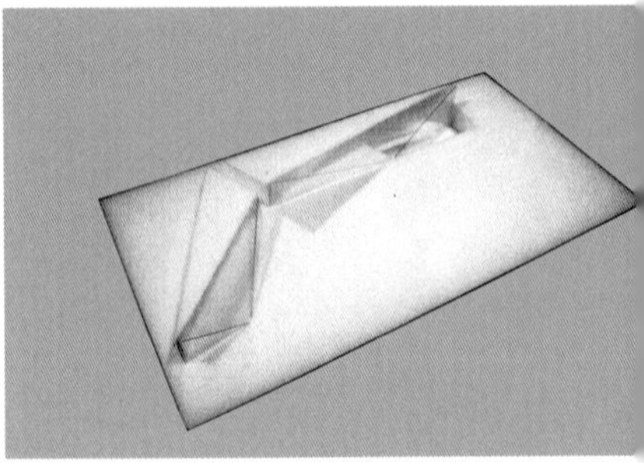
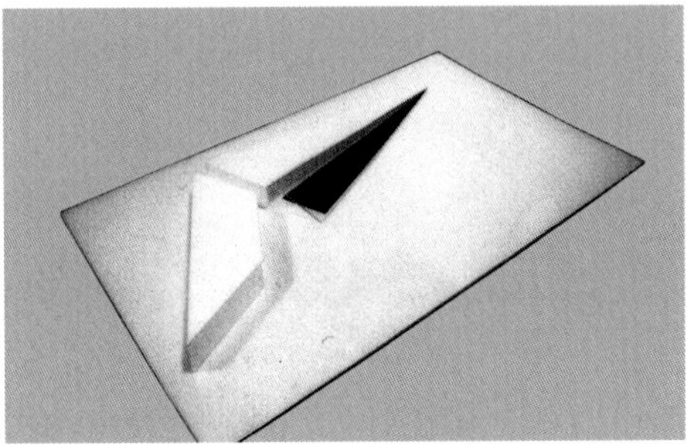
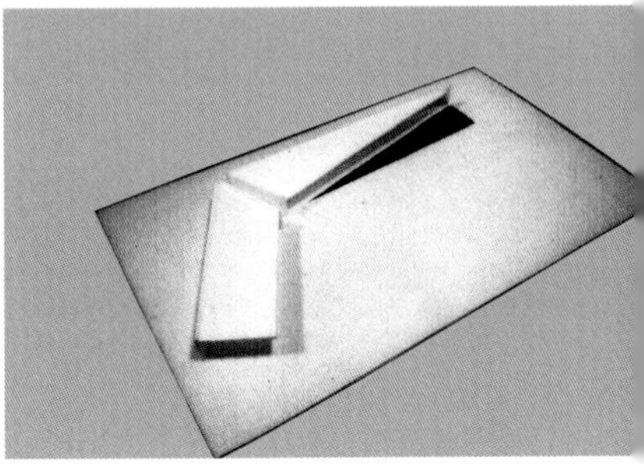
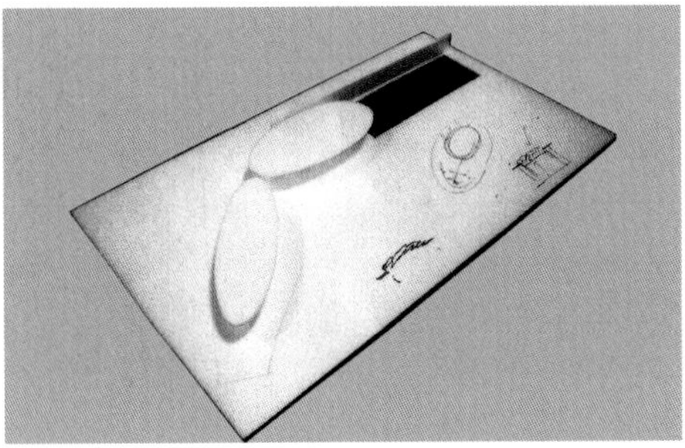
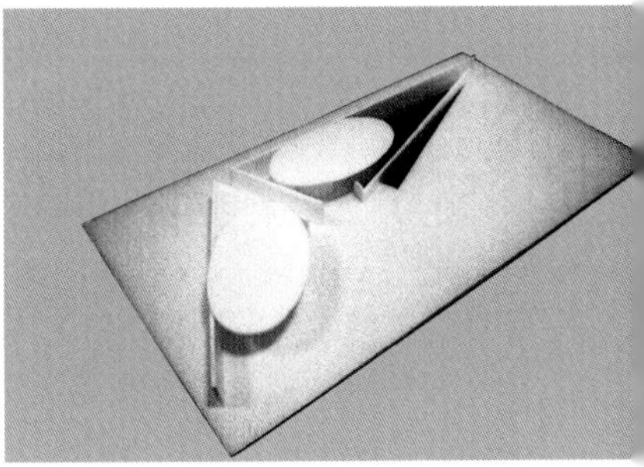
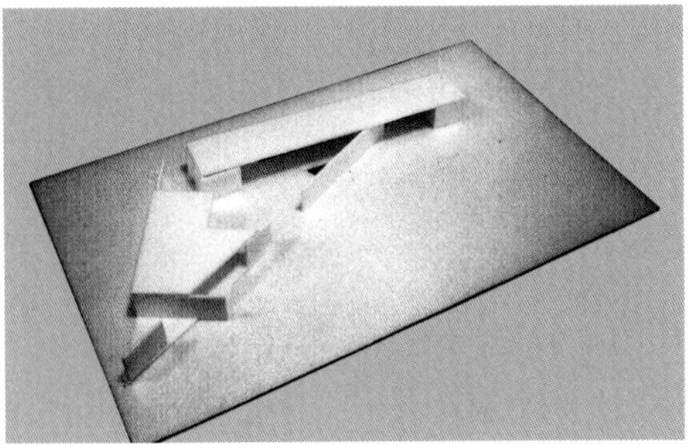
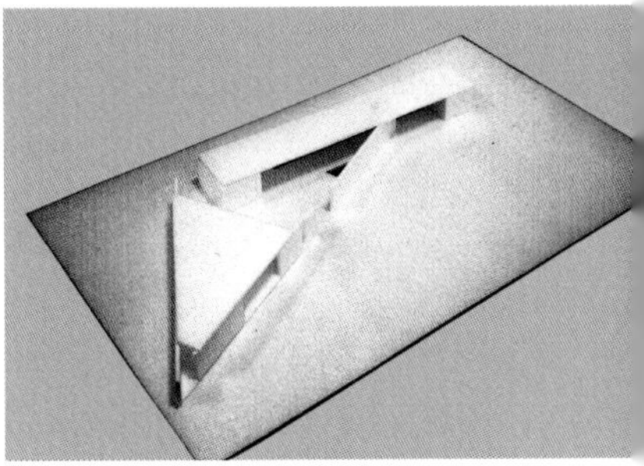

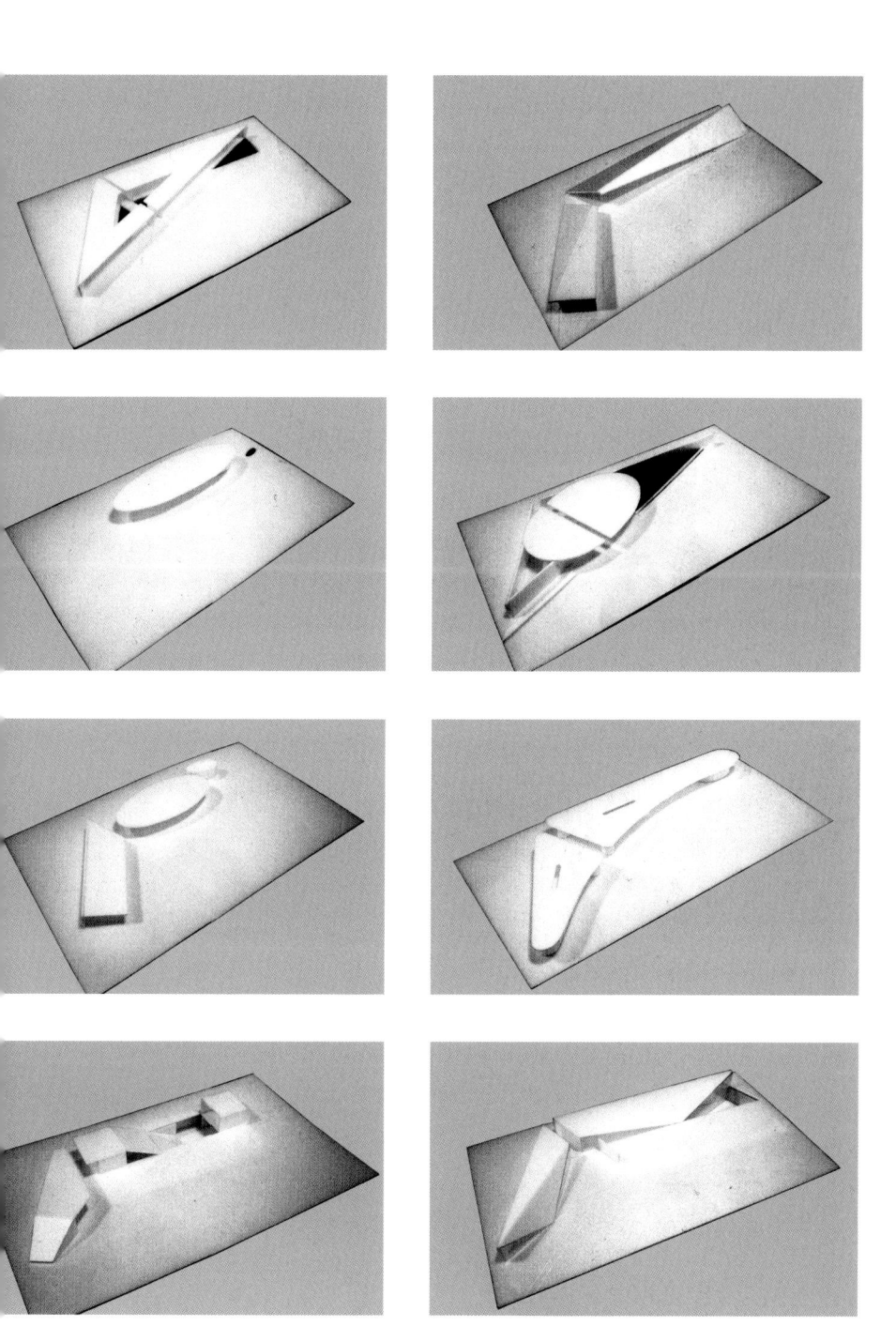

上屋の造形のスタディ模型。多様な形態の可能性が探られる中で、再度折板屋根形状のイメージが登場する。(2004.12)

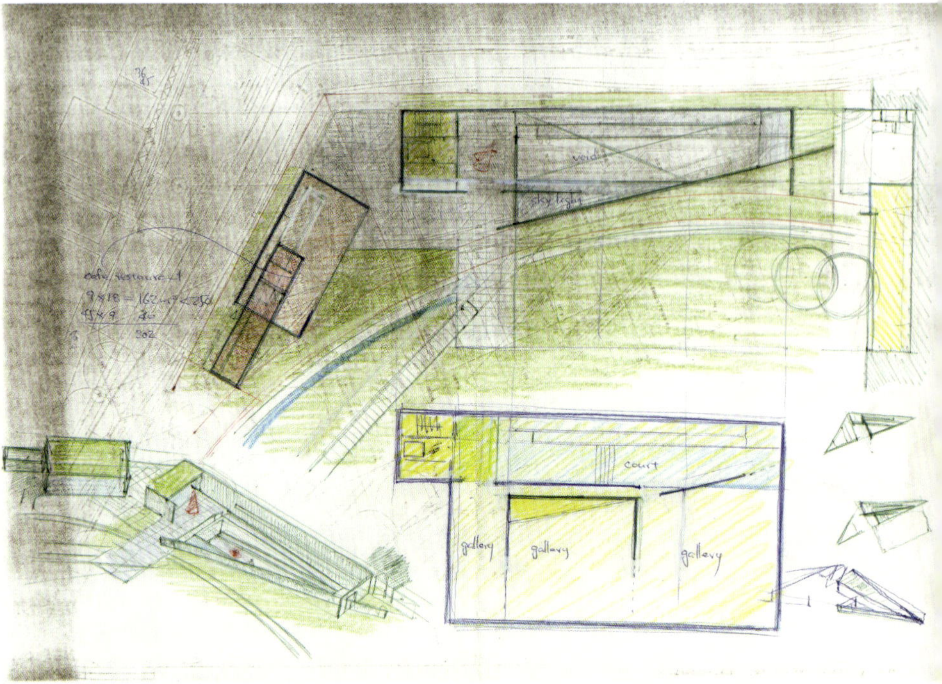
void
sky light
cafe restaurant
court
gallery
gallery
gallery

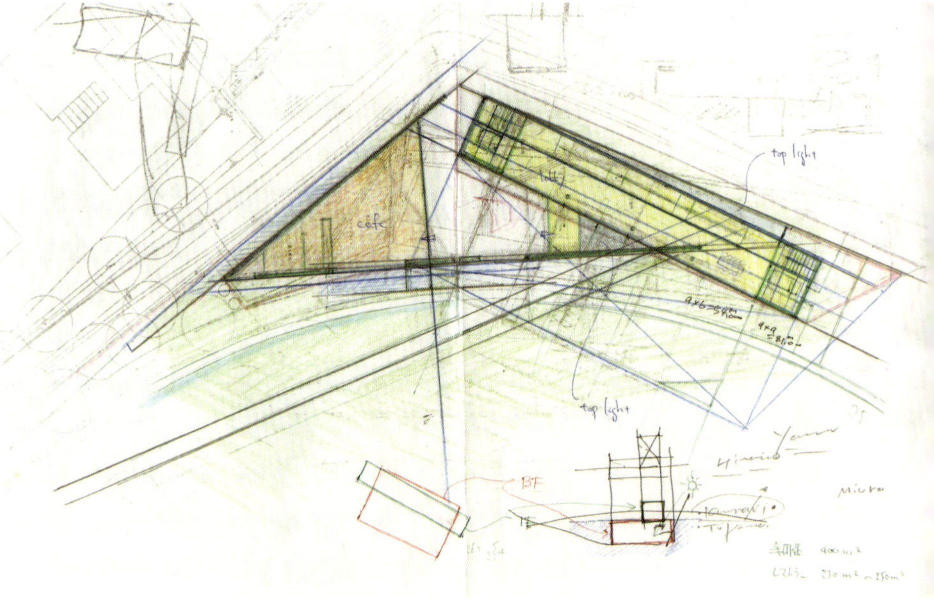
cafe
lobby
top light
top light
B1F
Miura

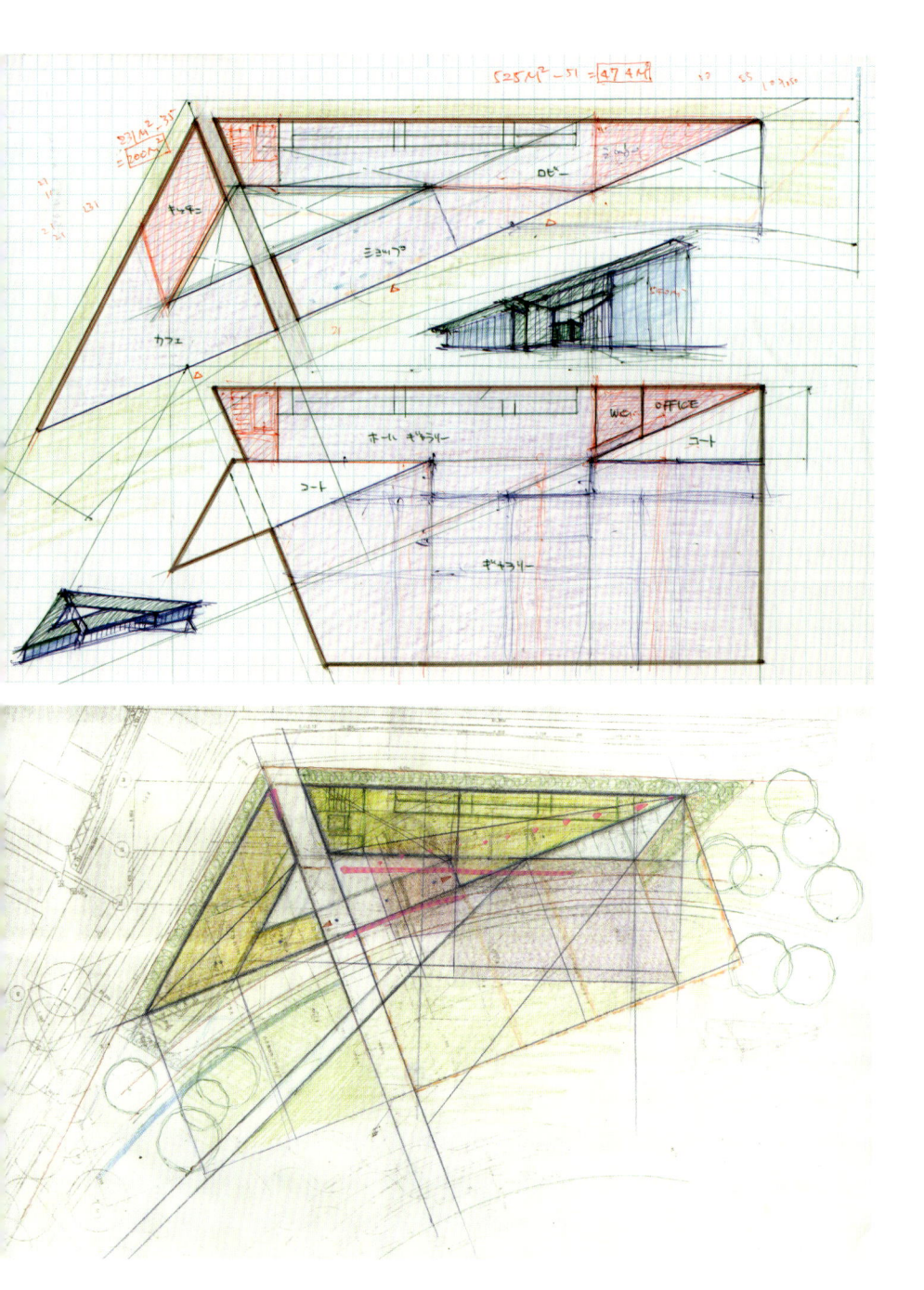

空間構成のスタディ・スケッチ。地上部分のヴォリュームでどのようにヴォイドを切り取るか、それをどのように地下空間につなげていくか、という主題が見てとれる。(2004.12)

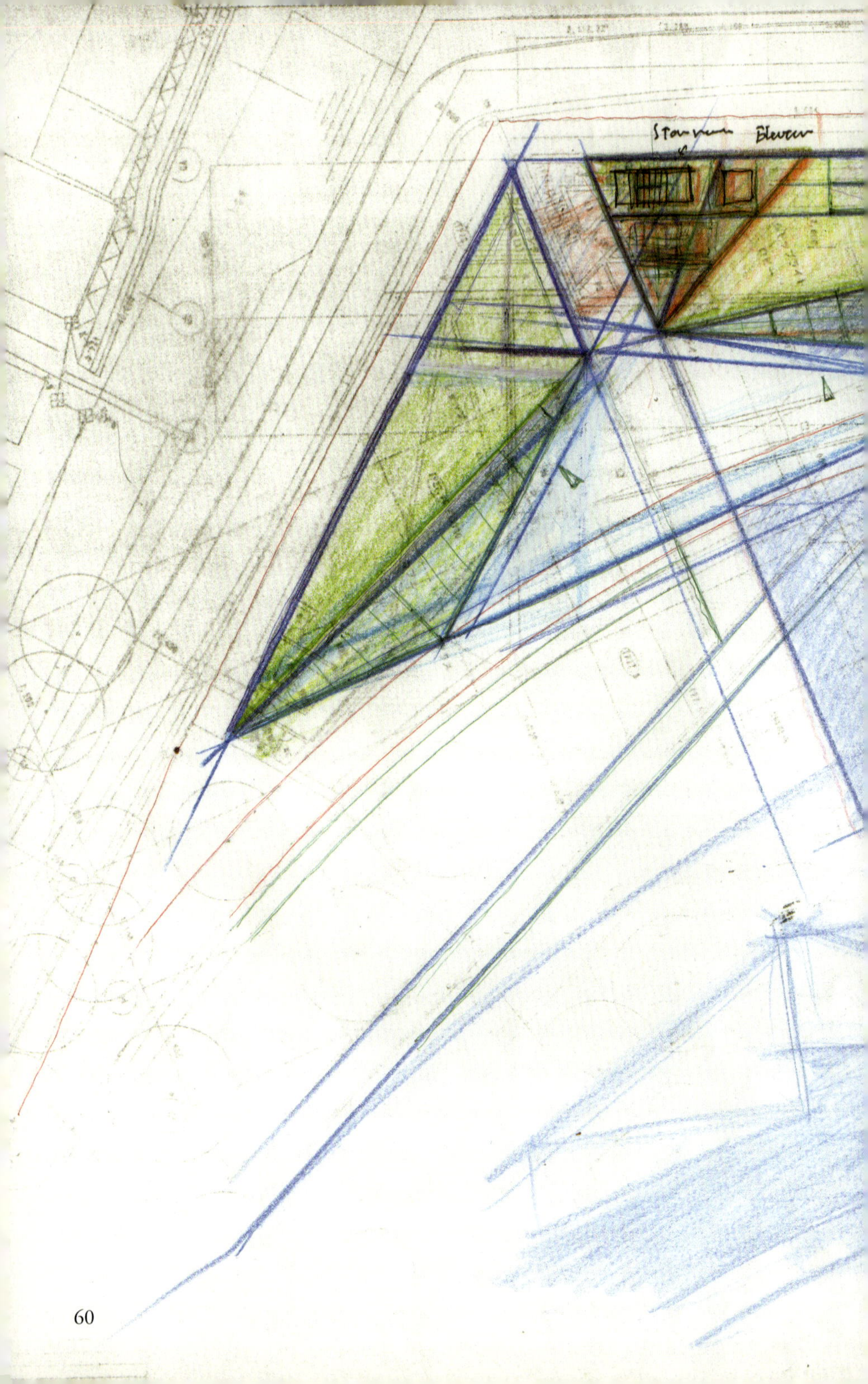

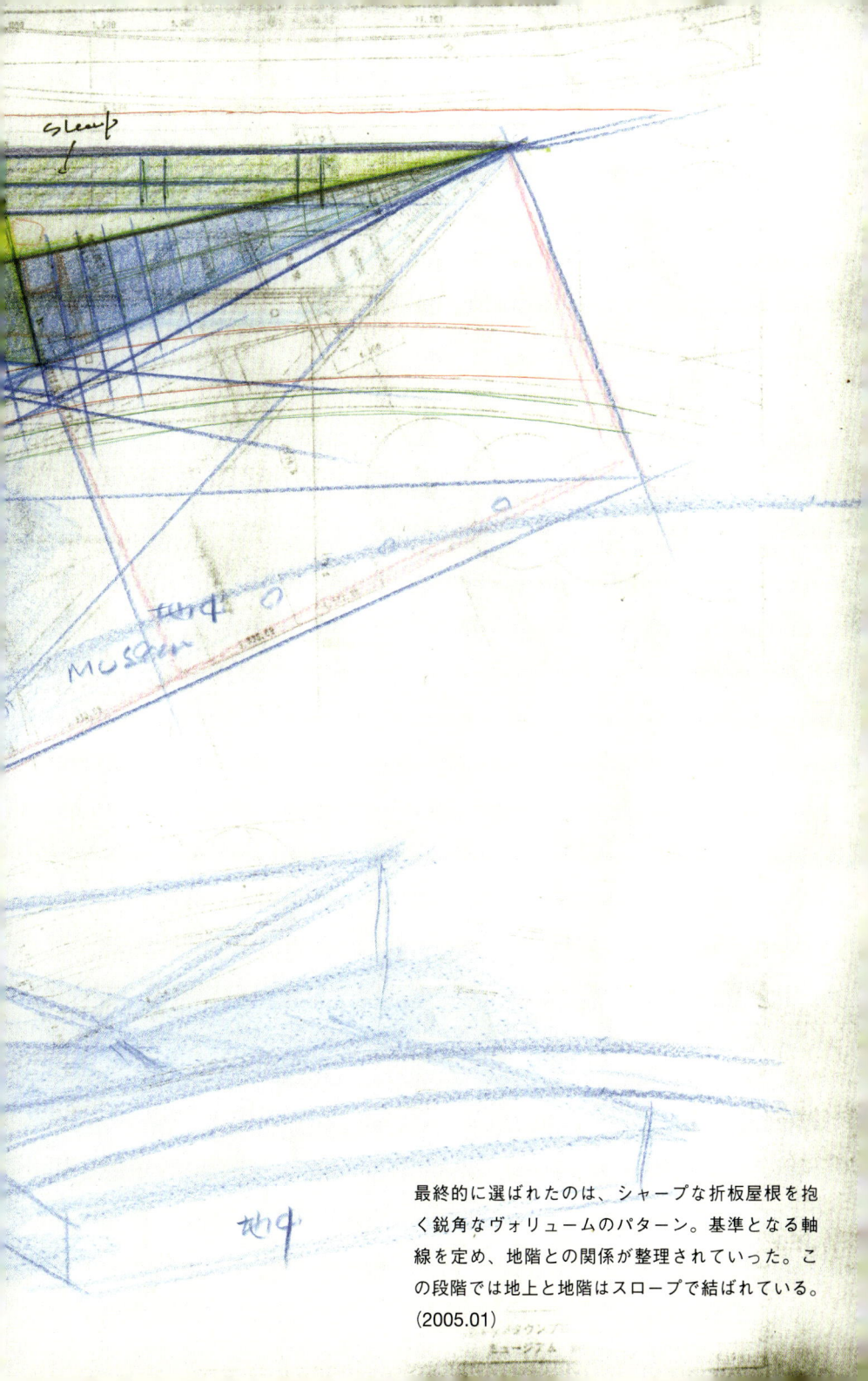

最終的に選ばれたのは、シャープな折板屋根を抱く鋭角なヴォリュームのパターン。基準となる軸線を定め、地階との関係が整理されていった。この段階では地上と地階はスロープで結ばれている。
(2005.01)

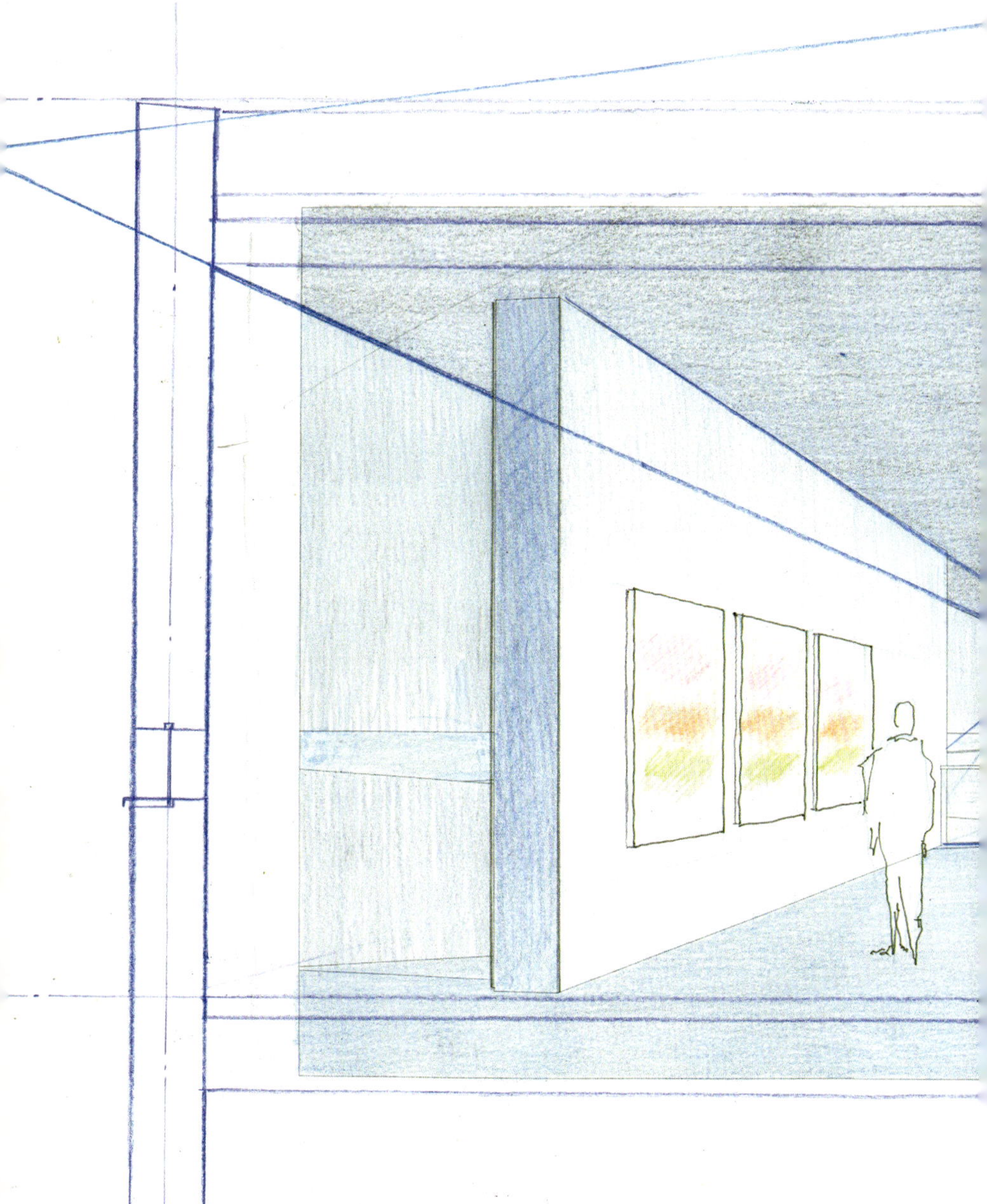

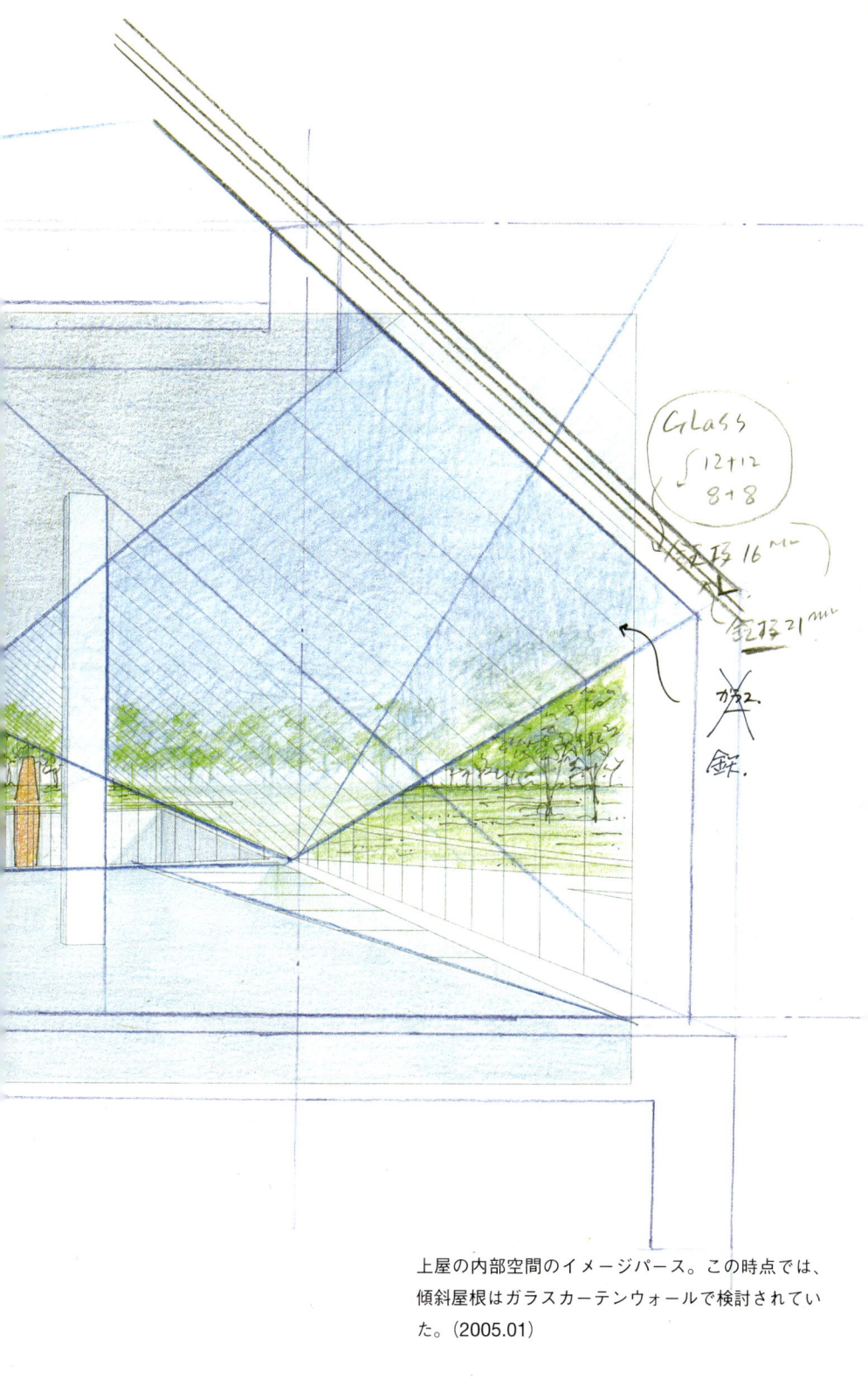

上屋の内部空間のイメージパース。この時点では、傾斜屋根はガラスカーテンウォールで検討されていた。(2005.01)

悪戦苦闘　2006年の現場　安藤忠雄

一枚の布から一枚の鉄板へ
From a Piece of Cloth to a Sheet of Steel

　『21_21DESIGN SIGHT』の建築の発想のヒントになったのは、三宅一生が衣服の原点としてこれまで取り組んできた平面から立体へという「一枚の布」のコンセプトだ。その創造的なアイデアを、建築空間に展開できないかというところから、鉄板の一枚屋根のイメージが生まれ、最終案の形になった。完成後の建築からは伺いしれないが、ここに至るまでの道程は決してスマートなものではなかった。

　もともとは以前から温めていた三角形のスパイラル構造による地下空間のイメージから出発したのだが、敷地の変更やプログラムの縮小といった与件調整のために、数回の大幅な軌道修正を余儀なくされた。加えて、長さ54mに及ぶ鉄板屋根の採用。技術的困難は明らかである。それまでの関係者の労苦を一瞬で無にする決断だった。しかし、そうした緊張の瞬間を一つひとつ積み重ねていくのが建築というものだ。後戻りのきかない真剣勝負——だから建築はおもしろい。

　The idea for 21_21 DESIGN SIGHT can be traced to Issey Miyake's concept of "a piece of cloth" as the root of clothes. We wondered if that idea could not be applied to architectural space. That gave rise to the image of "a sheet of steel" and the form of the final scheme. The route that we took to that point was neither easy nor direct, though none of that shows in the completed building.

　We began with the image of an underground space based on a triangular spiral structure that we had been mulling over for some time. However, adjustments of conditions such as a change of site and a scale-back of the program forced us to make major revisions a number of times. All the effort of those involved up to then was suddenly for naught. In addition, there was the decision to use a steel-sheet roof 54 meters in length. It was obviously going to be technologically difficult. However, architecture is the steady accretion of such moments of tension. It is a game played in earnest—one in which one must always look forward. That is why architecture is so interesting.

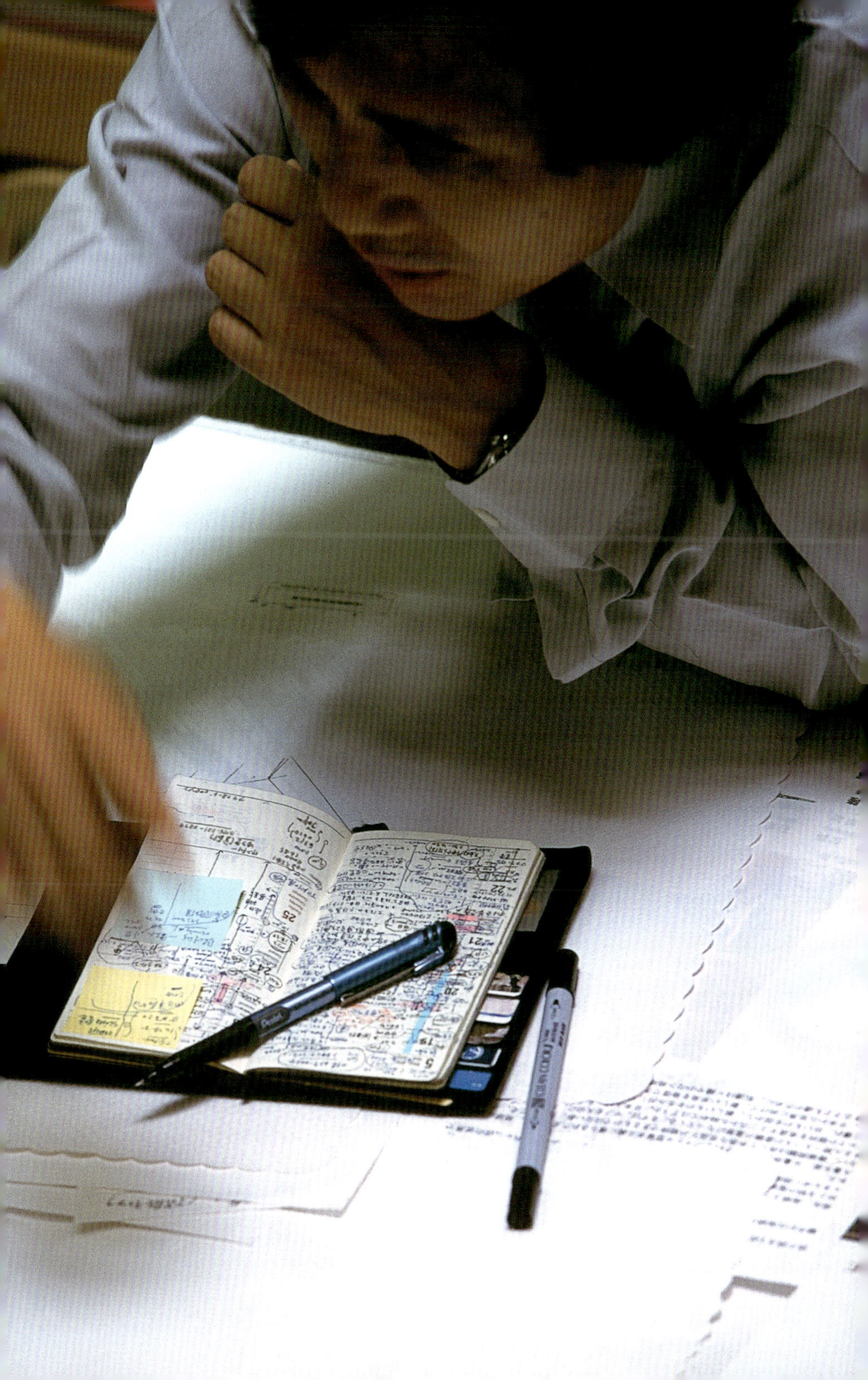

PHASE 4
鉄板屋根案の浮上

2005年2月、植栽屋根、ガラス屋根等と試行錯誤を繰り返す中で、突如屋根を鉄板にする案が浮上。これは、三宅一生の「一枚の布」というコンセプトに通じるもので、「一枚の鉄板」という建築イメージに結集する。

着工期日が迫る2005年5月、実施設計半ばで工事は開始された。そのため鉄骨等の事前発注を余儀なくされた。

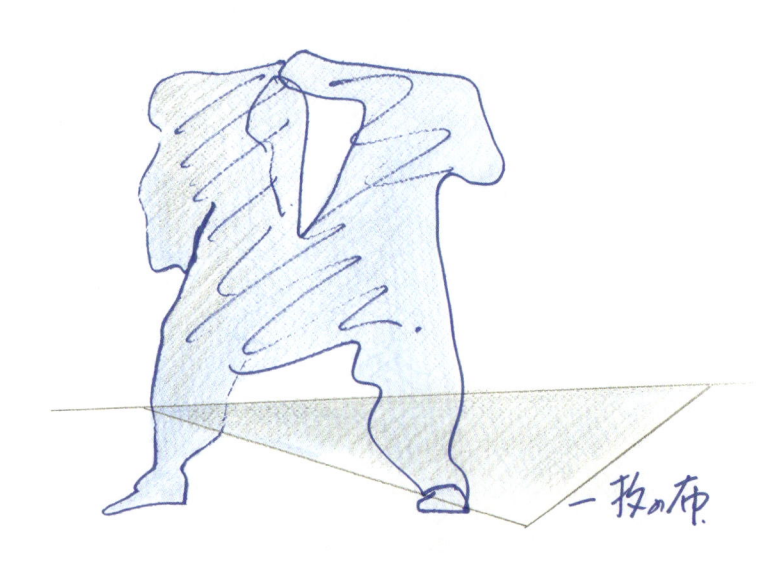

Tadao Ando

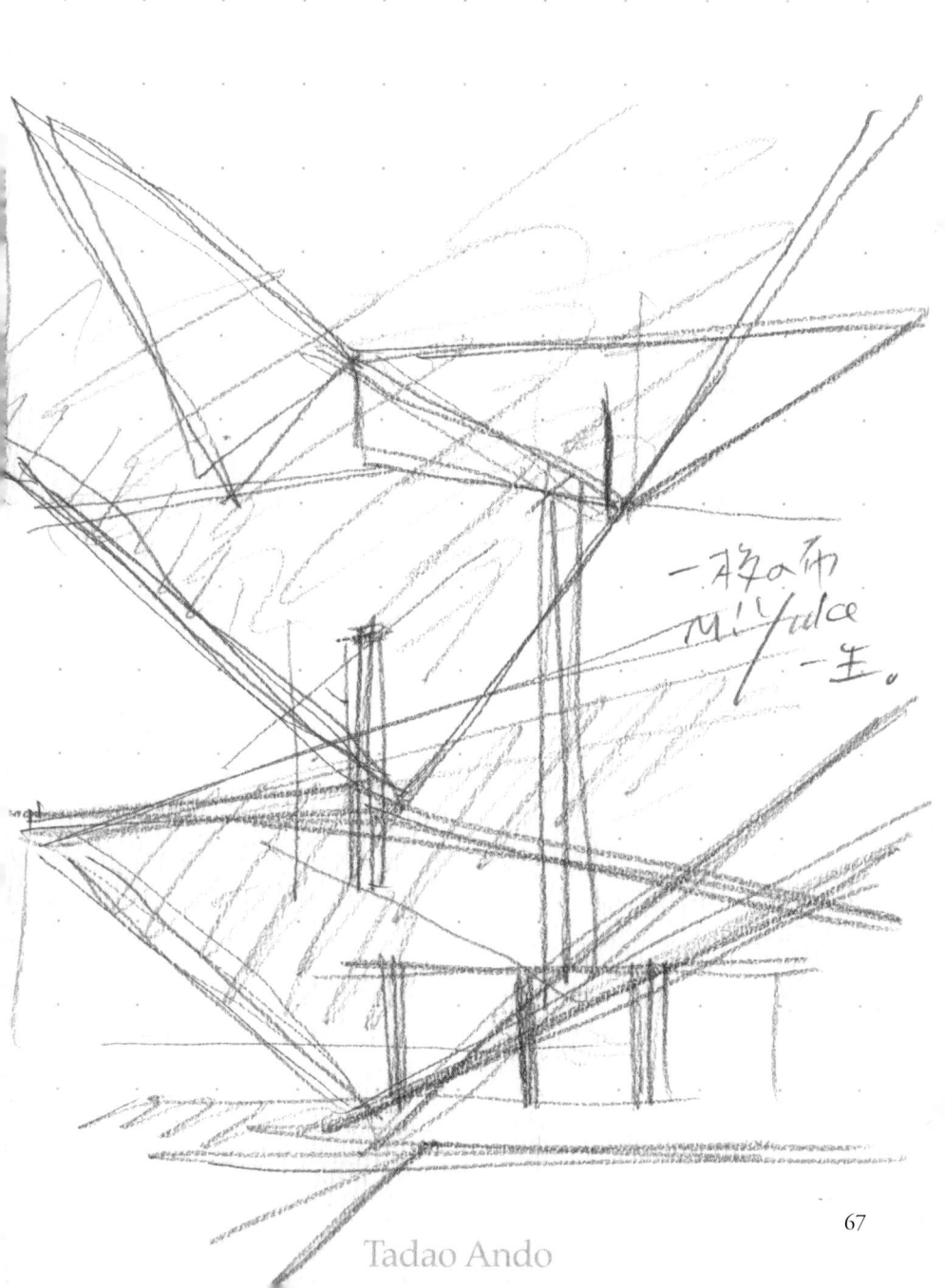

54

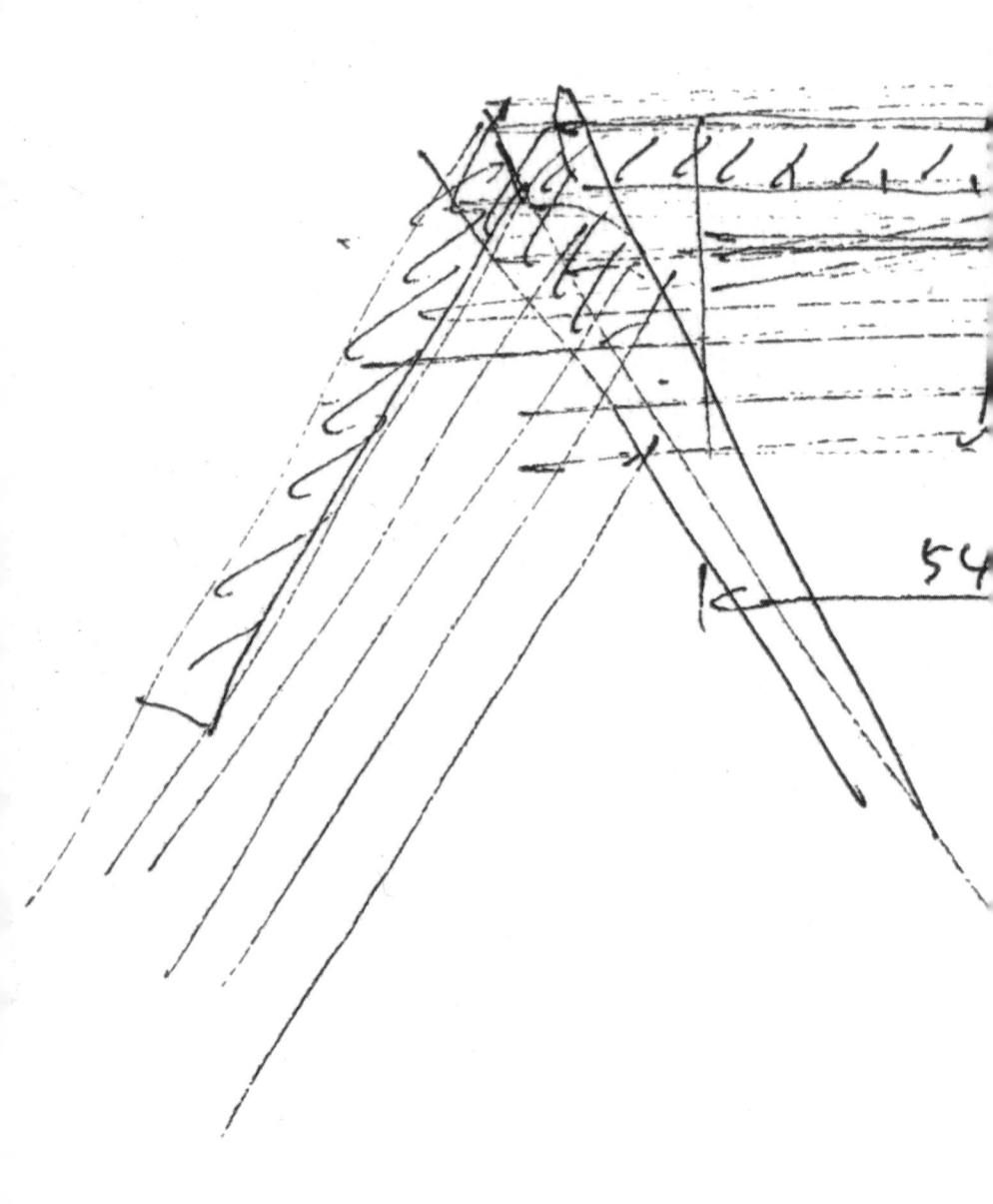

$q_{u.u4}^{cm}$ $\quad$ 90^{M}_{in}

$G = 54.000^{M}$

45

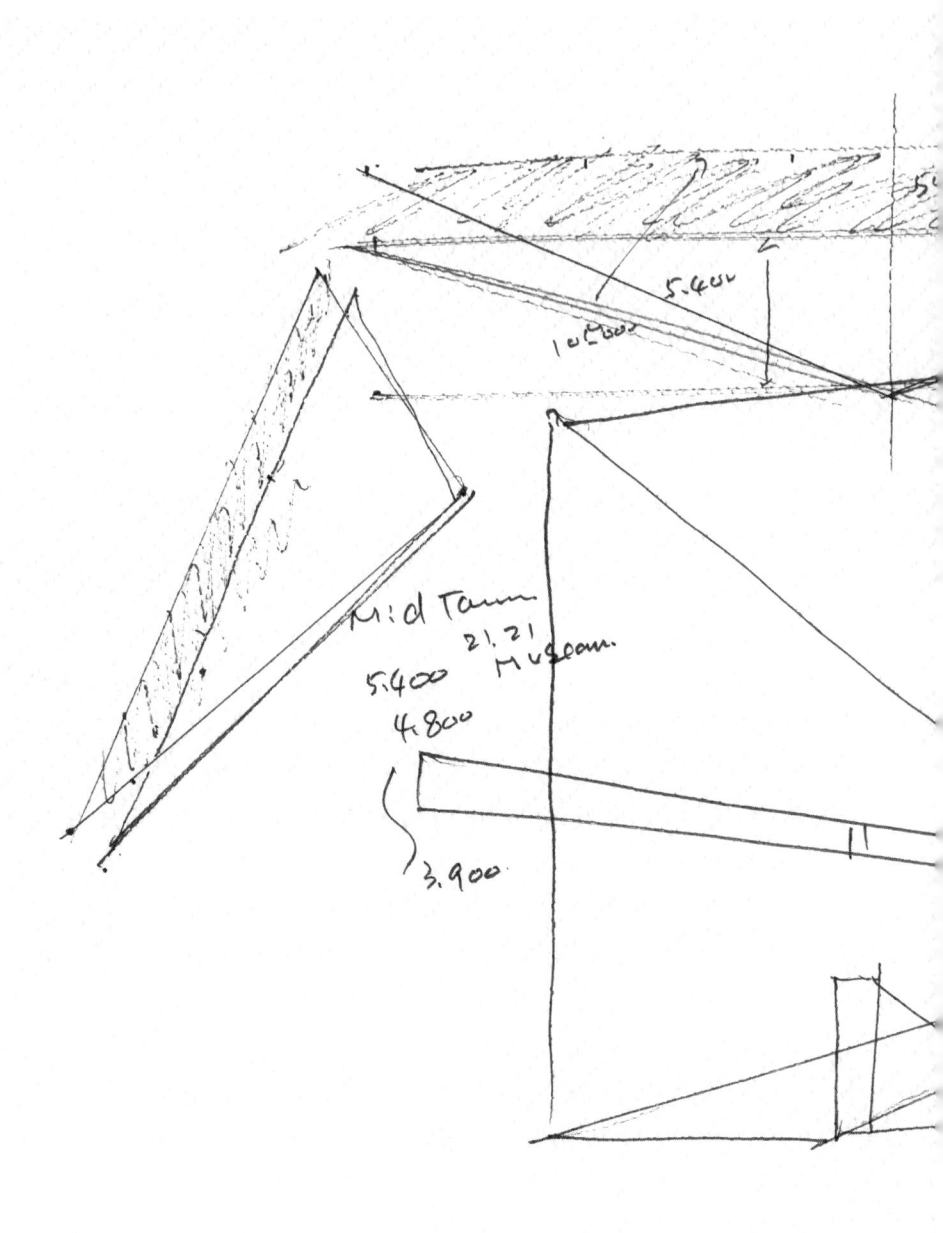

Mid Town
5,400 21,21
         Museum.
4,800

3,900

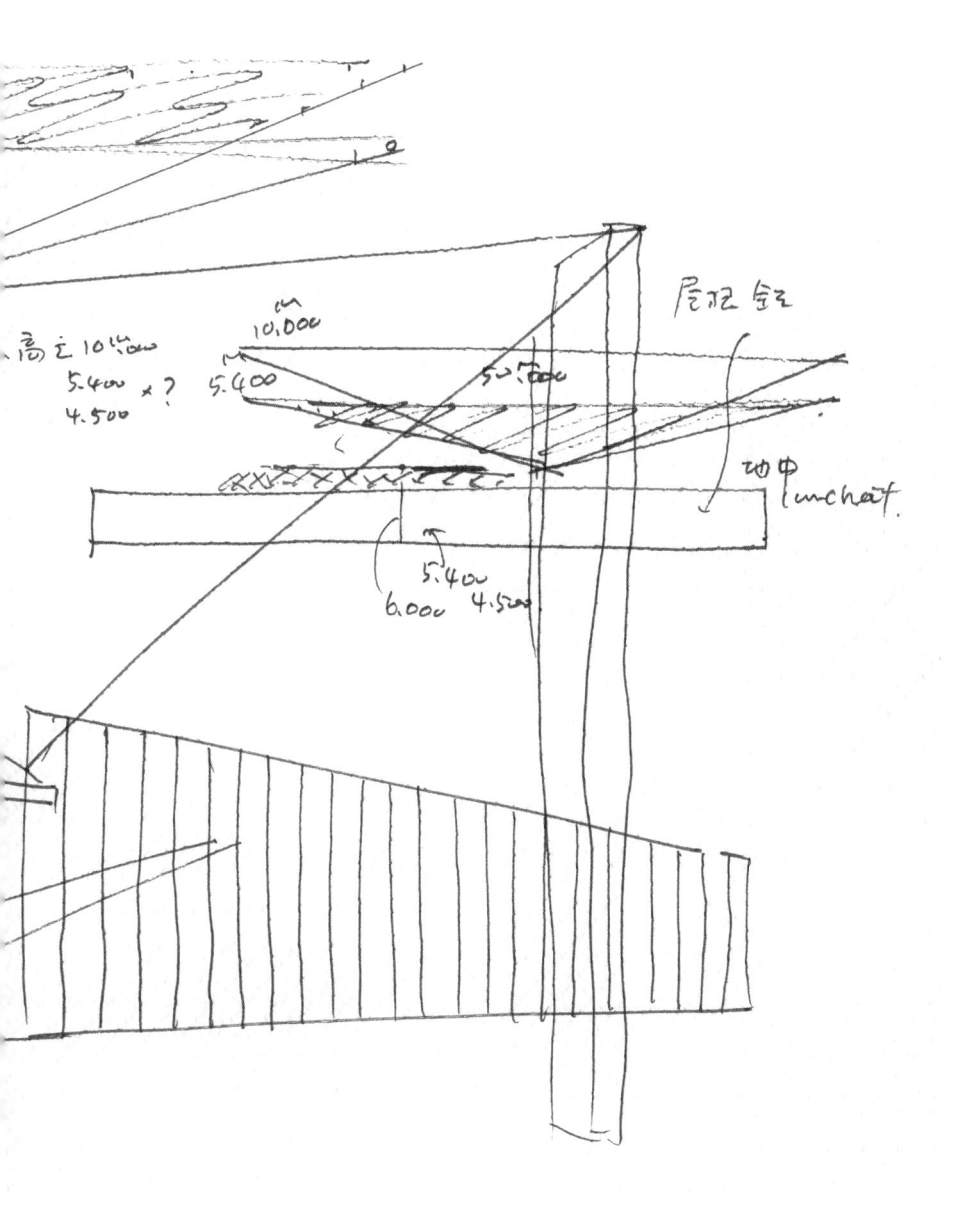

空間のヴォリューム、鉄板の仕様と屋根のディテールのスケッチ。一枚の鉄板屋根のイメージで計画は固まり、一気に設計が詰められていった。部分から全体へ、一貫したコンセプトが透徹していく。(2005.03)

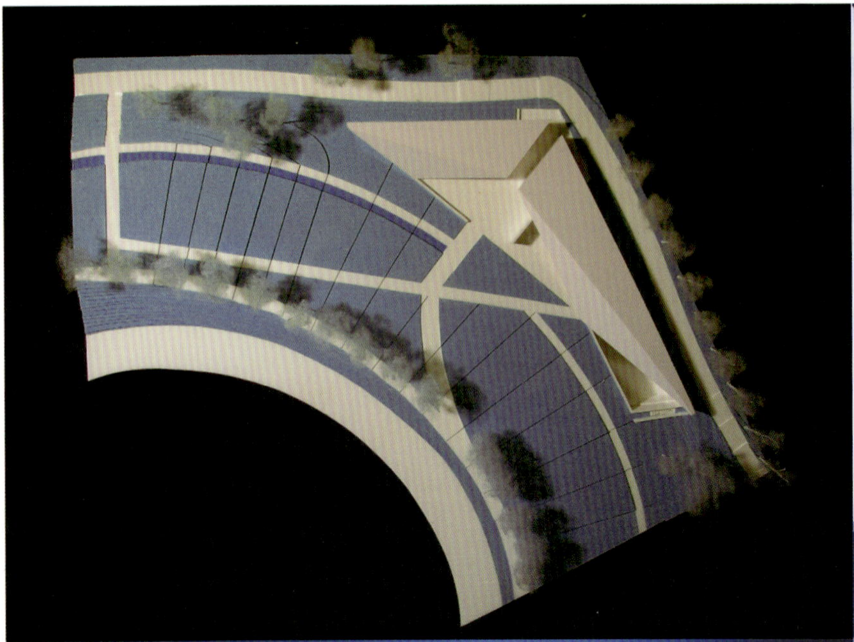

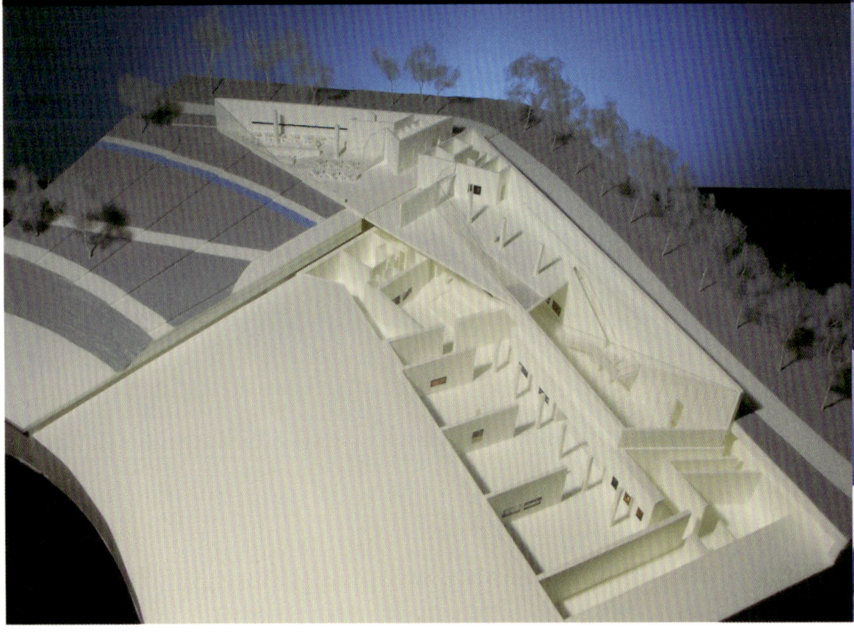

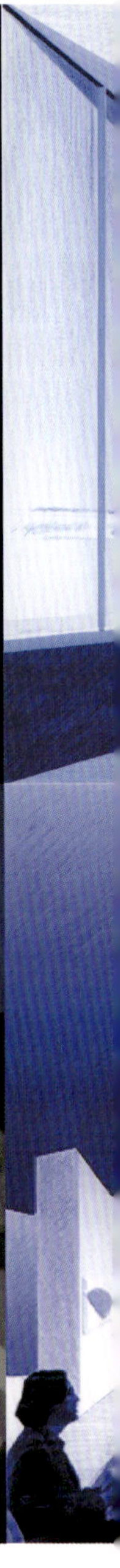

鉄板屋根案の 1/200 模型（前頁）とパース・ドローイング（上）（2005.04）

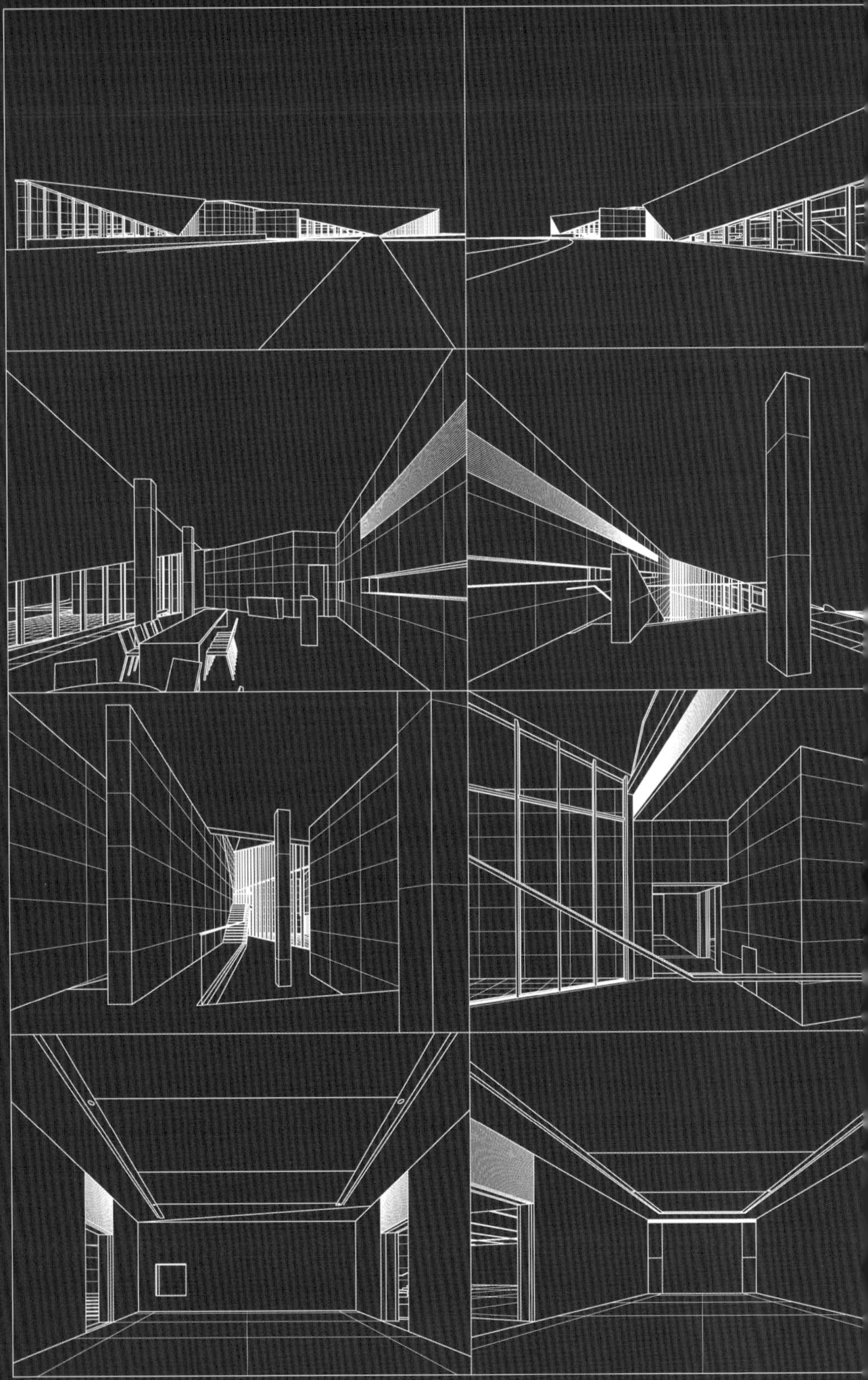

各部検討パース(2005.04)

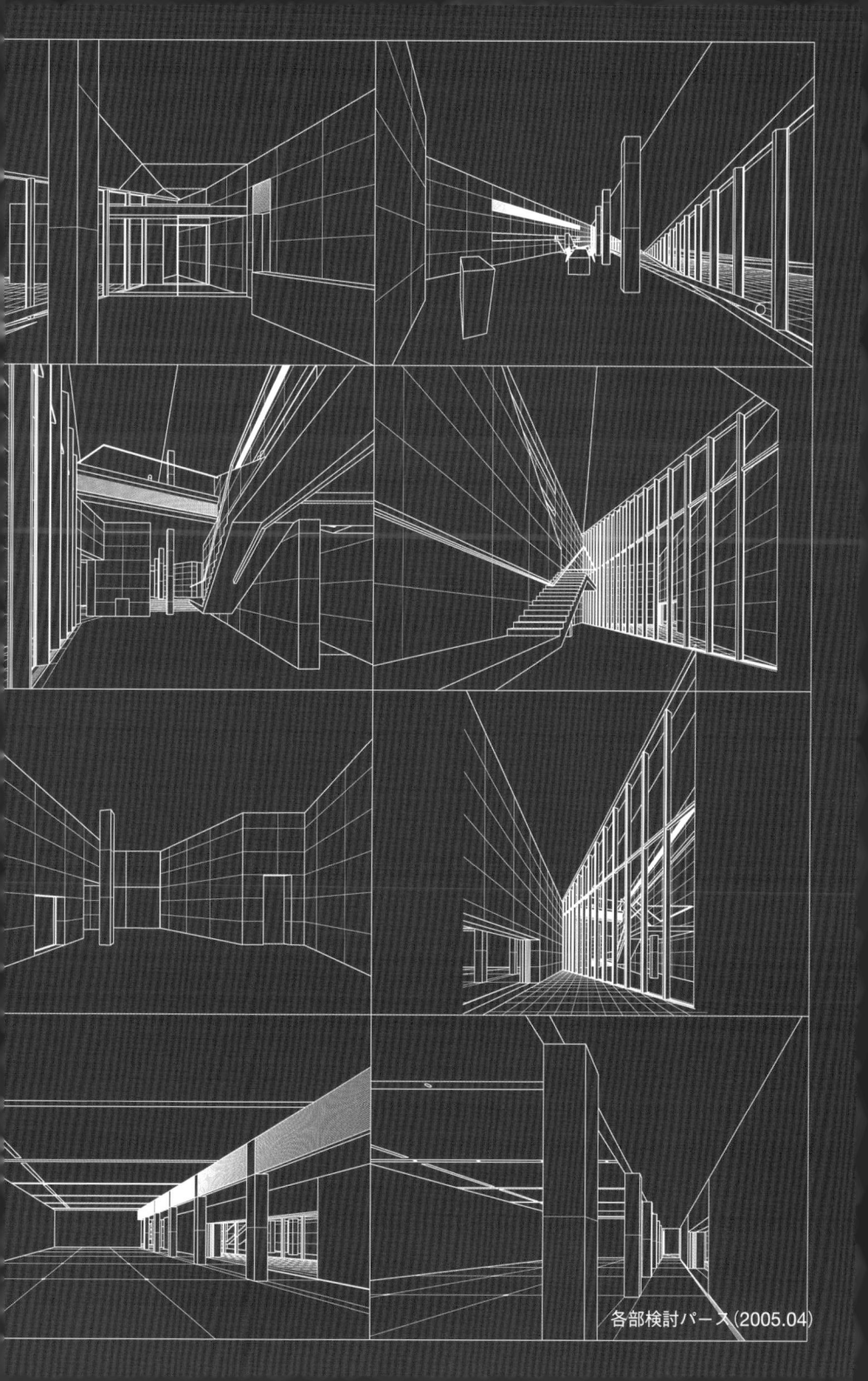

悪戦苦闘　2006年の現場　安藤忠雄

建築は独りではできない
Architecture Cannot Be Undertaken Alone

建築は独りではできない。だから建築家にとって画を描けること以上に大切なことはコミュニケーション能力だ。チームのスタッフ、現場の技術者、クライアント。建築に関わるさまざまな立場の人々に自分のやりたいことを正確に伝え、対する相手の意見に真摯に耳を傾ける。周りを味方につければ、独りではできない大きな仕事ができるだろう。それなのに、そんな当たり前の対話ができない人間が増えている。

少なくとも、我々の建築のチームに独りよがりは必要ない。だからアトリエにはあえて個人のブースをつくらないようにしている。仕事の道具がどんどんデジタル化していく中で、コンピュータのネットワークも導入せず、吹き抜けを介して大声で呼び合う、四十年間変わらないアナログなコミュニケーション方法を続けている。不便なことこの上ないが、これでギリギリ、正常な人間関係を保っているのだから仕方がない。

Architecture cannot be undertaken alone. That is why for an architect, an ability to communicate is more important than the ability to draw. The architect must communicate accurately to the various persons involved in the project—the team, the engineers at the site, the client—what he wants to do and in turn listen carefully to the views of others. If you can win over the people around you, you can accomplish much bigger things than if you are alone. However, these days people who are incapable of engaging in normal dialogue with others are increasing.

There is no need for self-centered persons, at least on our architectural team. That is why I make it a point not to allow individual booths in my atelier. Though the tools of our trade are steadily being computerized, we have continued to communicate for forty years in an analog style, yelling to each other without aid of a computer network in an atrium space. It is inconvenient but unavoidable, since we thereby manage, though just barely, to maintain normal human relationships.

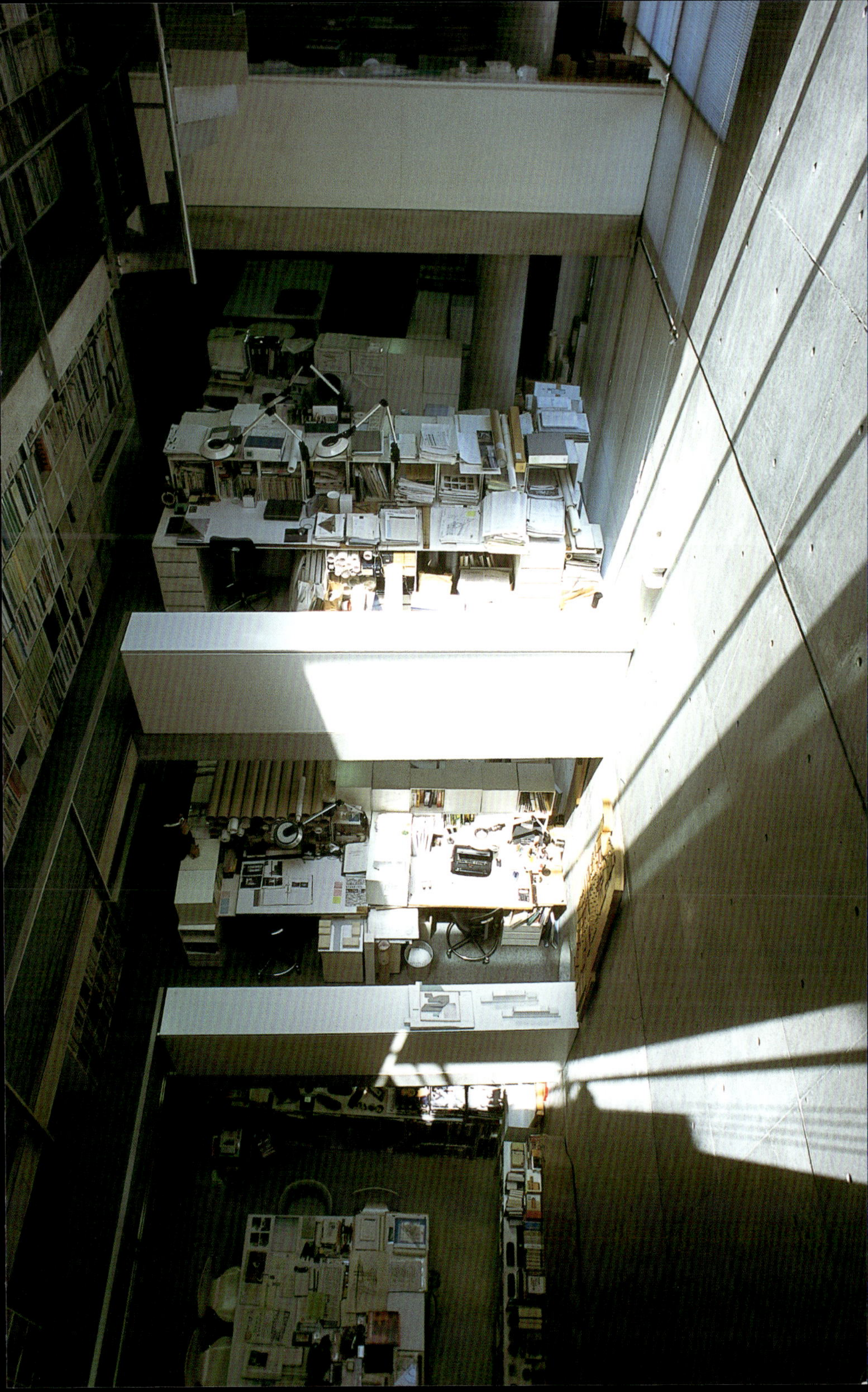

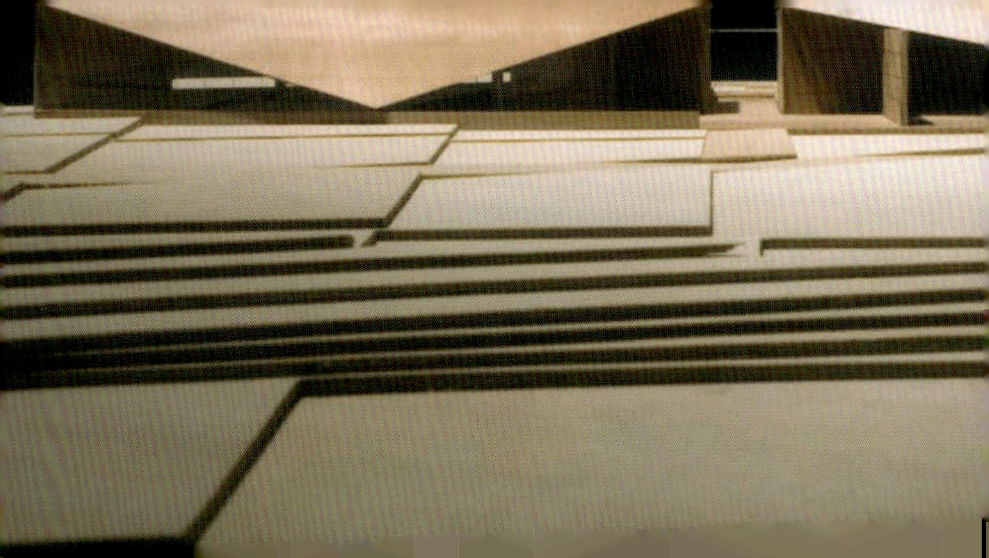

PHASE 5
最終案

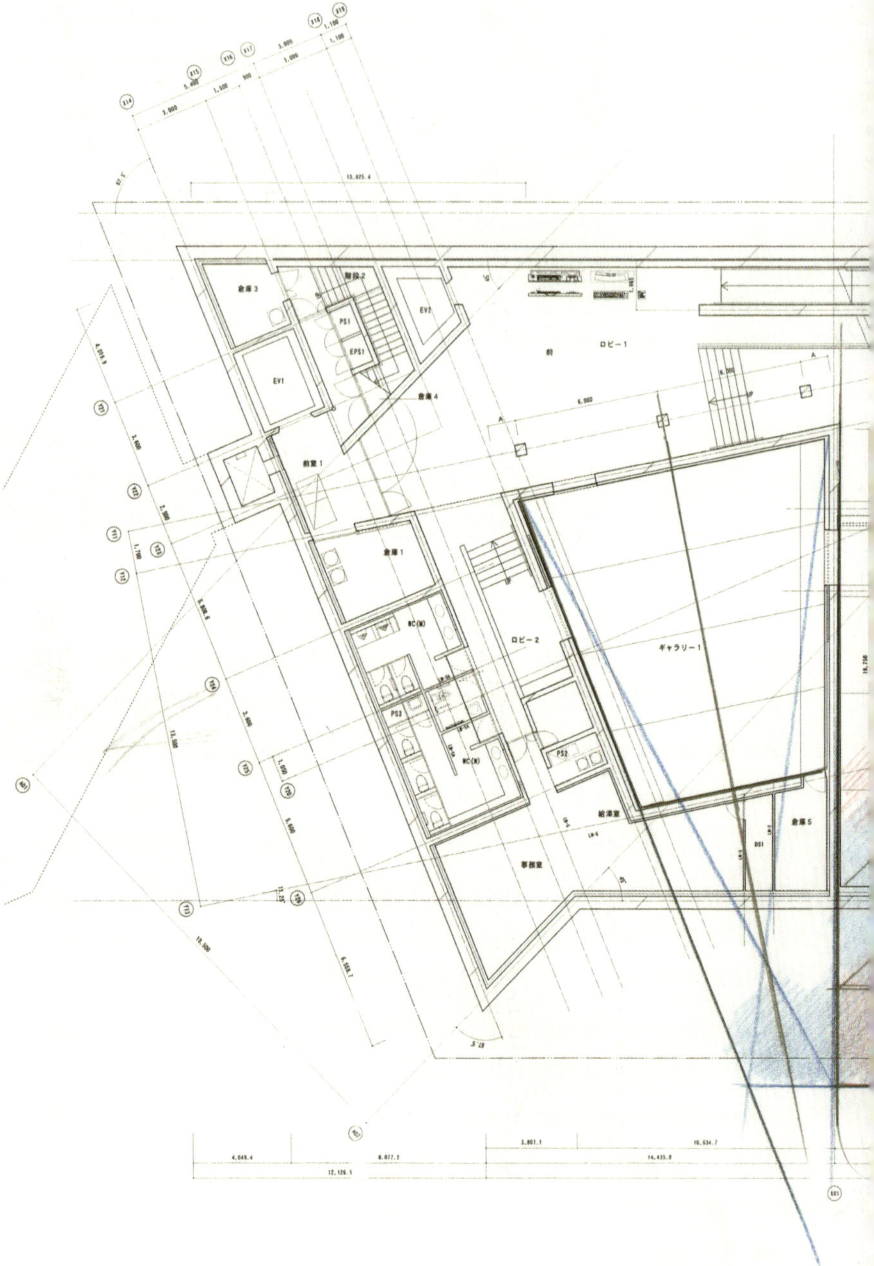
倉庫 3
階段 2
EV2
PS1
EPS1
EV1
ロビー 1
倉庫 4
前室 1
倉庫 1
WC(M)
ロビー 2
ギャラリー 1
PS3
PS2
給湯室
倉庫 5
DS1
事務室

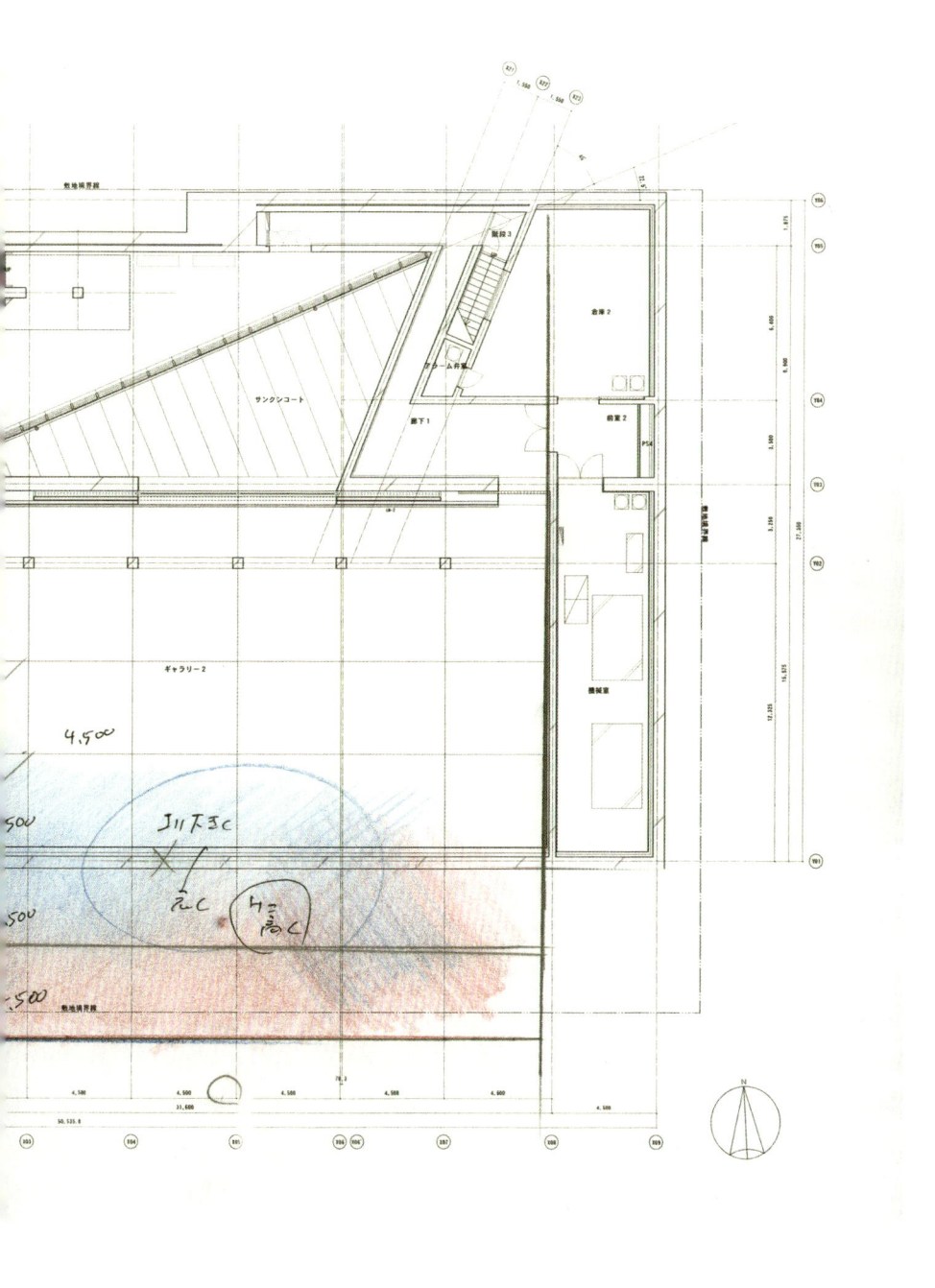

2005年10月に提出された実施設計図書。安藤の指示が書き込まれている。(2005.11)

82

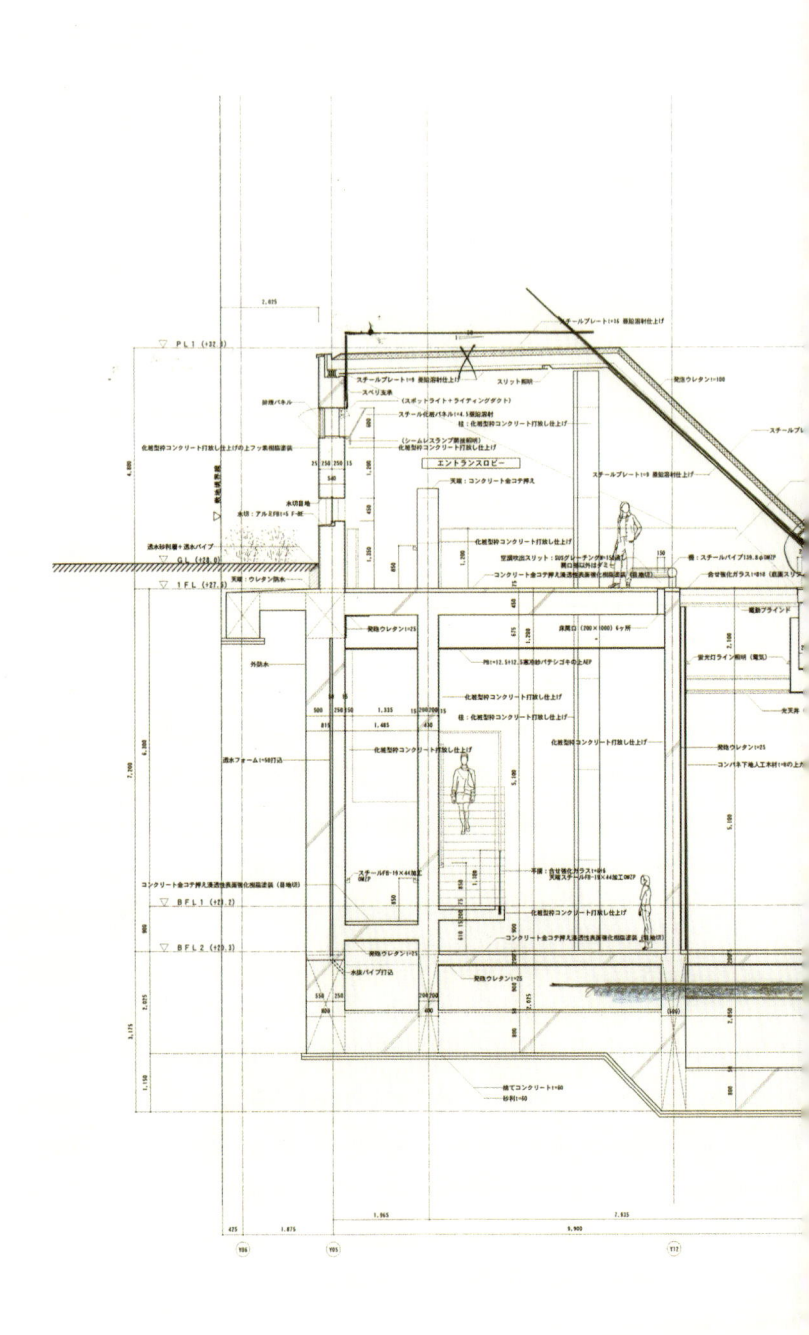

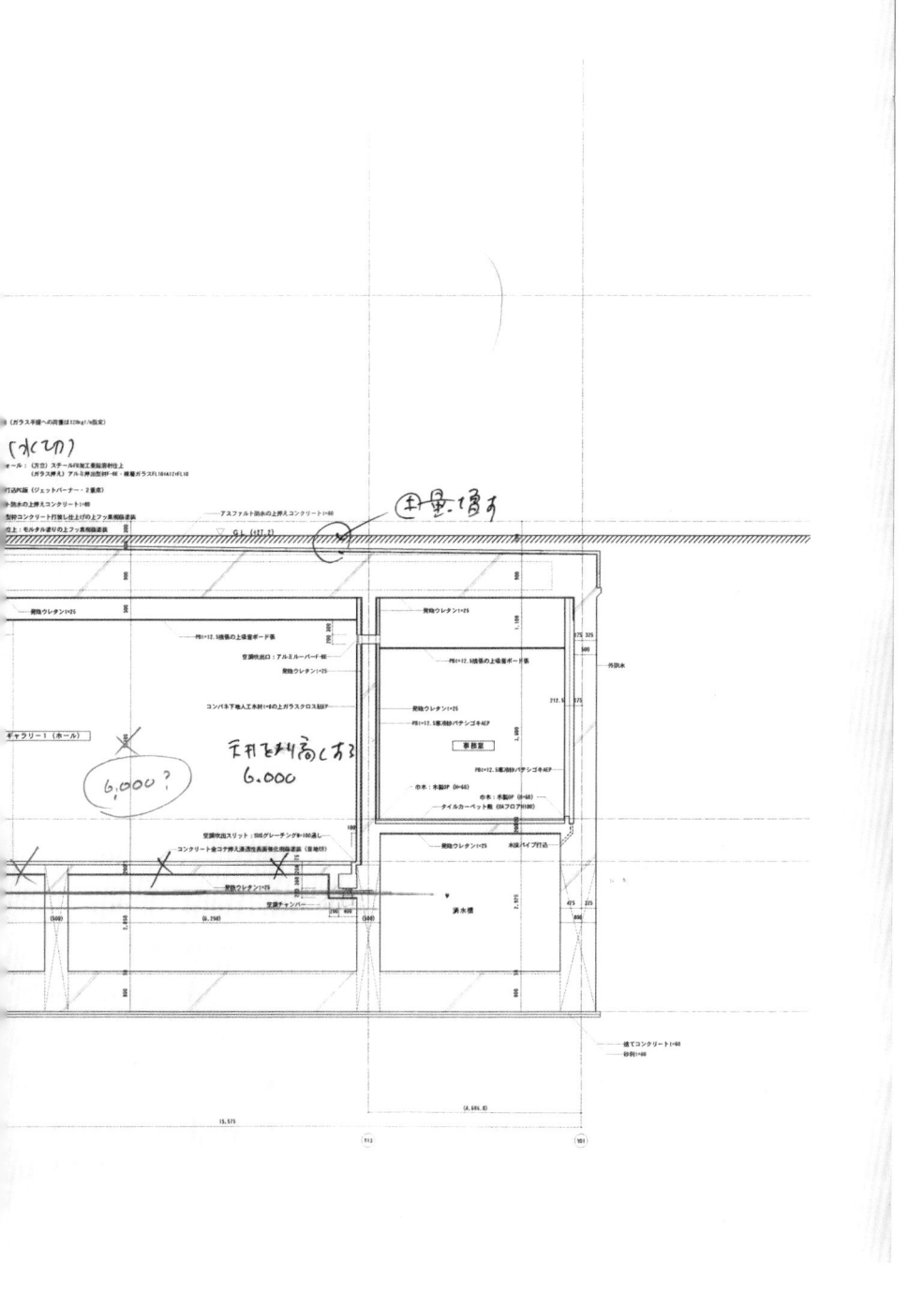

実施設計完了は一つの区切りでしかない。建物ができるまで、延々とスタディは続く。（2005.11）

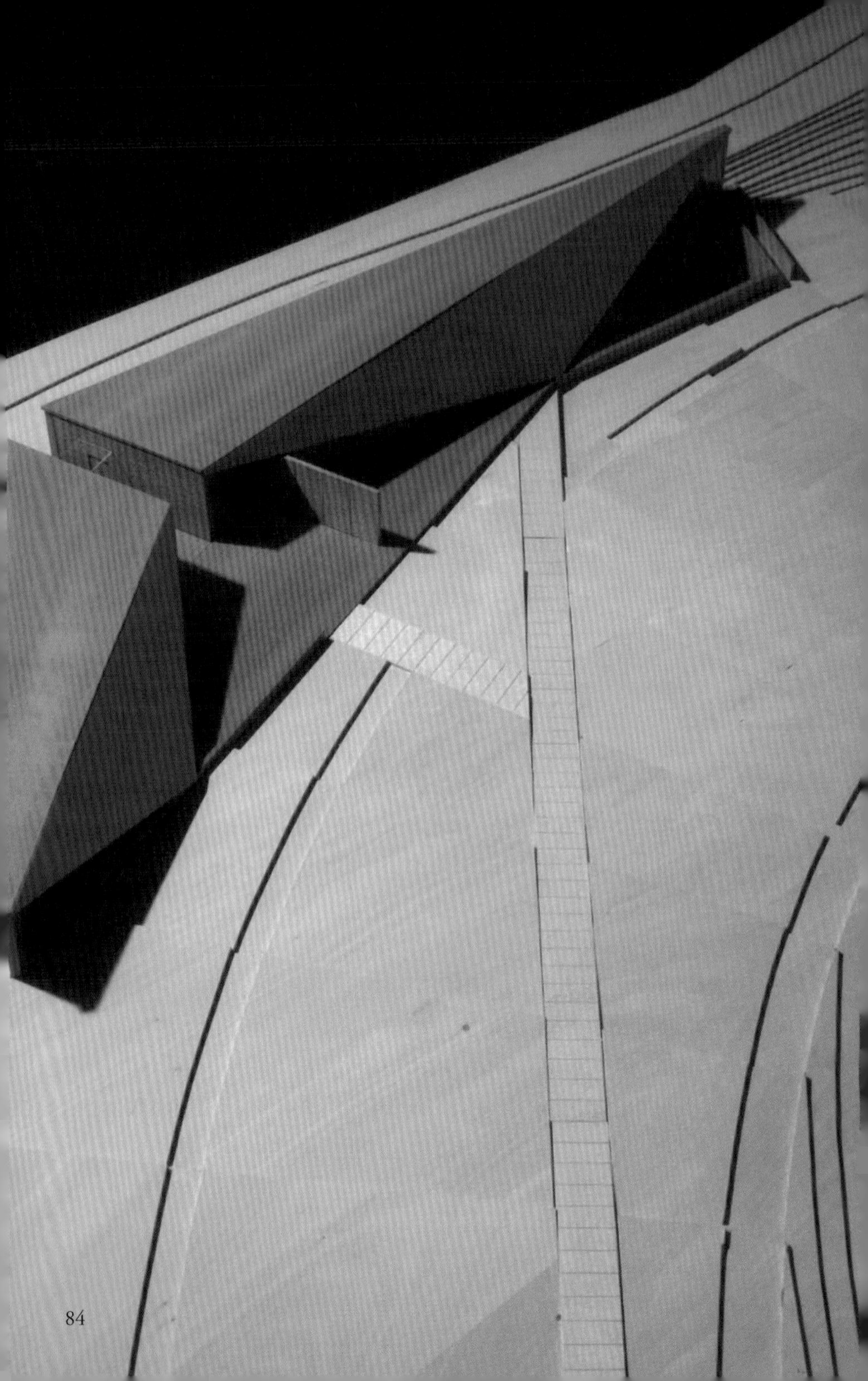

実施設計終了にあわせ、作成された模型。1/50、1/100で表現されたこの空間イメージを現場でスケールアップしていく。悪戦苦闘の始まり。(2005.06)

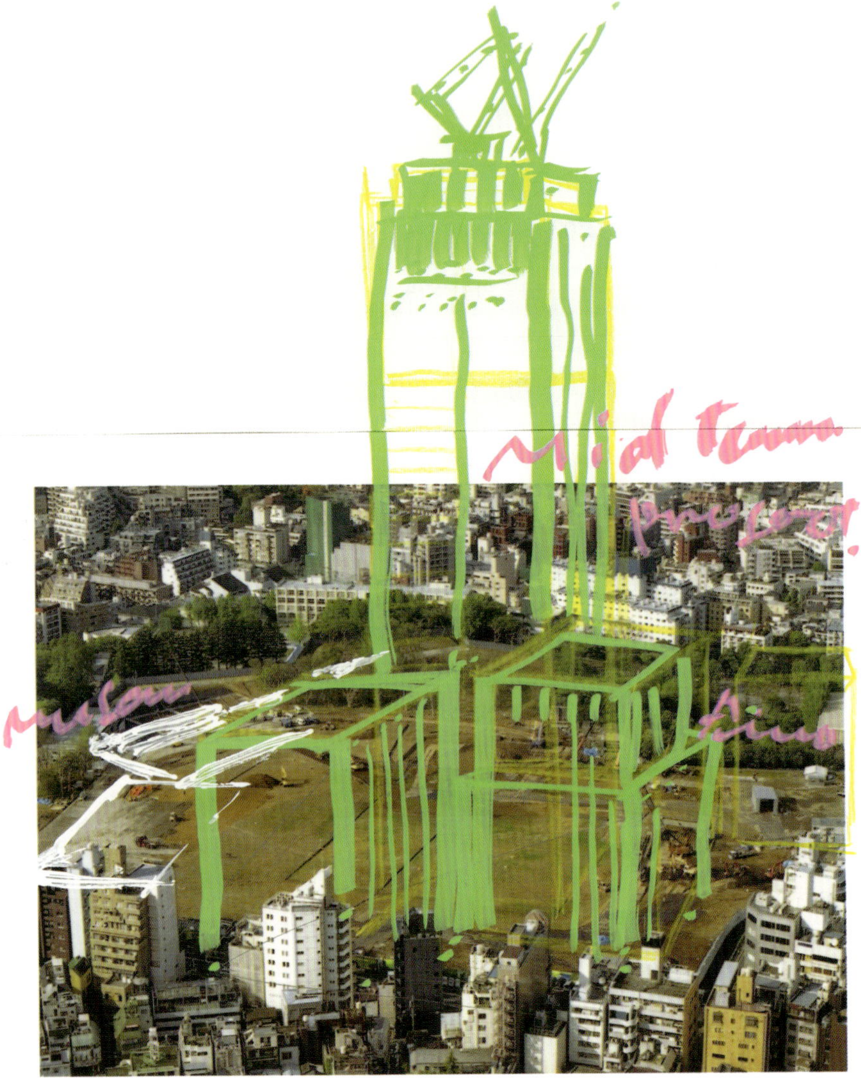

Tadao Ando

東京ミッドタウン全体の中に描き込まれた鉄板屋根による最終案のイメージスケッチ(2006.05)

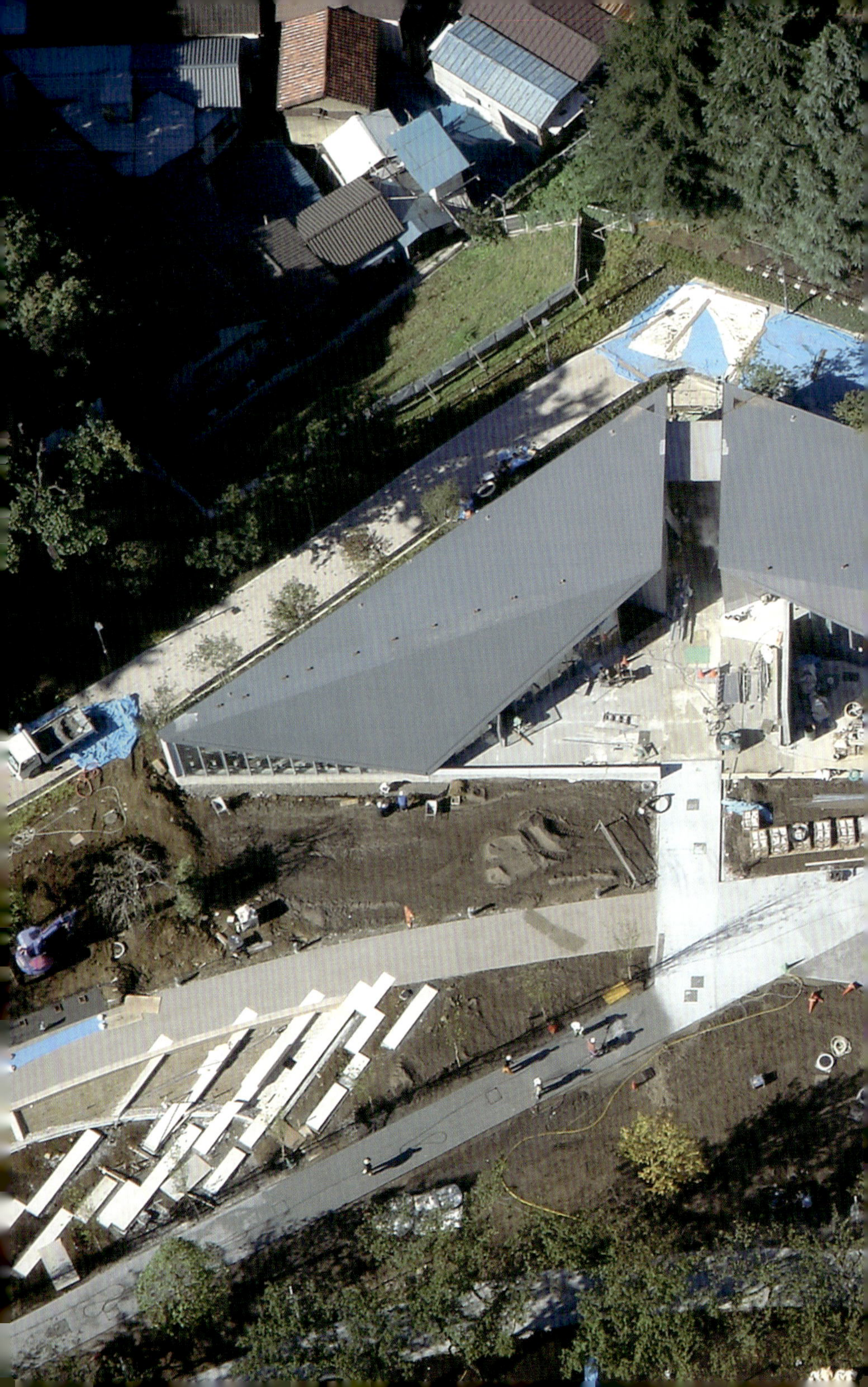

2006.10.25

2006.10.25	2006.10.07	2006.09.22
2006.06.02	2006.05.30	2006.05.20
2006.04.06	2006.03.27	2006.03.14
2006.01.21	2006.01.17	2005.12.12

2006.08.31	2006.08.07	2006.07.07
2006.05.11	2006.04.29	2006.04.24
2006.02.27	2006.02.18	2006.01.31
2005.12.02	2005.11.26	2005.07.08

工事名	(仮称)東京ミ
撮影日	平成 18
撮影箇所	H棟 根

RL-3200部
地盤改良
撹拌状況

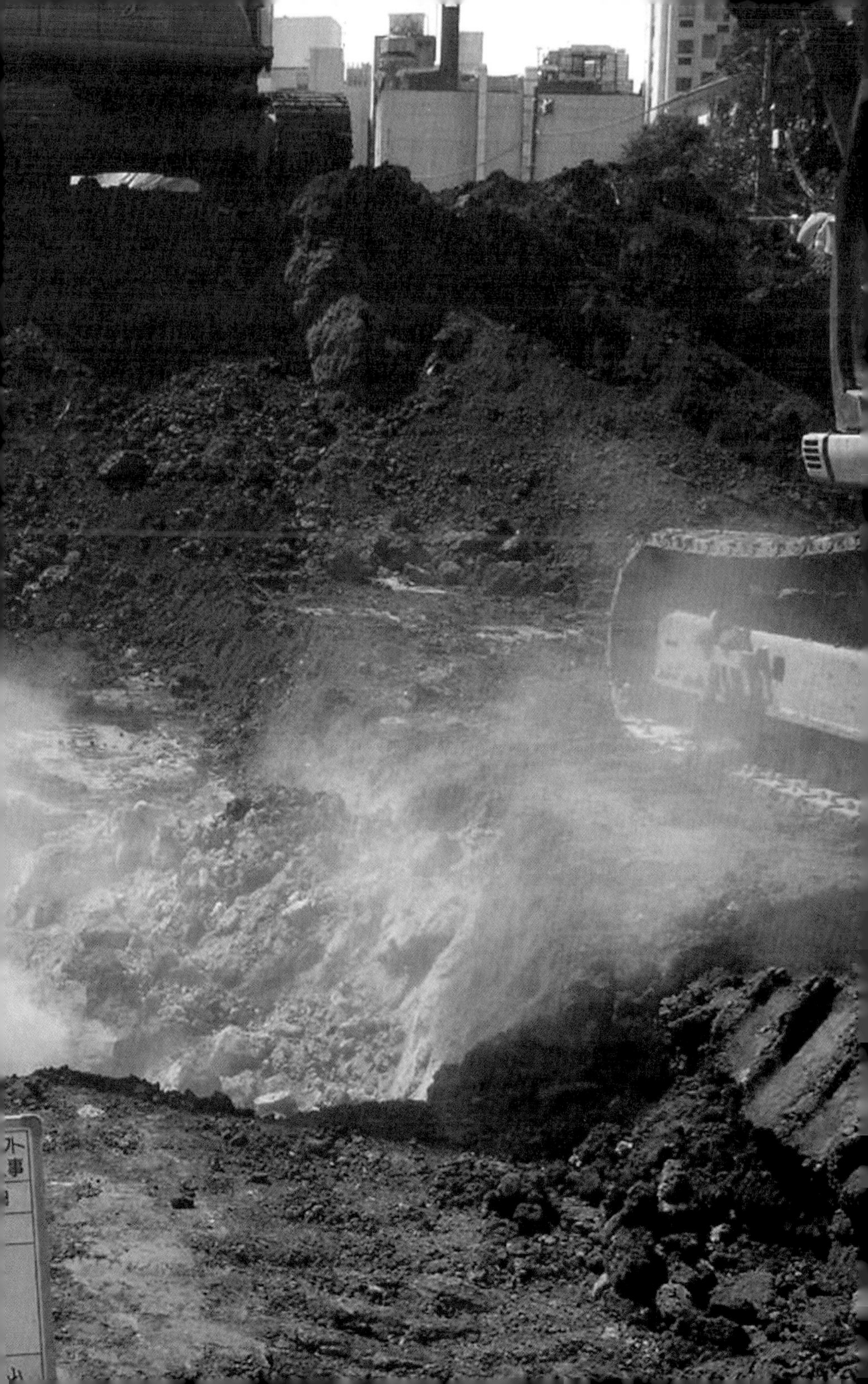

建設現場の悪戦苦闘 1
コンクリートの検討

鉄筋に型枠を組んで流し込むだけでどんな形でもつくることのできる鉄筋コンクリートは、現代建築を代表する最も普遍的な工法だ。
しかしその簡易さの一方で、コンクリートには最終的な仕上がりは型枠をはずしてみるまで分からないという怖さがある。水とセメントの分量、骨材の種類から鉄筋のかぶり厚、鉄筋のピッチとそれを囲う型枠の仕様、打設の方法など、さまざまな要素の関係がコンクリートの出来を左右する。
重要なのはいかに固練りのコンクリートをスムーズに流し込めるかということ。単純なことを一つひとつ積み上げていく、それが一番難しい。

Reinforced concrete, which can be made into any shape by assembling reinforcements inside forms and pouring concrete into those forms, is the most widely used construction method in architecture today.

However, although it is simple to make, one does no know what the final result will be like until the forms have been dismantled. The relationship of diverse factors—the amounts of water and cement, the type of aggregate, the amount of concrete cover on the reinforcements, the pitch of the reinforcements, the finish of the forms, and the method of pouring—determines the quality.

The important thing is to pour smoothly concrete of a stiff consistency. Making sure one does little simple things, one by one—that is what is most difficult.

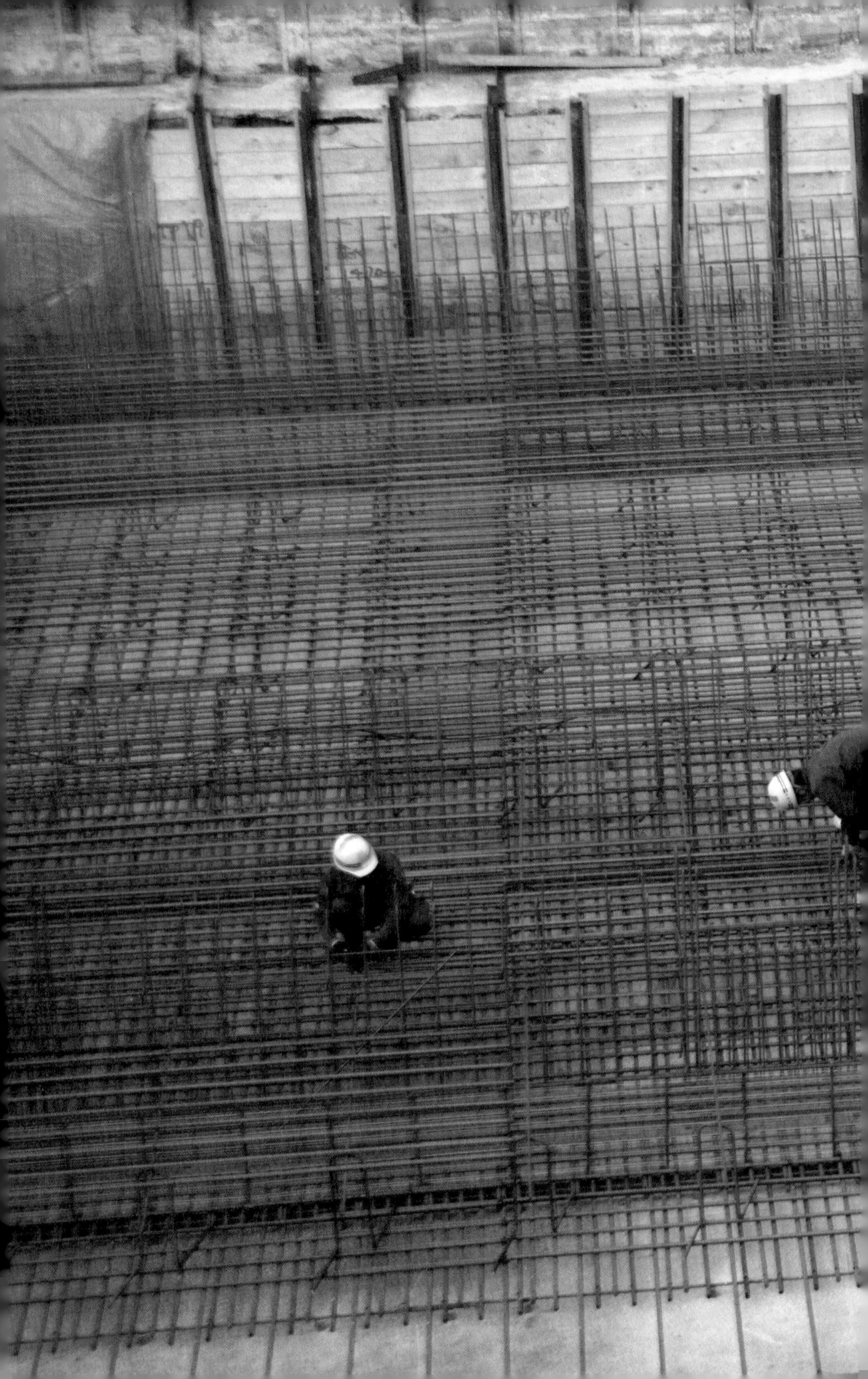

地下地盤、基礎梁配筋工事(2005.12)

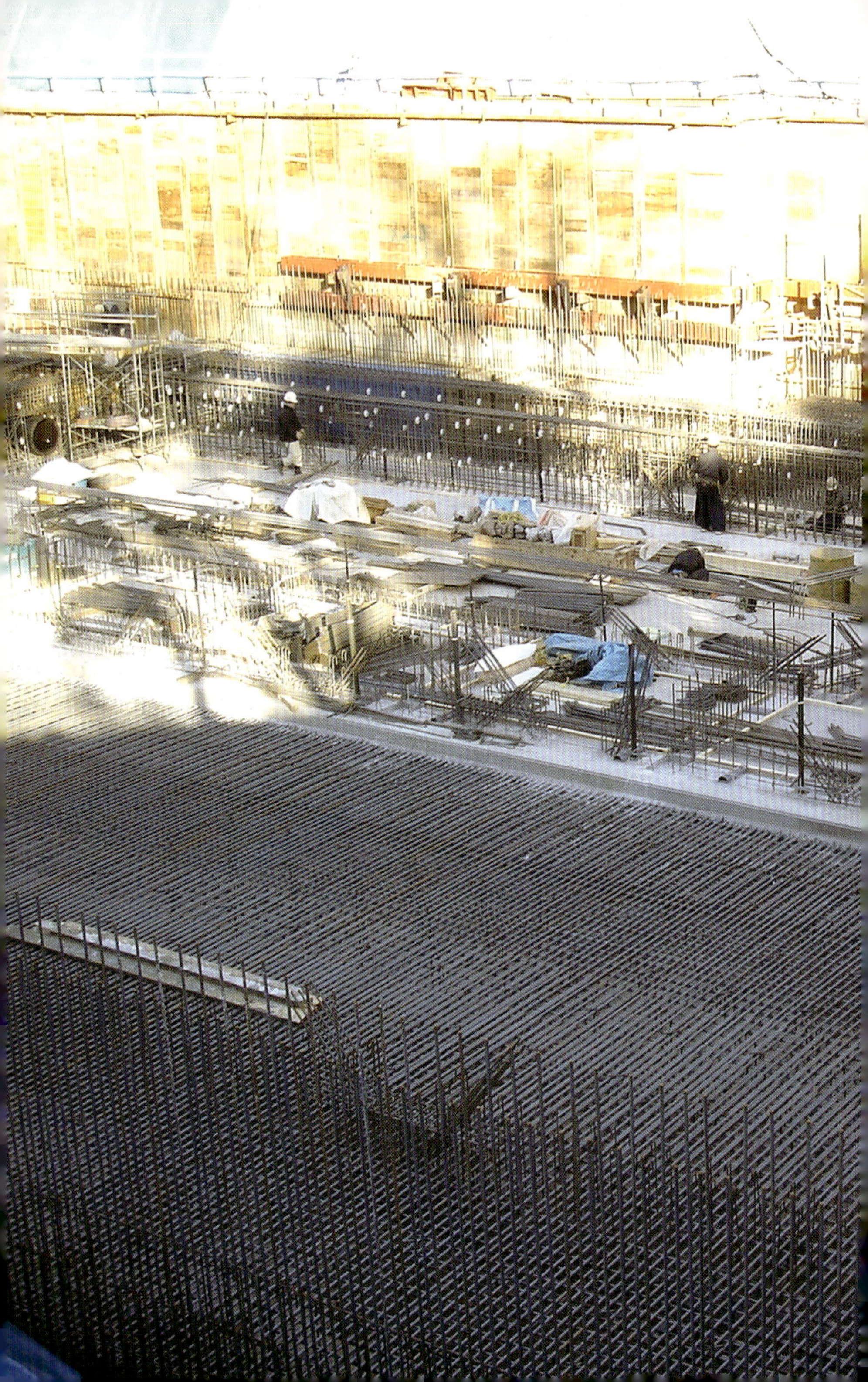

地階床配筋工事。構造計算により定められたピッチで、鉄筋を織物のように正確に敷き詰めていく。
(2006.01)

安全第一

美しく敷き詰められた鉄筋の床組が、徐々にコンクリートで覆われていく。(2005.12)

悪戦苦闘　2006年の現場　安藤忠雄

いかに長く生きて、
美しく年をとれる建築をつくるか

How to Create a Building that Will Endure and Age Gracefully

　私は1970年前後から、朽ちない材料は使わないことにしている。たとえば、床は玄昌石、壁はコンクリート、家具など手の触れるところは木、サッシュは全部鉄。鉄もコンクリートも木も石も、自然の材料はやがては風化して朽ちてゆく。人間と同じように、建物も年月を経て、記憶を刻んでいくのだと考えればいい。ようは、いかに長生きで、美しく年をとれる建築をつくるかだ。

　しかしそういった材料をうまく使うためには、技術と監理能力と、何よりその工事をおこなう人間のやりとげようという意識がいる。つくらされているというのではない、自分でこの壁をこうつくりたいという思いだ。一体自分たちは何をつくろうとしているのか、作り手自身が理解し、我々と思いを共有してくれなければ、決して生命力のある建築はつくれない。大切なのは、どれだけ現場を味方にできるか、確かな人間関係をつくれるかだ。

From around 1970 I have chosen not to use materials that are impervious to decay. Natural materials such as steel, concrete, wood and stone all eventually weather and decay. The weathering and decay can be thought of as the equivalent of those memories that are engraved on our minds with the passing of time. The point is how to create buildings that live long and age gracefully.

However, to use such materials well requires skill, ability to supervise, and above all awareness on the part of the persons doing the construction work. The persons need to feel that they are not being made to do the work but that they want to make a wall, for example, a certain way. Unless those actually doing the work understand what they are creating and share with us the same aspirations, it is impossible to create a building with a life of its own. The important thing is how much you can win over people on the site to your side and develop solid human relationships.

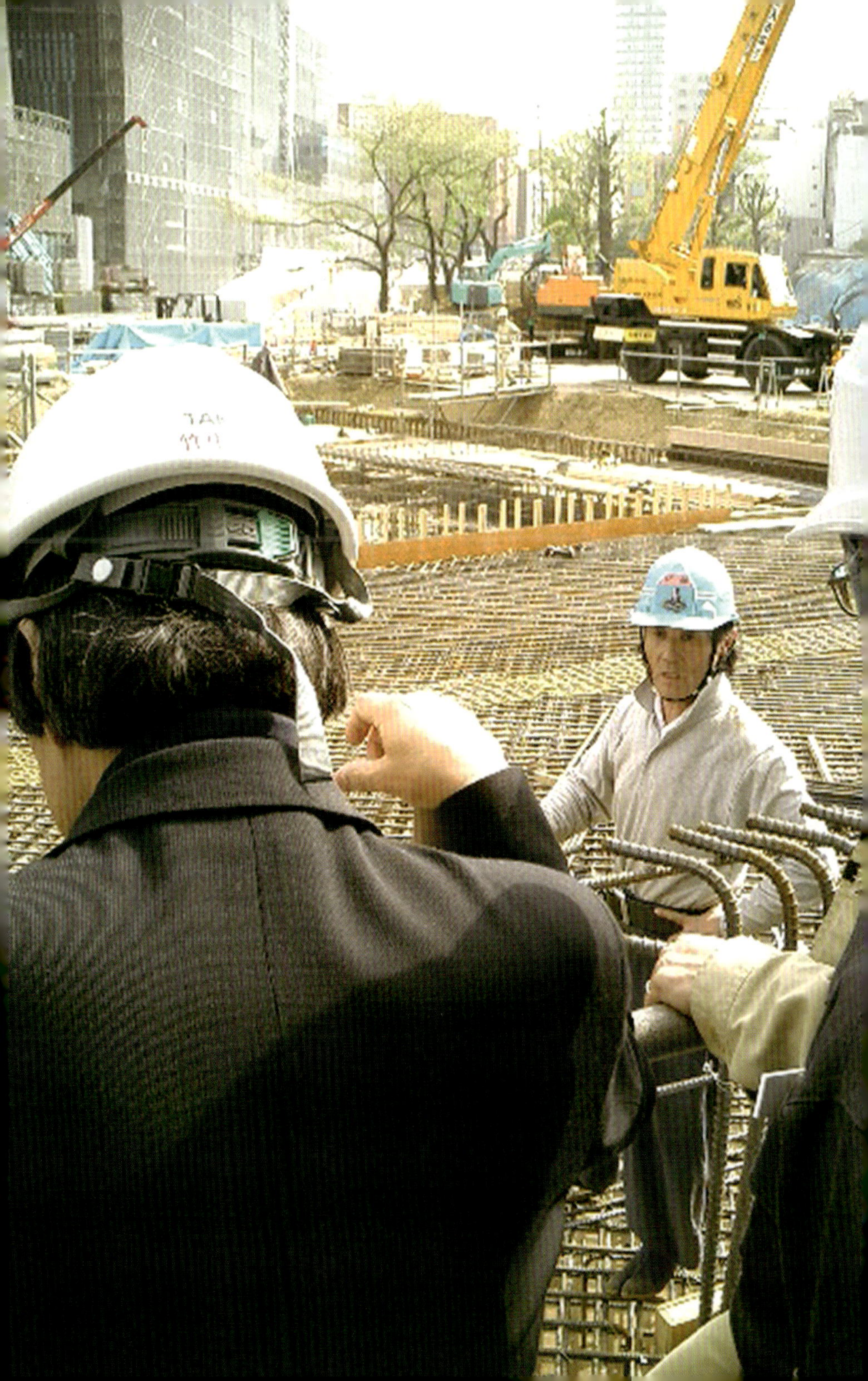

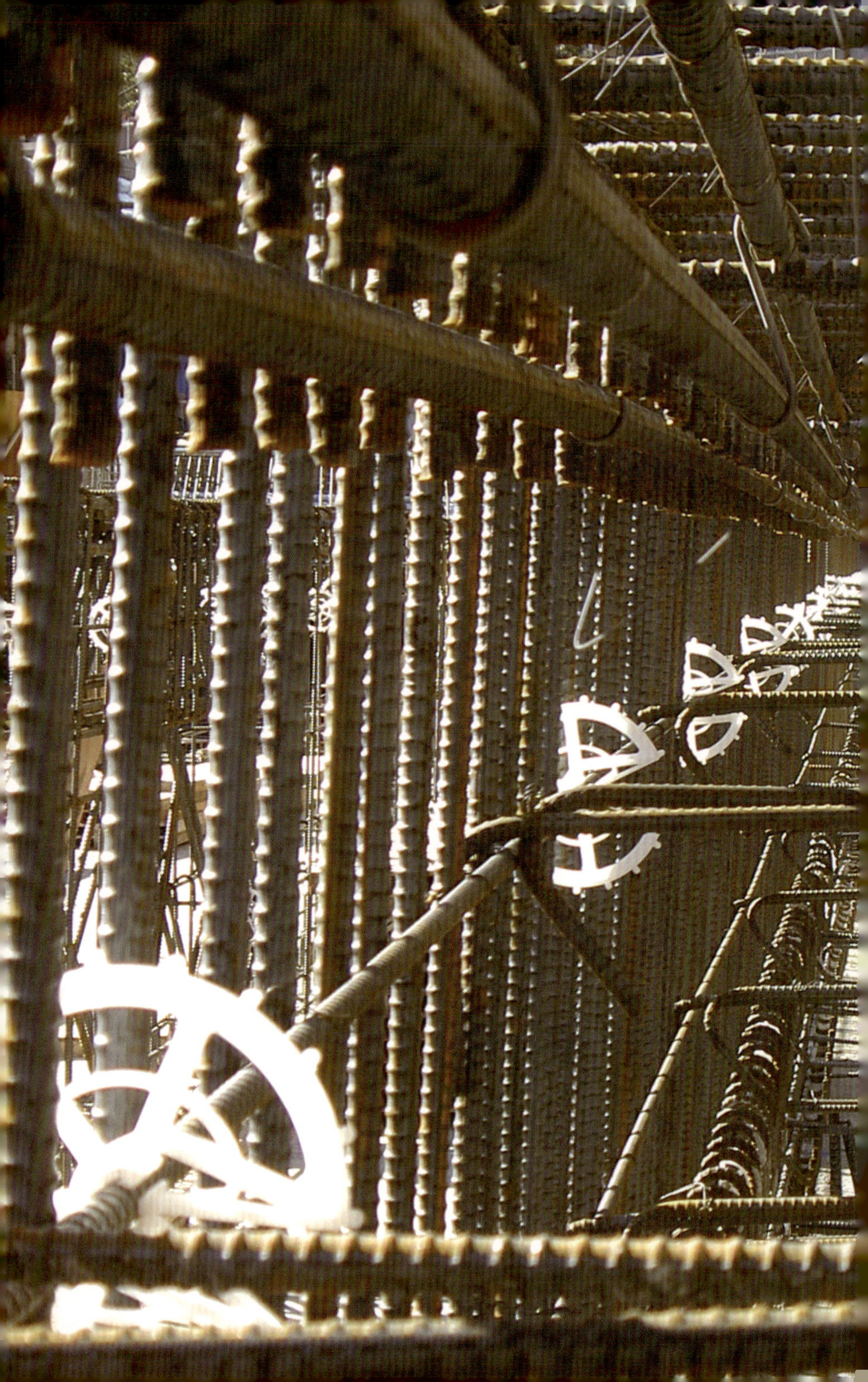

基礎梁の配筋。コンクリート打設後には見えなくなる。だからこそ美しく見せたい。
（TK）

基礎梁の配筋（2005.01）

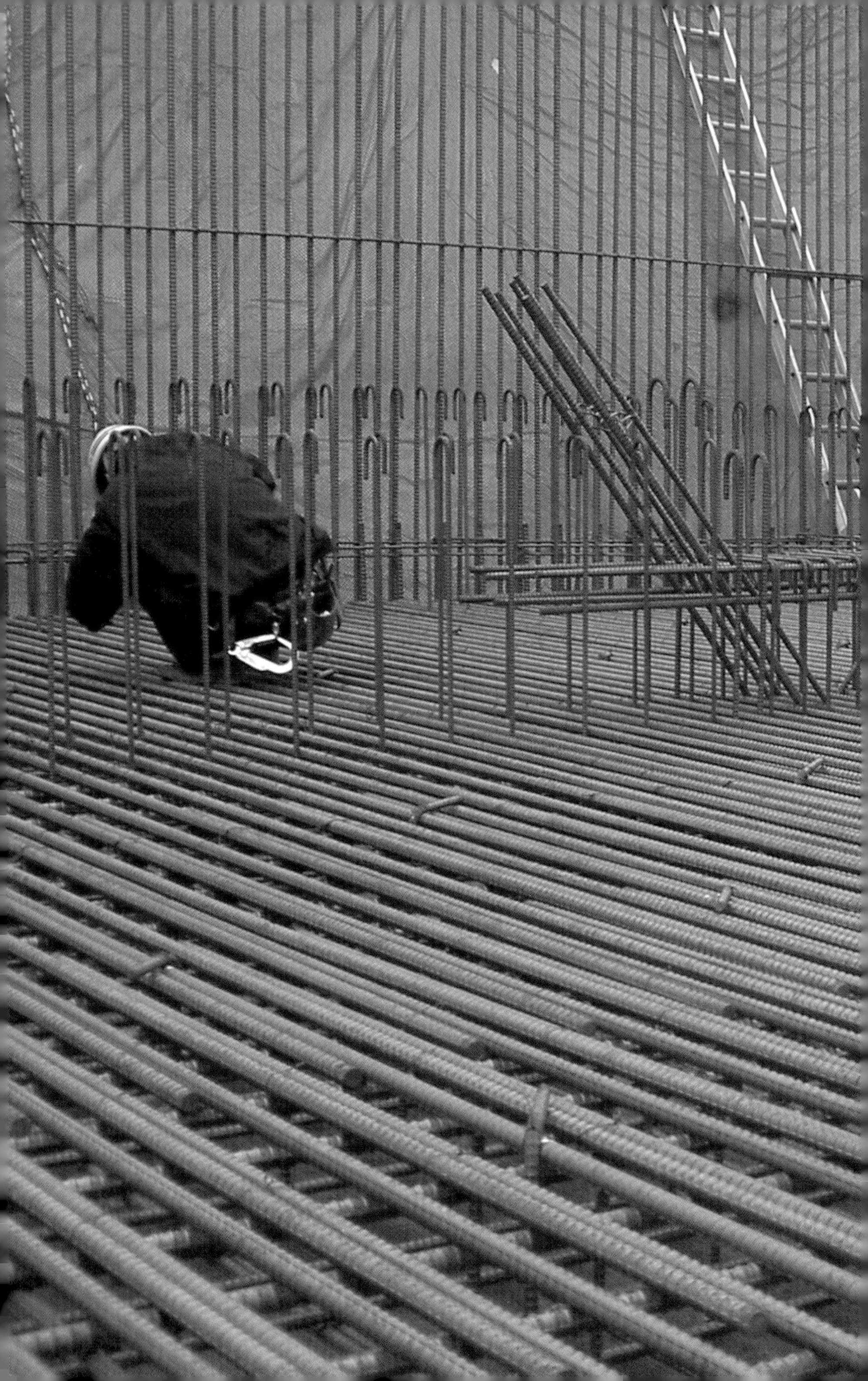

現場を切り盛りする建築のプロフェッショナルに、コンクリート打放しの難しさを教えてもらった。早く、彼らと対等にわたりあえる力を身につけたい。　　（西澤．TA）

自称「日本一」の鉄筋工。彼により鉄筋が美しく組み上げられていく。(2006.01)

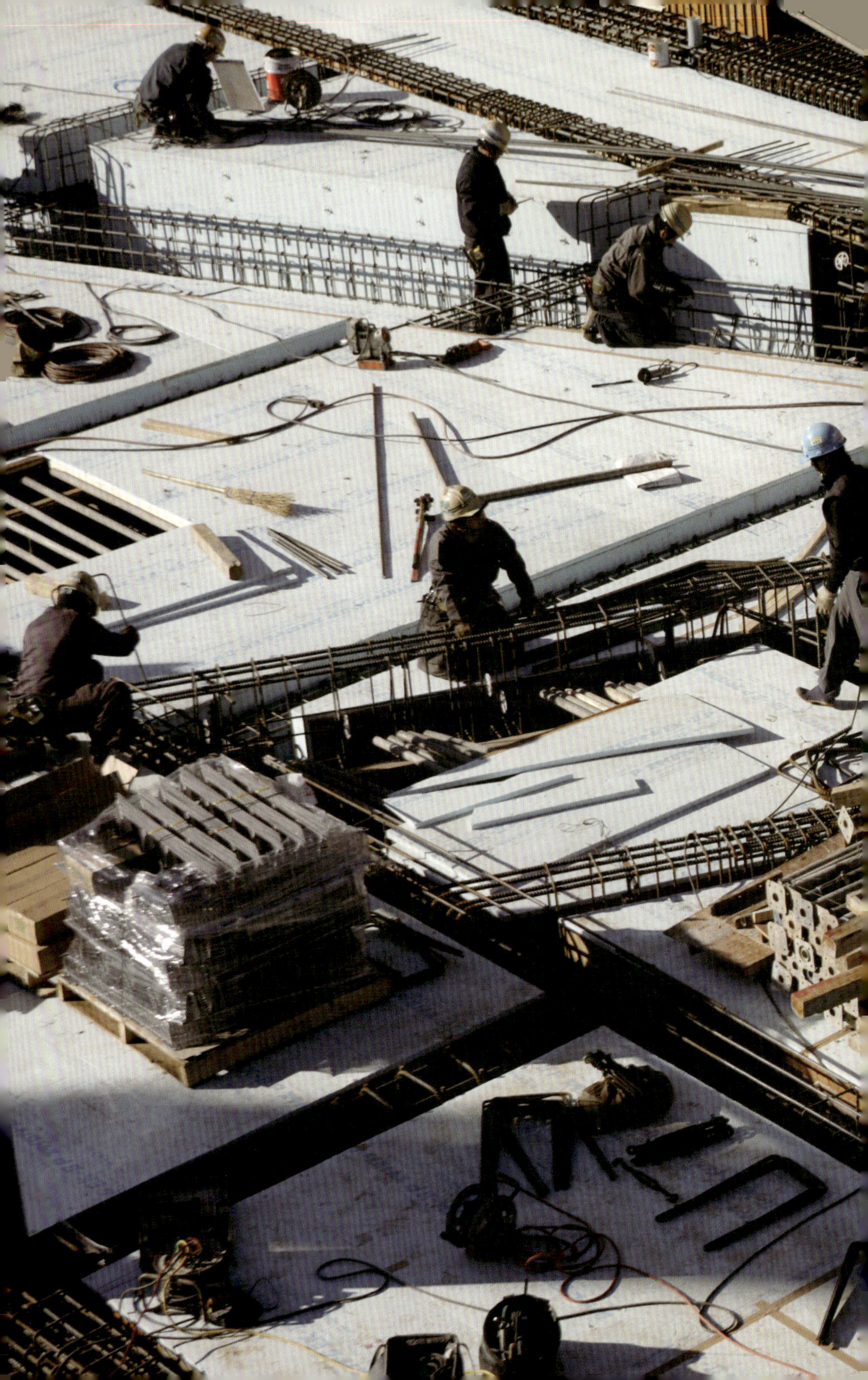

基礎梁の配筋。この現場では、一人ひとりの作業員が建物の最終形、全体像をイメージしながら、自分の担当する部分の工事に臨むことが求められた。
(2006.02)

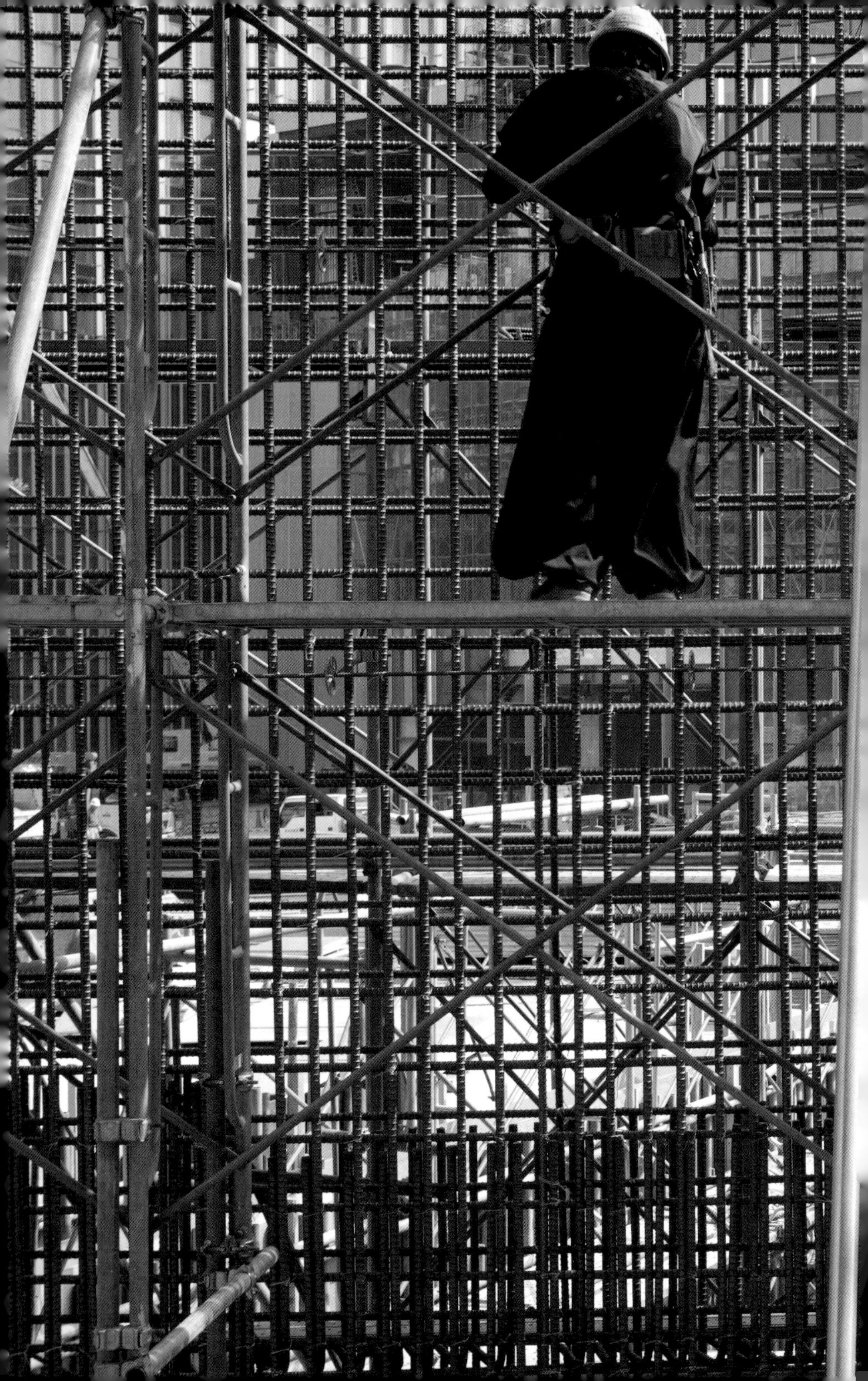

地階のギャラリー1、2間の間仕切り壁の配筋。
(2006.05)

コンクリートの検討

安藤忠雄建築研究所の通常のコンクリートの規準、仕様に加え、今回は三井不動産、日建設計、竹中工務店のそれぞれの性能要求条件を満たすよう調整が図られた。

コンクリートの配合、スランプ、型枠の種別、収縮目地のおさまり、打設順序等が、コンクリート打放し仕上げということを考慮し検討された。

短い工程の中で、いかにコンクリートの品質性能を確保するかが最大の課題であった。

（仮称）東京ミッドタウンプロジェクト

1) 仕様
   部位：B1F～1F　北側外壁内側（345.6㎡ × t250 = 86
   　　　Y05=X15～X19、X19～X01・・・・・・・・L23.5m
   　　　Y05=X01～X05、Y06=X05～X09・・・L30.5m ×
   せき板：樹脂塗装合板 t15（構1-1）

2) コンクリート打設までの手順
   ①外壁躯体打設　→　水抜きパイプ設置（ピット床井後打ち壁用セパアンカー打込み、透水フォームt50用スリーブ（径、位置、ピッチの検討）
   ②打設足場盛替え（外壁用に250跳ね出し　→　予め
   ③後打ち壁セパレータ取付け　→　セパレータ位置の
   ④打込み金物墨出し（手摺下地等）、設備BOX墨出し
   ⑤壁筋組立　→　スペーサーの配置、かぶり確保、打込み）、補強筋
   ⑥打込み金物取付け、設備BOX取付け、設備配管　一ッキ結束線（ひげ巻き込み）、補強筋
   ⑦下部（打ち継ぎ部）清掃
   ⑧返し型枠（樹脂塗装合板t15）　→　建て入れ検査、部側への配置禁止）、フォームタイ締め付け（締め意）、釘類の躯体内側への干渉禁止）、下部掃除
   ⑨下部清掃および上部からの異物進入防止（シート養

3) 検討事項
   ・コンクリートの諸元　→　普通、FC24、スランプ
   　粗骨材：川砂利50％、最骨材：川砂、添加剤（AE減の是非）
   ・目地割図、せき板割付図、セパ割付図の作成（H6.
   ・打設順序　→　工区割付け、打込み方向、打込み量
   ・打設時の諸注意事項　→　人員配置、打設足場、
   ・充填方法　→　竹棒、フレキシブルパイプ、外振
   ・空気抜き、水抜き（型枠工事）
   ・型枠根太　→　単管パイプ（一般型枠と同一）

TAKENAKA CORPORATION

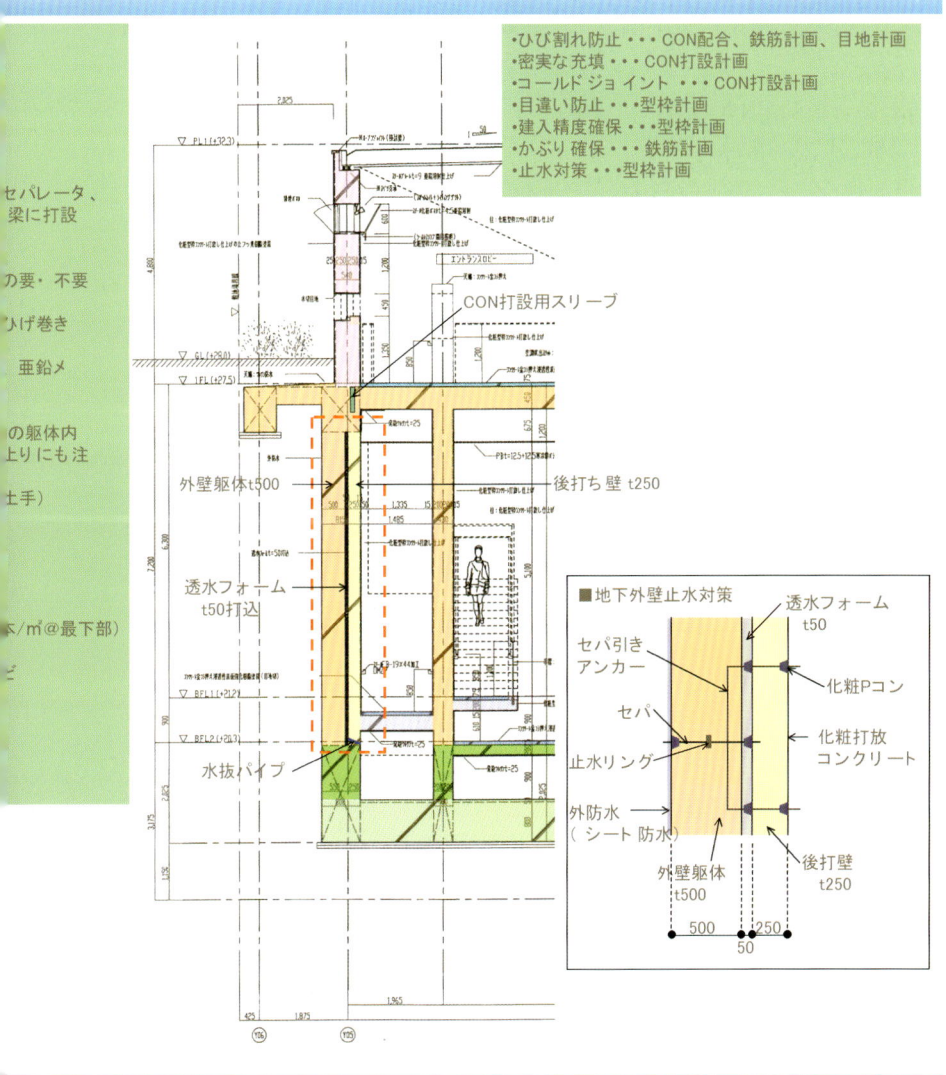

後打ち壁（化粧打放しコンクリート仕上）施工手順　　H17.6.2

- ひび割れ防止・・・CON配合、鉄筋計画、目地計画
- 密実な充填・・・CON打設計画
- コールドジョイント・・・CON打設計画
- 目違い防止・・・型枠計画
- 建入精度確保・・・型枠計画
- かぶり確保・・・鉄筋計画
- 止水対策・・・型枠計画

（図中ラベル）
- CON打設用スリーブ
- 外壁躯体 t500
- 後打ち壁 t250
- 透水フォーム t50打込
- 水抜パイプ

■地下外壁止水対策
- 透水フォーム t50
- セパ引きアンカー
- セパ
- 止水リング
- 外防水（シート防水）
- 外壁躯体 t500
- 化粧Pコン
- 化粧打放しコンクリート
- 後打壁 t250

現場側が作成した化粧打放しコンクリート壁の施工要領検討書の一部。打放しコンクリートは一発勝負であり手戻りがきかない。基本的な施工手順に加え、細部にまでさまざまな注意点が盛り込まれている。現場の経験、技術の蓄積の表れでもある。(2005.06)

114

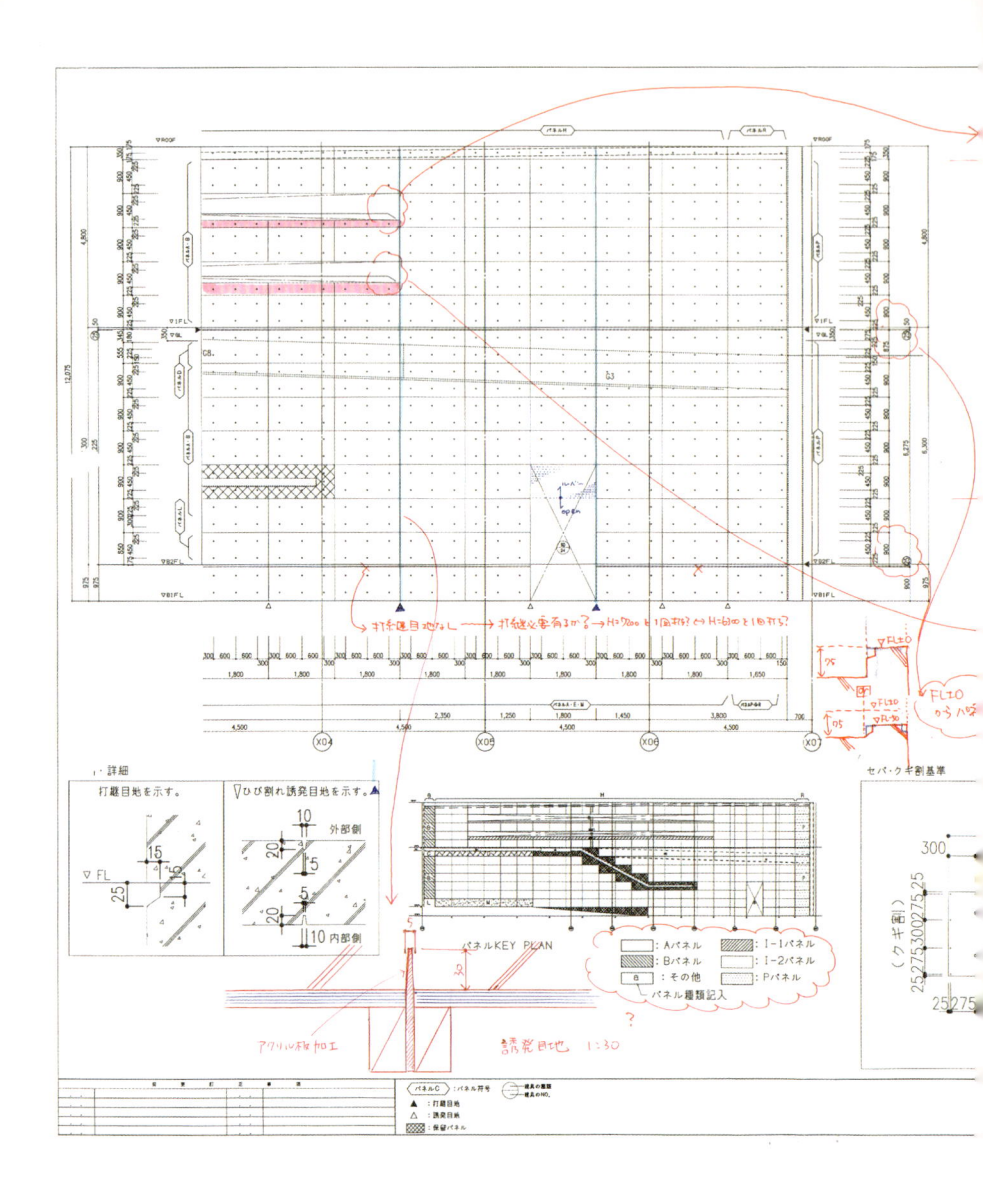

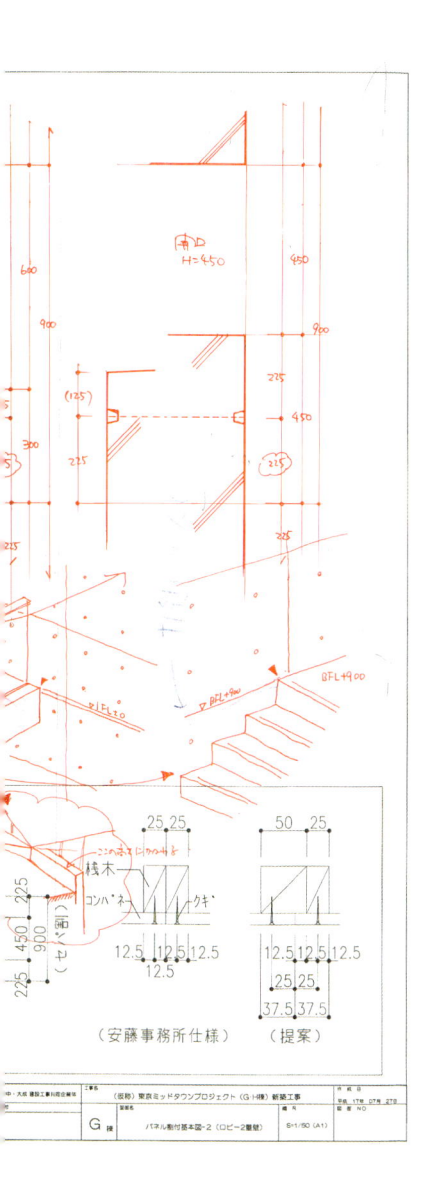

パネル割付図の検討。打放しコンクリートの建物は、躯体工事で全てが決まる。開口の押さえ方、サッシュとの取り合いなど、全てを一定のモジュールの中に組み込んでいく。目地一つもおろそかにできない。施工図にもさまざまな指示が描き込まれる。(2005.08)

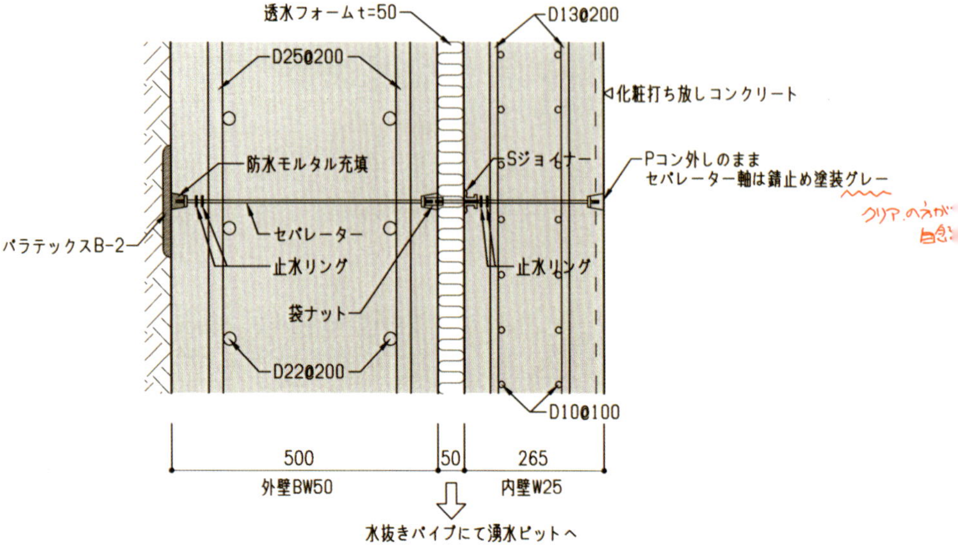

透水フォームt=50
D13@200
D25@200
化粧打ち放しコンクリート
防水モルタル充填
Sジョイナー
Pコン外しのまま
セパレーター軸は錆止め塗装グレー
パラテックスB-2
セパレーター
止水リング
止水リング
袋ナット
D22@200
D10@100
500
50
265
外壁BW50
内壁W25
水抜きパイプにて湧水ピットへ

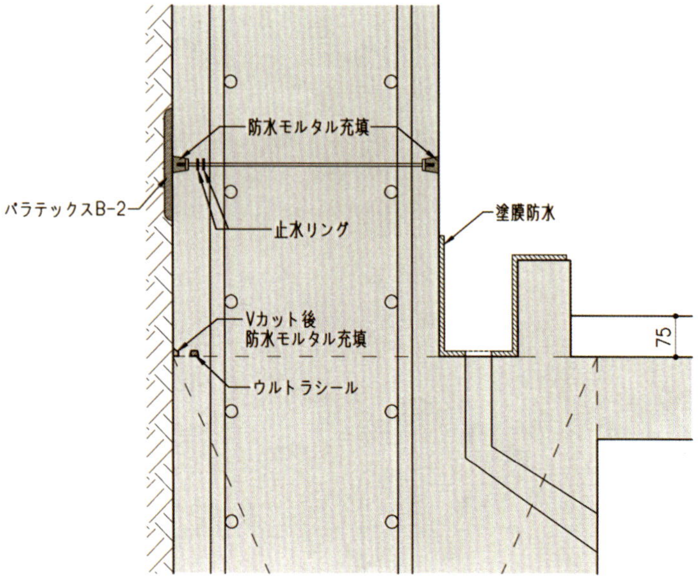

防水モルタル充填
パラテックスB-2
止水リング
塗膜防水
Vカット後
防水モルタル充填
75
ウルトラシール

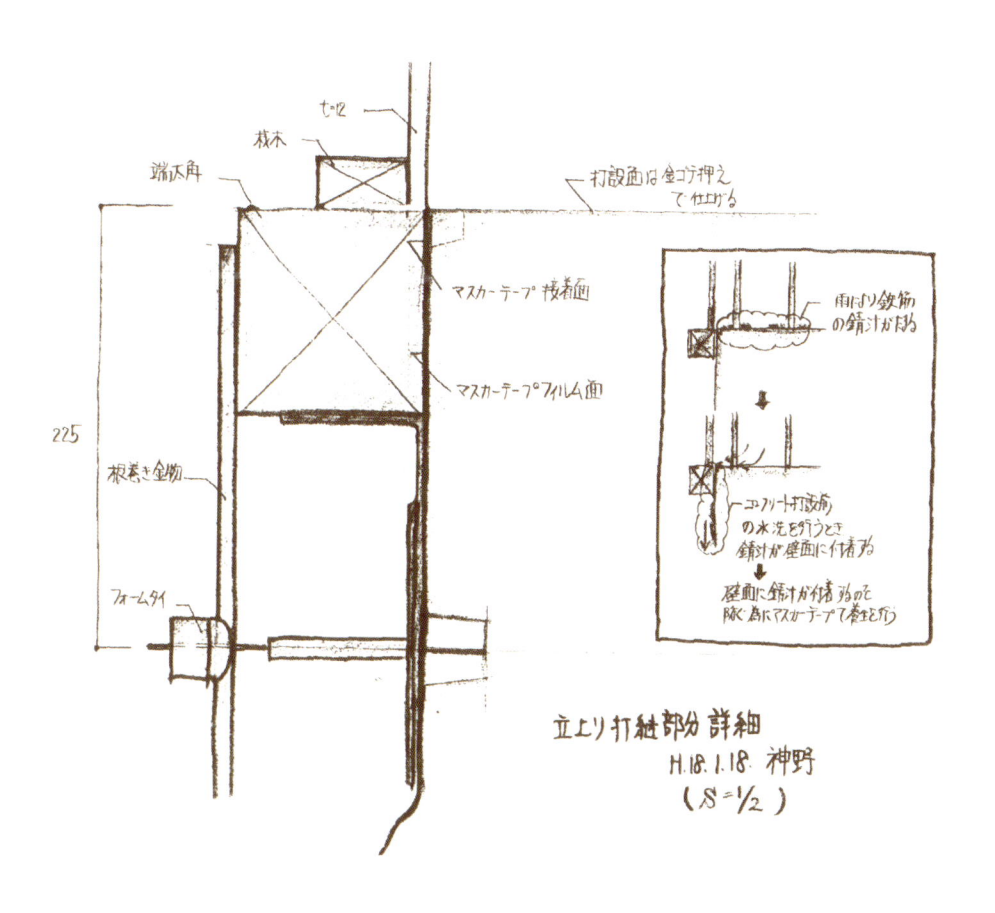

コンクリート壁の断面詳細検討図。コンクリート打設時に起こりがちな様々なトラブルを想定し、万全を期した施工計画をたてる。打放し仕上げならではの細かな配慮が求められた。(2006.01)

悪戦苦闘　2006年の現場　安藤忠雄

ディテールはせめぎ合う
Competing Details

　建築はそれぞれに異なる素材、異なる形を持った部分を組み上げてつくっていく。その全体のイメージに対し、部分の関係を考えるのが建築のディテールだ。実際の建築は決して人間の思い通りに、±0には納まらない。今の建築は±0の精度を要求する作品が増えてきた。しかし±0という目標は建築という本質からは実は遠い。±0にしないときれいにできないような建築には無理がある。建築は家具とは違う。地盤が動いていくから建築も動く。〈逃げ〉がないと、三年もすればガタガタになってしまう。

　かといって〈逃げ〉ばかりの建築では、空間に込められた意思の力が薄められてしまう。いかに逃げて、いかにきっちり見せるか。難しいディテールに遭遇するごとに、設計者と施工者のせめぎ合いがある。そこでの互いに妥協のない対話が空間の緊張感をつくりだす。

　A building is created by assembling parts of different materials and different forms. Building details involve the consideration of the relationship of those parts, keeping in mind the overall image. In an actual building, the coming together of two different parts is never as precise as we would like. Today, buildings that demand absolute precision are increasing. However, absolute precision is by the very nature of buildings impossible to achieve. A building is different from a piece of furniture. The ground will move; hence buildings too will move. A building will fall apart in three years unless allowances have been provided.

　Nevertheless, in a building with too many allowances, the power of the intention in a space will dissipate. The question is how to provide allowances yet make the thing seem precise. Every time there is a difficult detail, a struggle ensues between the architect and the builder. A frank and thorough dialogue will result in a taut, powerful space.

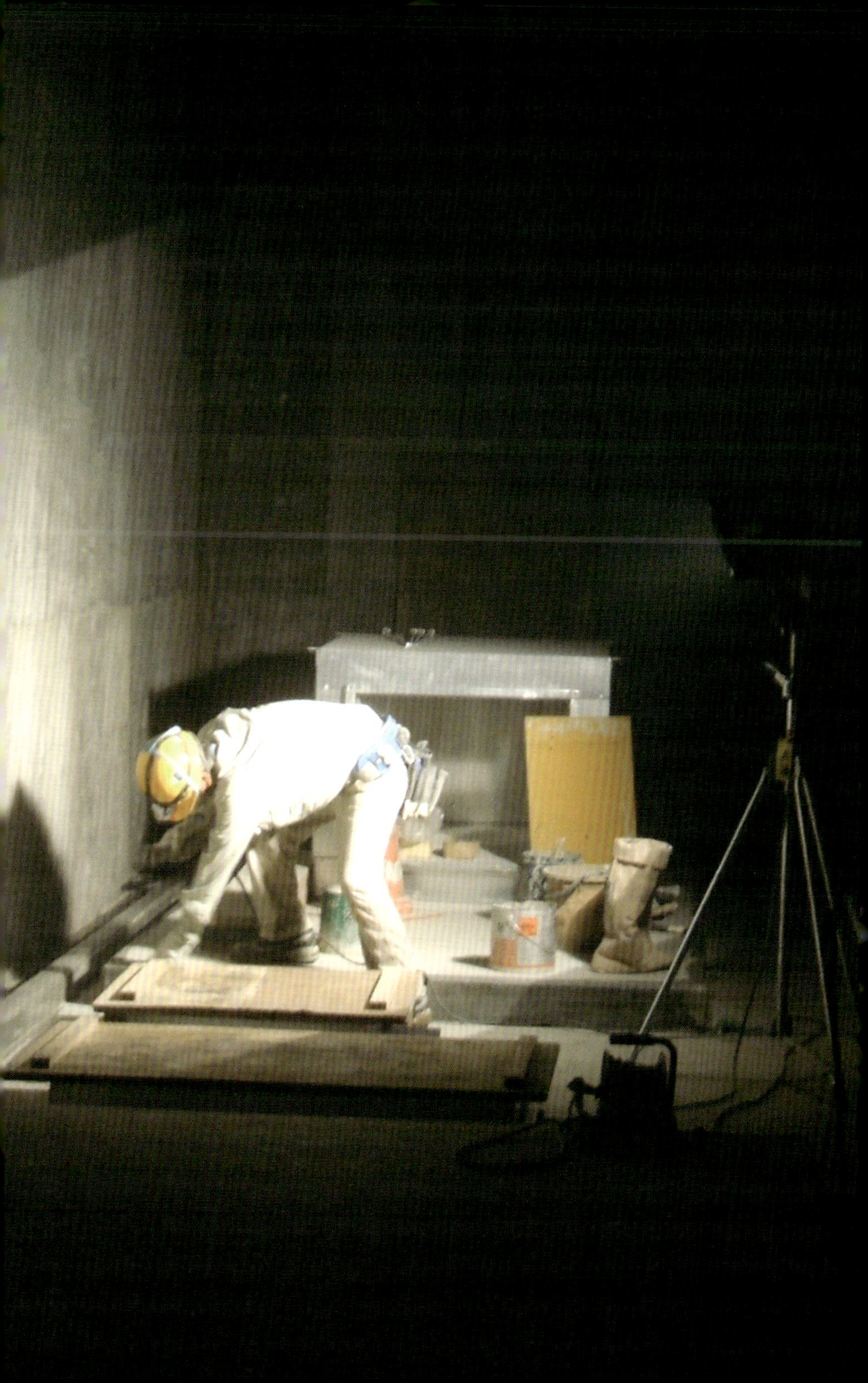

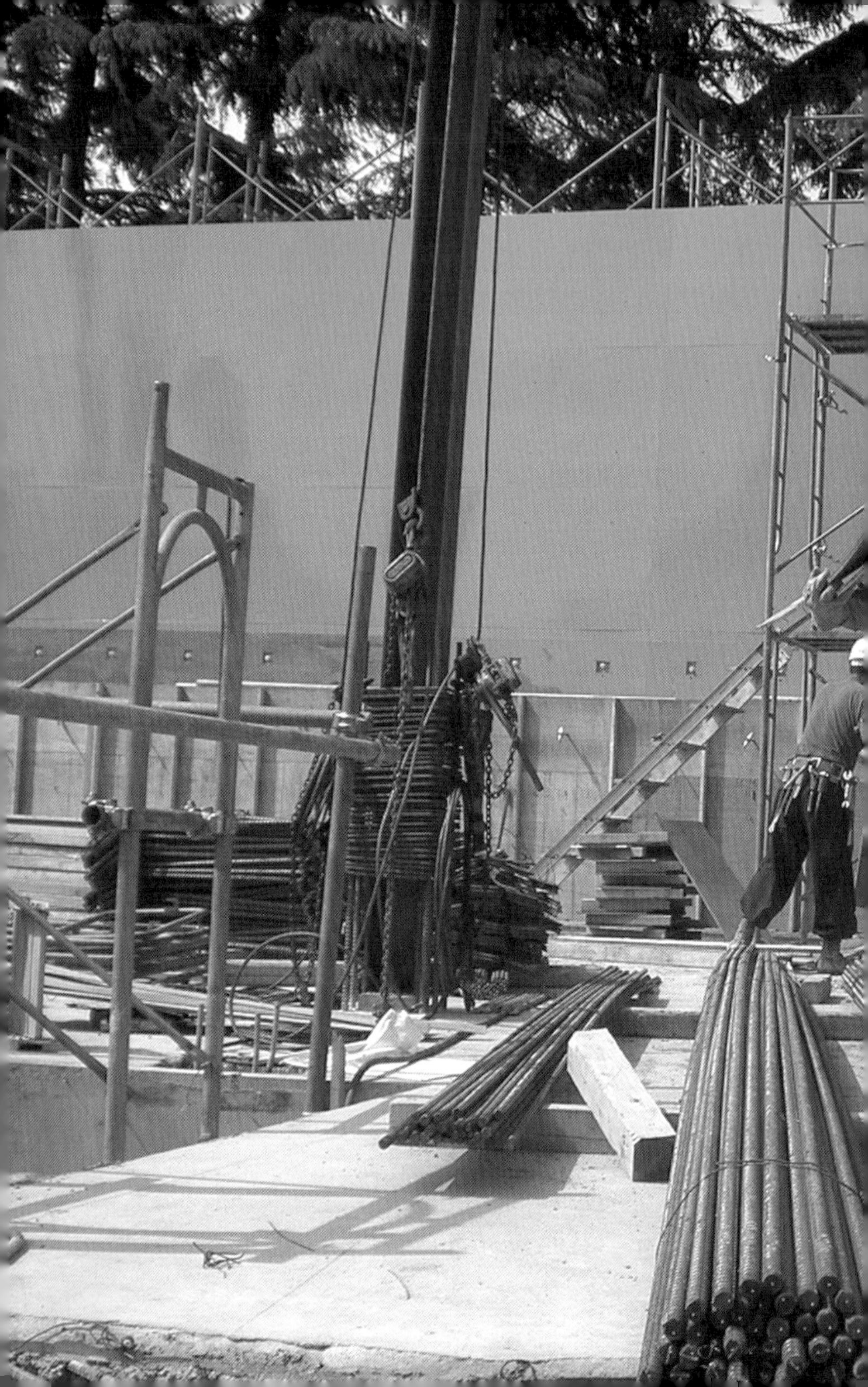

コンクリート打設前の現場を気楽に歩いていたら職人さんに睨まれた。想像以上に現場の空間は張りつめている。（田中, TA）

型枠建込み工事。現場にはさまざまな業者が出入りし、作業が同時進行していくため、現場監督は常に全体を把握し、皆がスムーズに仕事できるよう現場をコーディネートしていかなければならない。(2006.05)

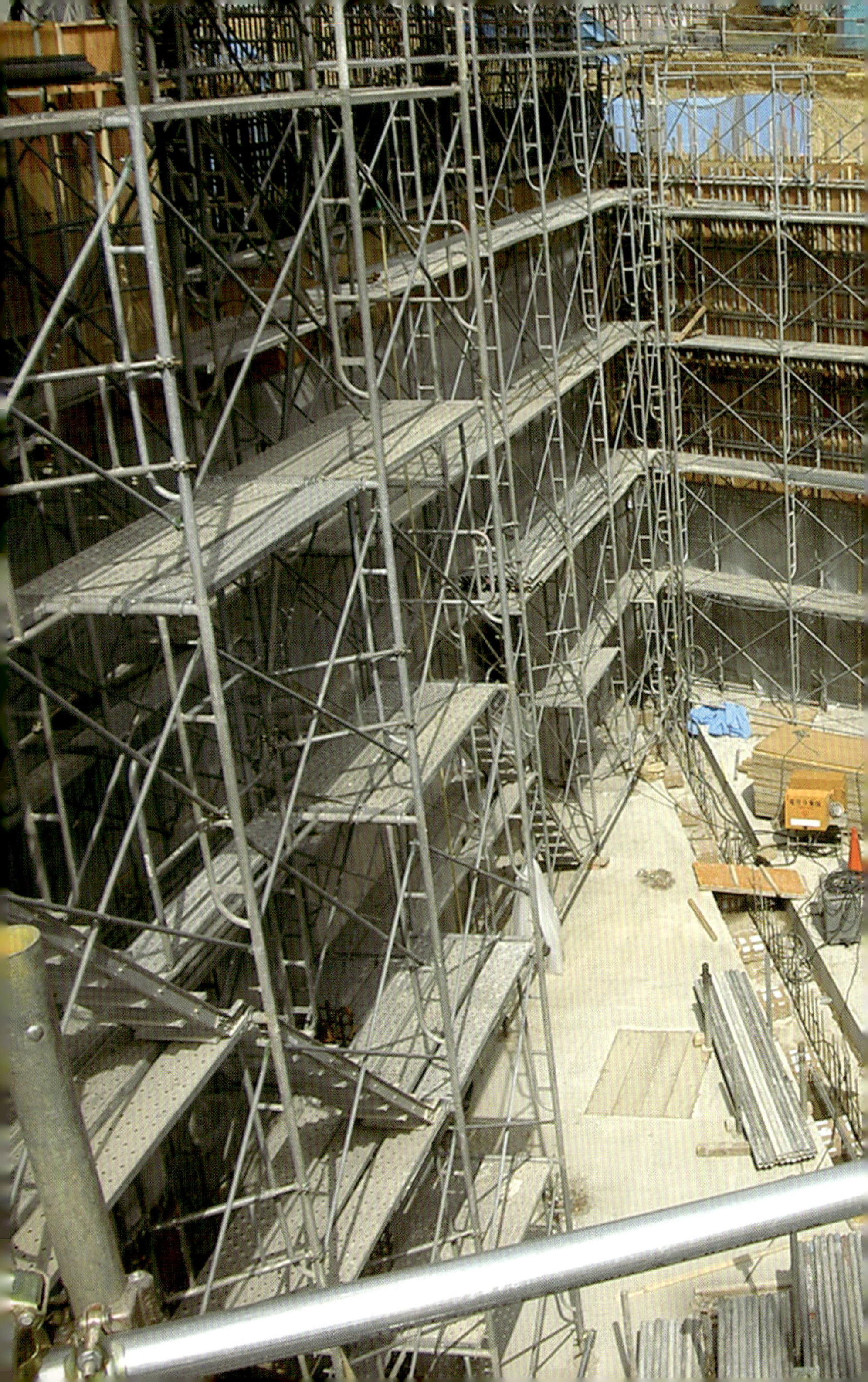

どれだけ図面を描き、模型で確認していても出来上がる空間を 100％イメージするのは難しい。実際のスケールでしか分からない驚きや発見が必ずある。だから現場は面白い。　　　　　　　　　　　（矢野, TA）

足場によって外形を露わにした吹き抜け空間。
(2006.05)

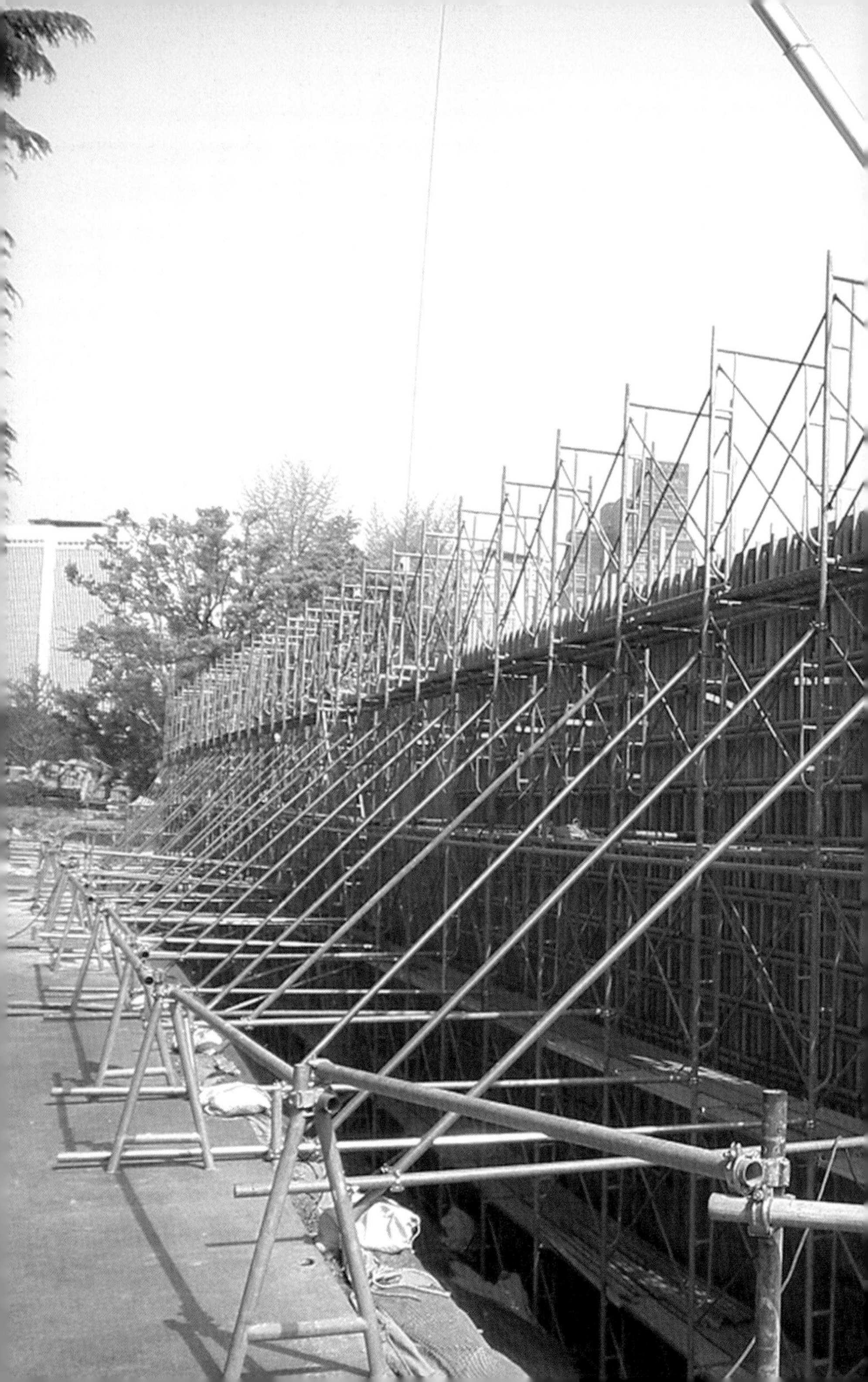

北側外壁コンクリート打放し壁のための型枠建込み工事。仮設工事の丁寧さが、工事全体の仕上がりの成否につながる。(2006.05)

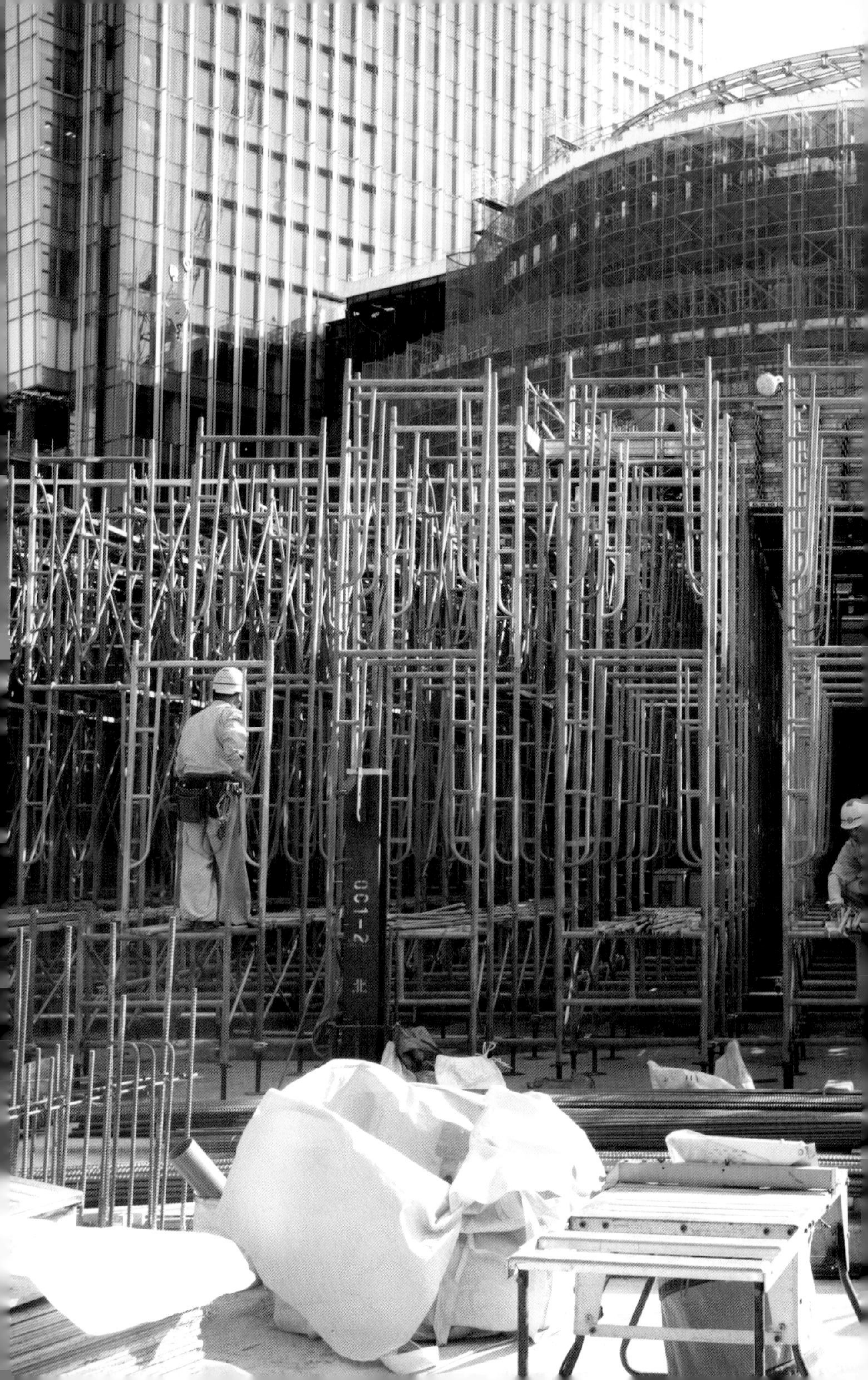
OC1-2

地階のギャラリー2の、厚さ1400mmのコンクリートスラブを支えるために歩く隙間もなくぎっしりと並べられた支保工。(2006.03)

(仮称)東京ミッドタウン		
(A・C・D棟)新築		
施工	竹中・大成建設工事	
打設日	H 18年 5月 16日	
箇所	G棟 7工区 B1F D	
配合	設計強度 24 / 品質強度 27 / 呼び強度 50.8% W/C		
実測	スランプ 18.0 cm	
No. 1-1	コンクリート温度 21℃	
	フロー値 31	
塩化物量測定 (ソルタ-C-6)	1回目	平均
検査会社	㈱建材サービスセ	

スランプ試験。躯体の耐久性はいかに硬練りのコンクリートを使えるかにかかっている。しかし硬ければ硬いほど型枠の隅々にまでコンクリートをいきわたらせることが困難となる。耐久性の高い建物の実現には、施工側の熱意と技術が必須である。
(2006.05)

悪戦苦闘　2006年の現場　安藤忠雄

技術は目に見えないところに潜んでいる
Skills That Are Kept Hidden

　仮設工事をみれば、その現場の良し悪しがすぐに分かる。美しいコンクリートの骨組みを支える架構は、当然美しく整ったものであるはずだ。現場の整理整頓についても同じことが言える。整理整頓が行き届いている現場はモノづくりに対する意気込みが違う。これらは職人のプライドと直結している。

　我々の事務所は、型枠の割付けからPコン、クギ位置までうるさく現場に口出しすることで知られている。時には配筋間隔の専用ゲージをつくって現場であわせて検査もする。別にそれをデザインとして見せたいわけではない。結果的に隠されてしまう途中のプロセスを徹底して整理することで、その空間の意図を浮かび上がらせることができるのでは、という算段だ。

　こちらの意気込みが伝われば現場の志気もあがり、自然と建築がレベルアップしていく。

You can immediately tell if a site is good or bad by the temporary construction work. The framing supporting a beautiful concrete skeleton naturally ought to be beautifully ordered. The same can be said of how tidy and orderly the site is. On a site where everything is tidy and orderly, the level of enthusiasm regarding craftsmanship is high. It reflects the pride of the craftsmen.

Our office has a reputation for constantly butting in and telling people how forms, separators and nails should be arranged. At times, we make special gauges to measure the distance between reinforcements and check the site. It is not that we care about how these show up on the design. By maintaining order even with respect to intermediate stages that eventually will be concealed from view, we hope to give full expression to the spatial intention behind that wall.

When this enthusiasm is communicated to people at the site, morale is raised and the building too is improved.

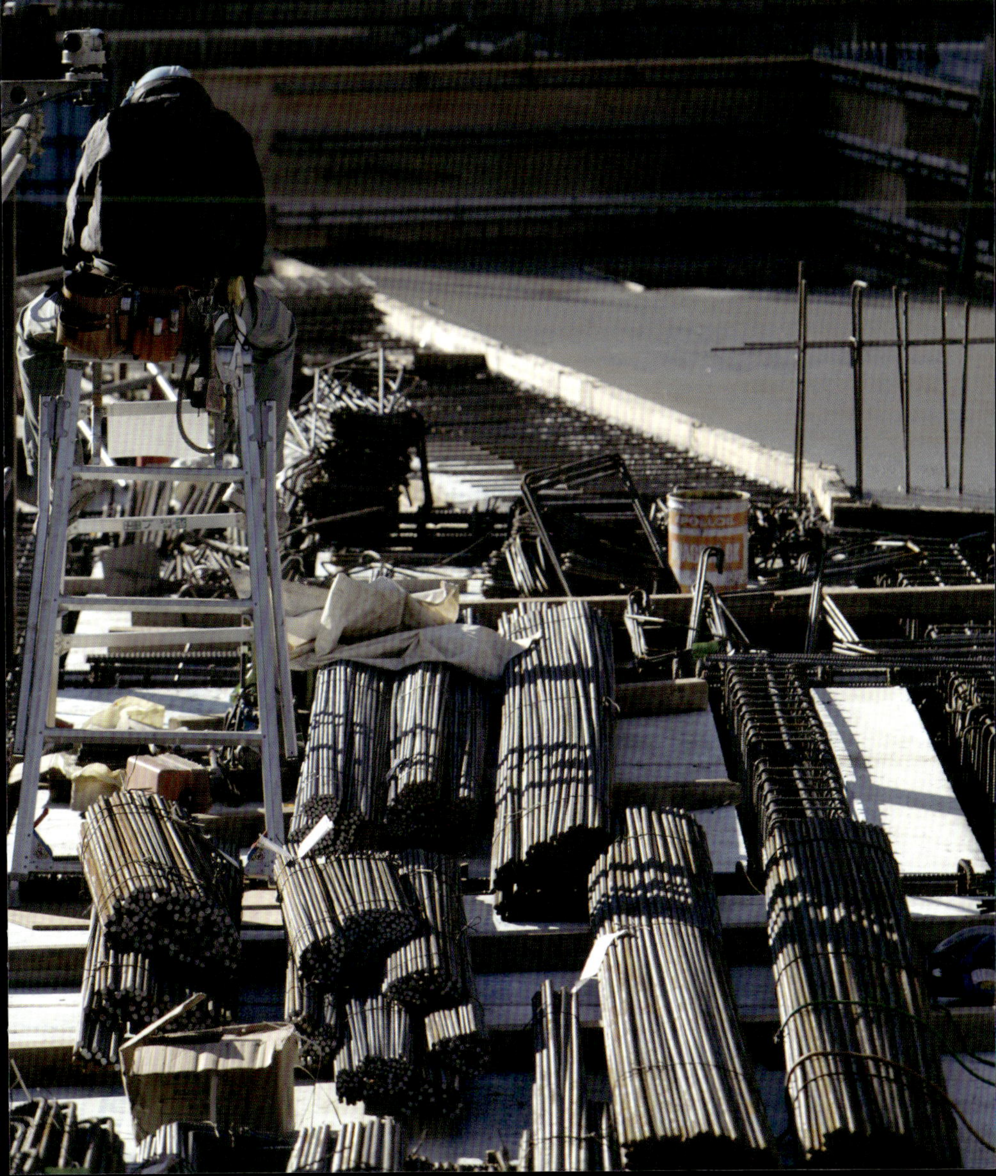

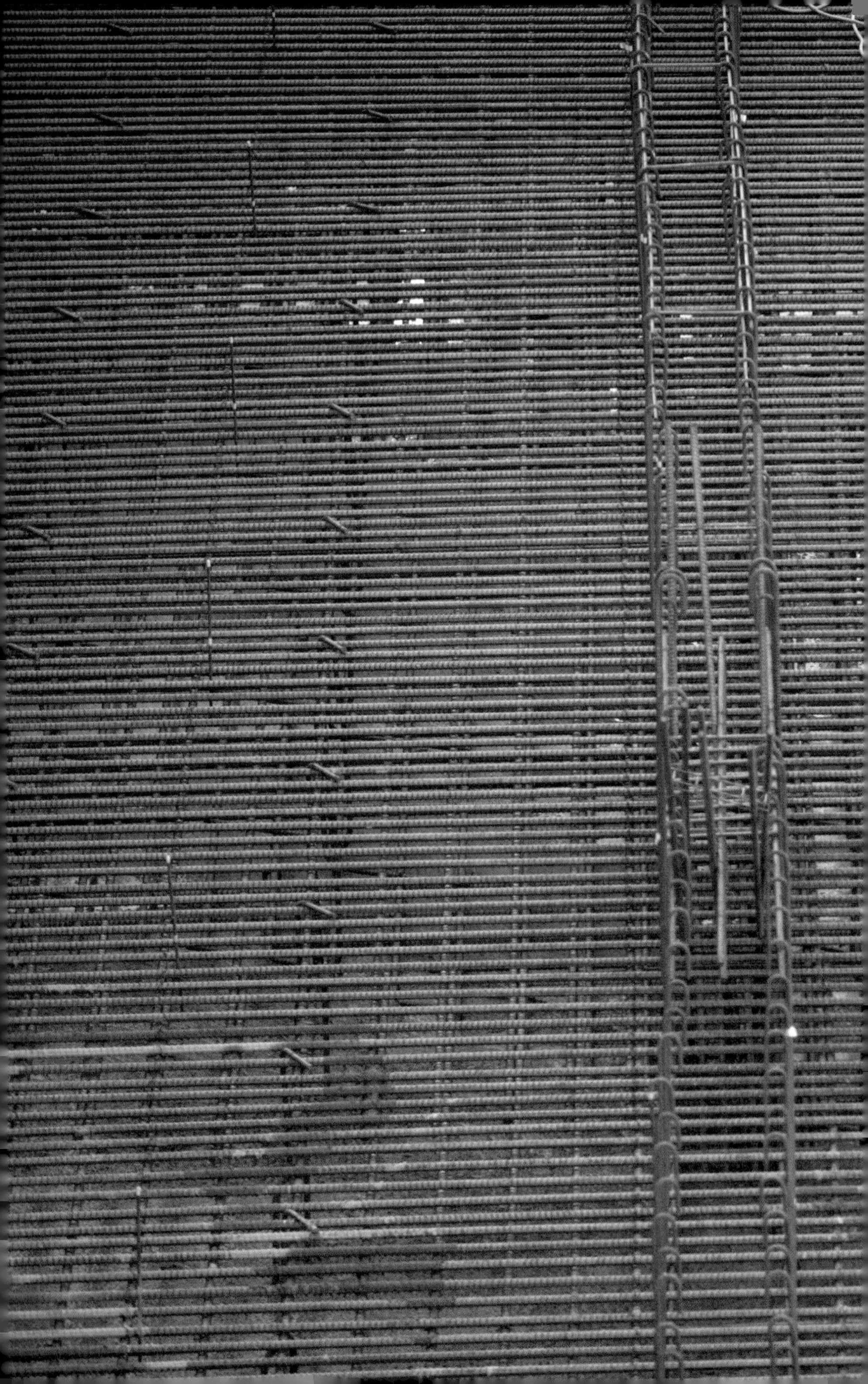

耐圧盤のコンクリート打設。美しくセットされた鉄筋がコンクリートで覆われていく。(2006.01)

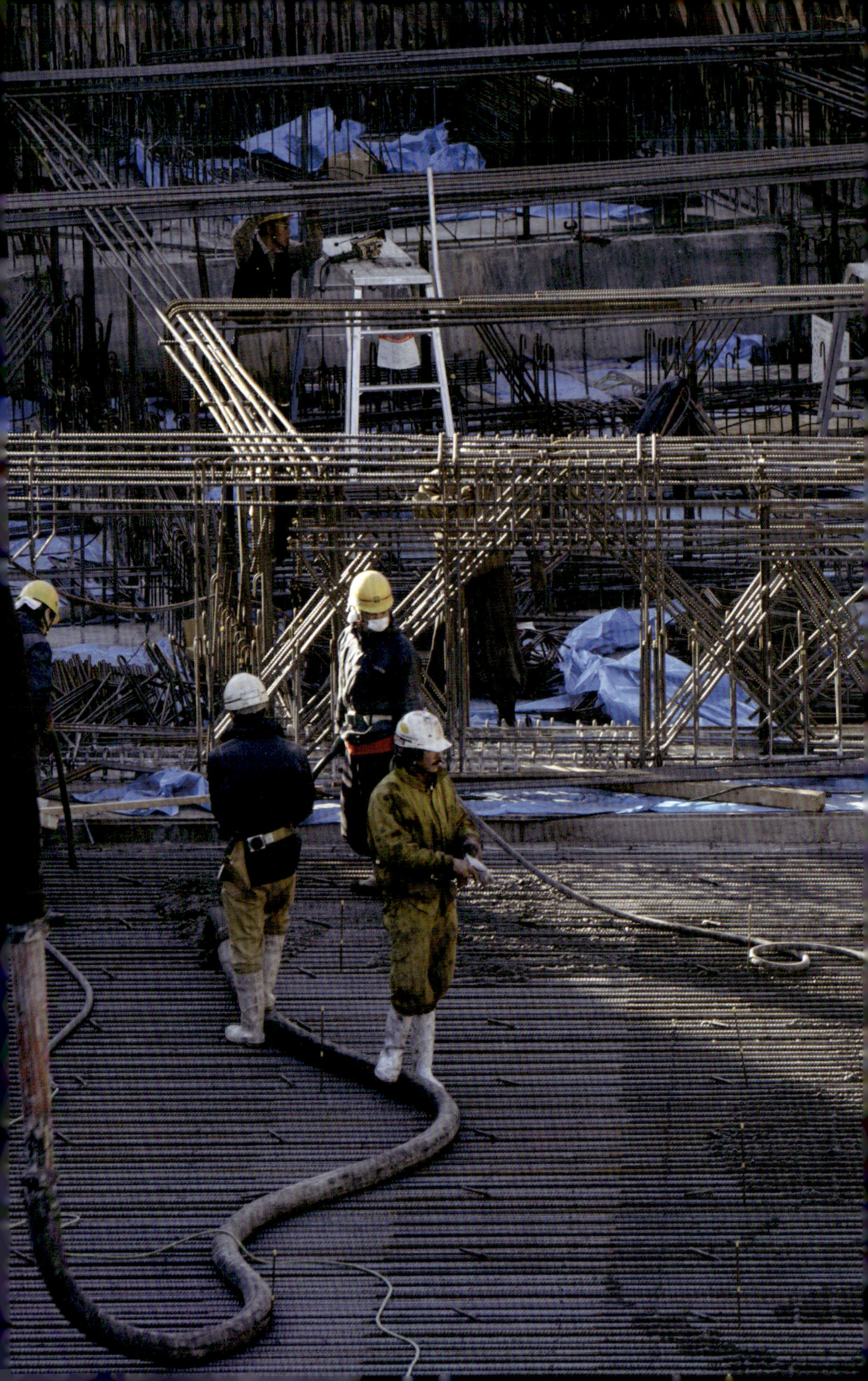

地階底盤スラブのコンクリート打設。真冬の寒さの中、ジェットヒーターを焚き込からの作業となった。
(2006.01)

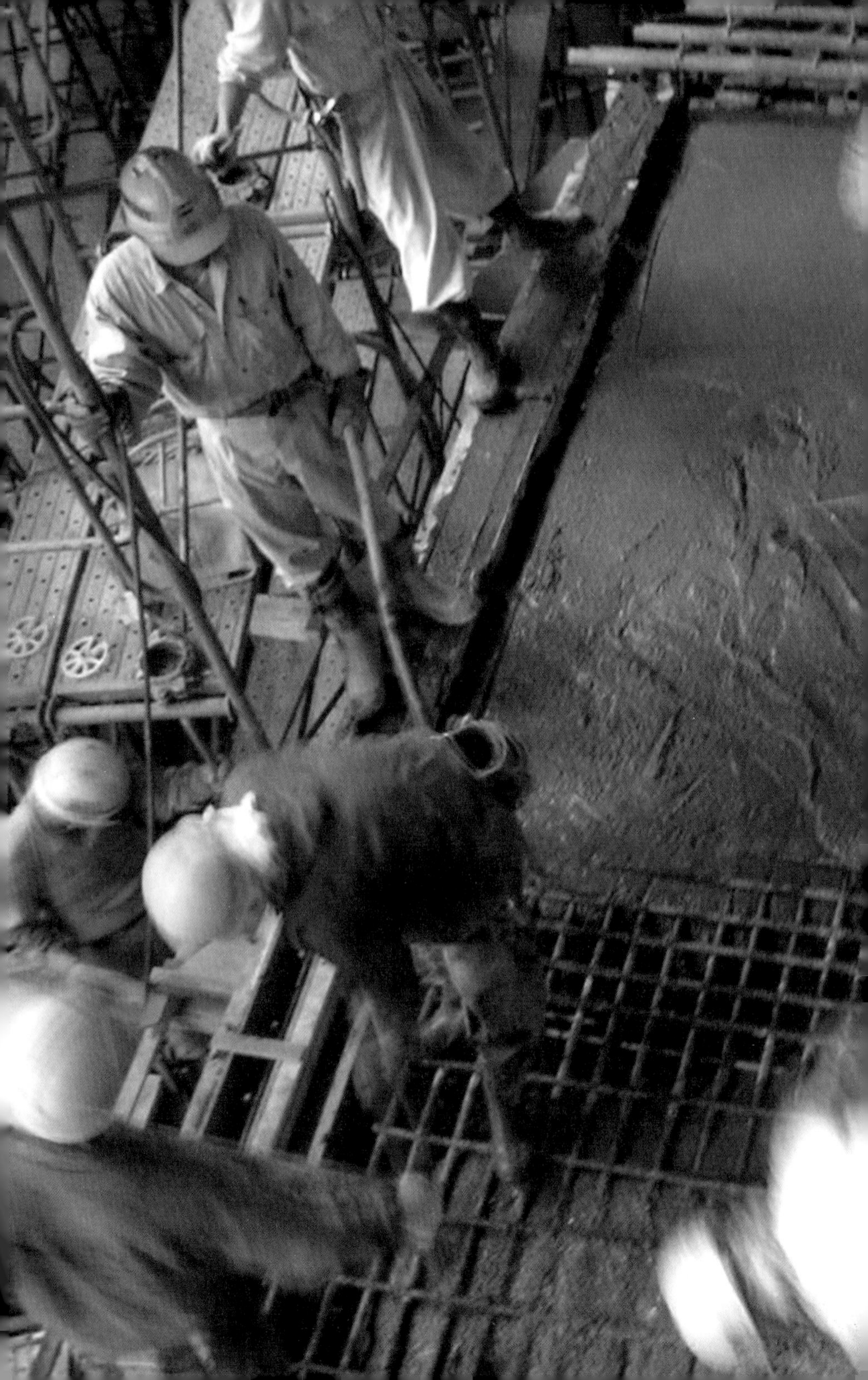

階段床コンクリート打設工事(2006.07)

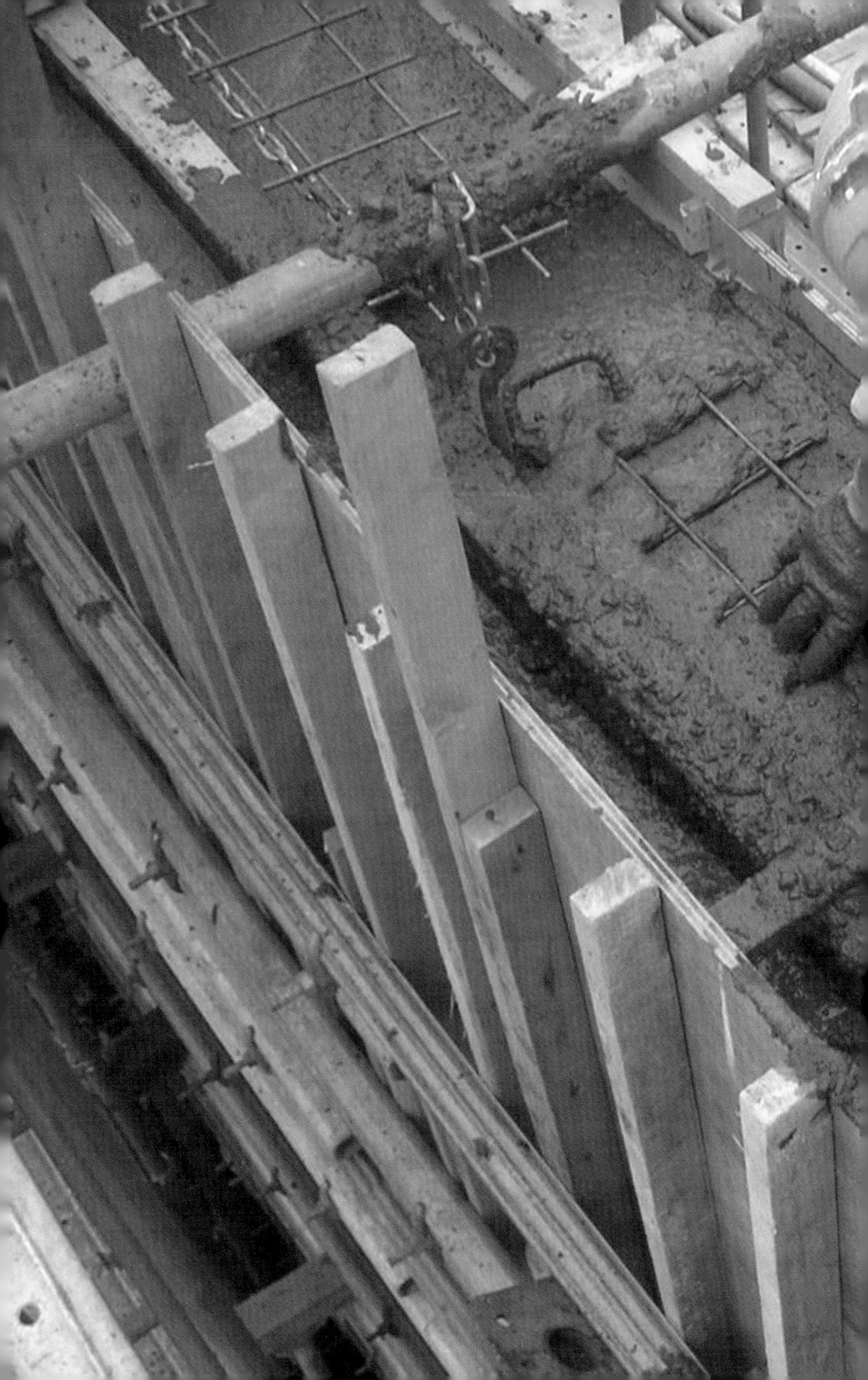

型枠大工とコンクリート打設工の総合リーダー自らが工事にあたった。この現場の職人は、現場所長による直接の依頼で集まったプロフェッショナルばかり。(2006.06)

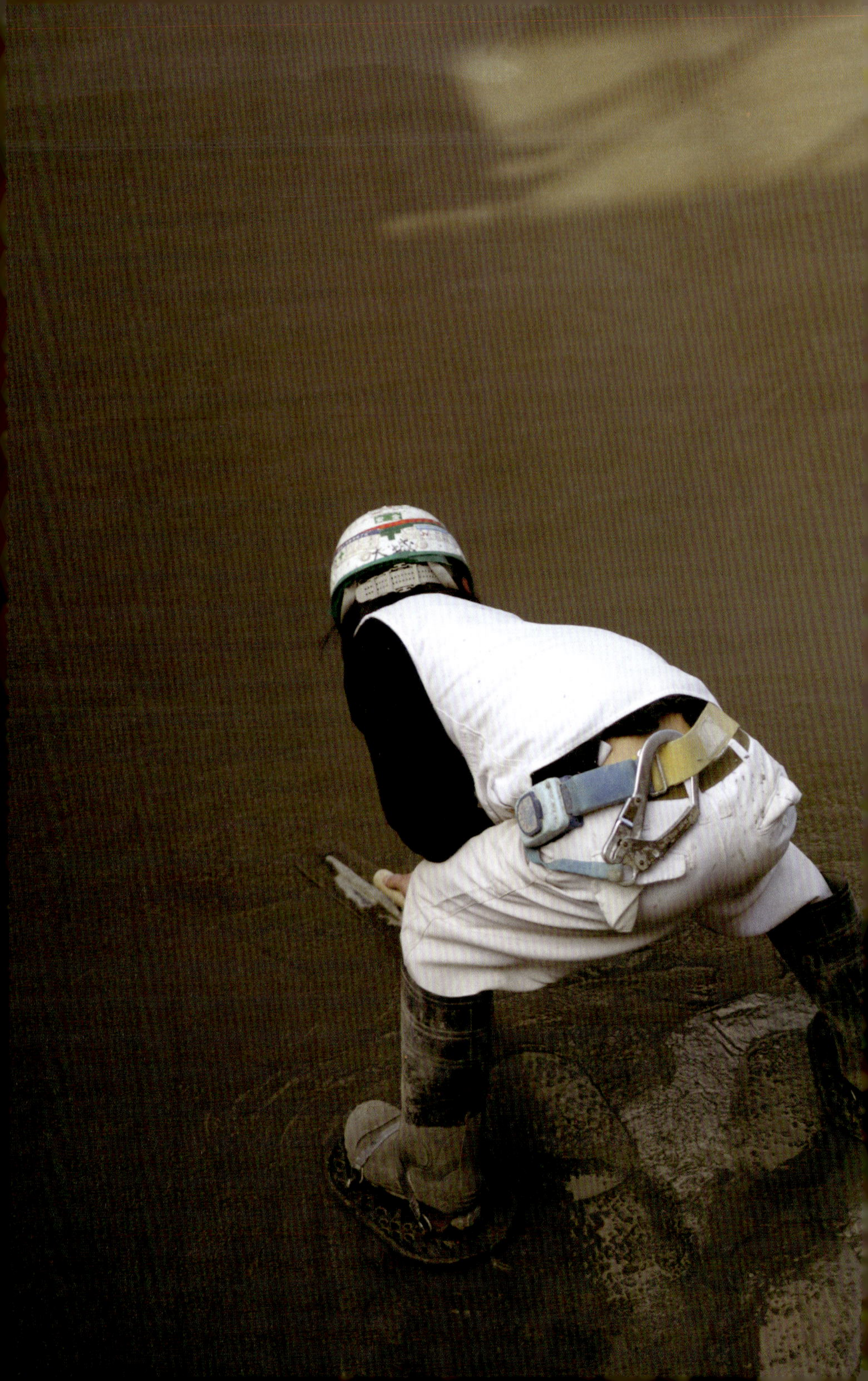

床コンクリートの左官工事。最後は手仕事で完全に平坦な面をつくる。高い技術が要求される。(2006.02)

防水工事はやり直しがきかない。たった一箇所でもミスがあったら全てが台無しだ。手抜かりのないよう、とにかく丁寧に、慎重に仕事を進める。　　　　　　　(TK)

地階ギャラリー上部スラブ。最終的には土や植栽で埋まってしまう部分の防水工事。見えなくなるところにこそ、エネルギーを注ぐ。(2006.06)

建設現場の悪戦苦闘2
鉄板屋根の検討

三宅一生の「一枚の布」というコンセプトに着想を得た「一枚の鉄板」による屋根。厚さ16mmの鉄板を溶接で継ぎ合わせて、全長54mもの屋根を「一枚の板」に見えるほどの精度で仕上げるのは至難の業だ。
21_21DESIGN SIGHTの建築のクライマックスは屋根工事のプロセスだ。

The roof based on the "one sheet of steel" idea was inspired by Issey Miyake's "one piece of cloth" concept. Welding together steel sheets 16 millimeters thick so precisely that a roof 54 meters in length appears to be "one sheet" is extremely difficult.
The process of constructing the roof was the climax of the 21_21 DESIGN SIGHT project.

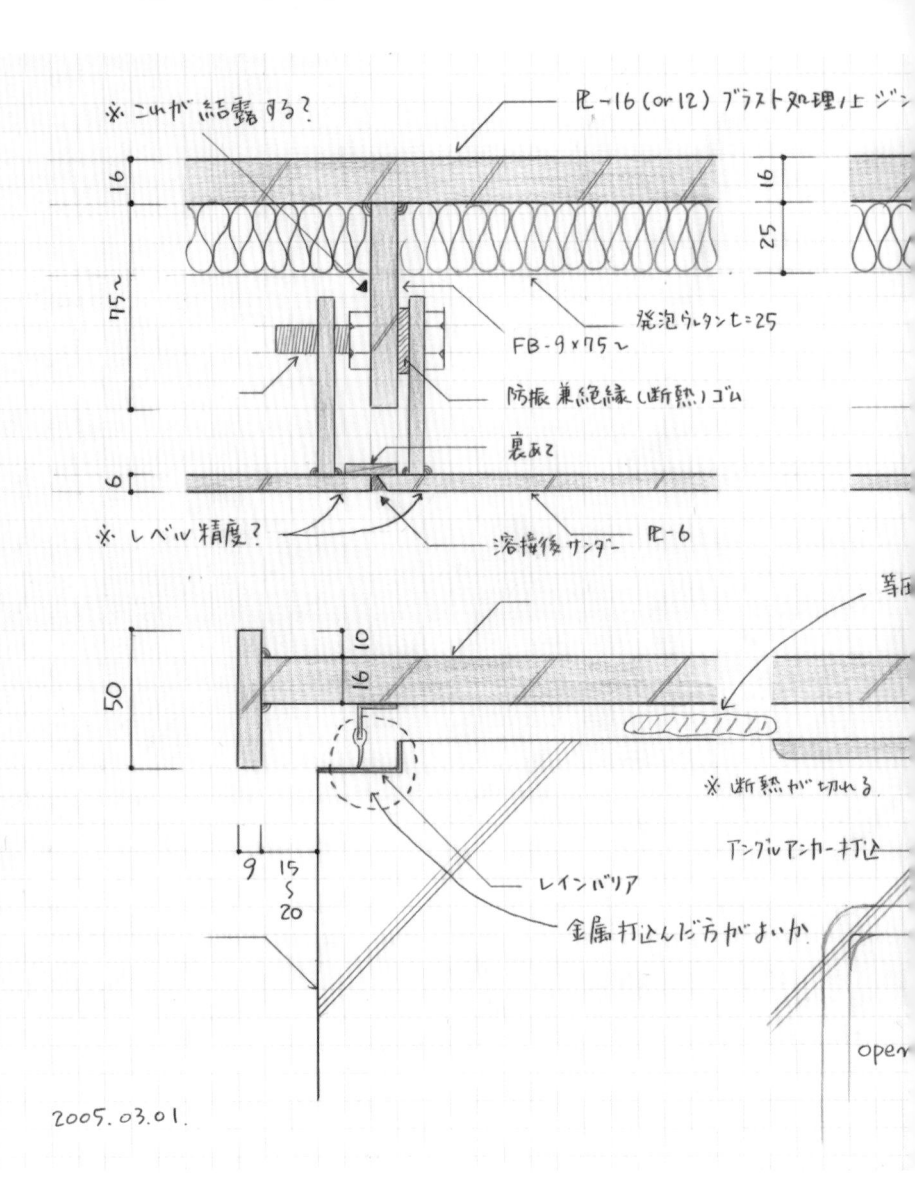

※これが結露する？
PL-16 (or 12) ブラスト処理止ジン

発泡ウレタン t=25
FB-9×75 L
防振兼絶縁 (断熱) ゴム
裏あて
※レベル精度？
溶接後サンダー
PL-6

※断熱が切れる
レインバリア
アングルアンカー打込
金属打込んだ方がよいか
open

2005.03.01.

発泡ウレタン t=25

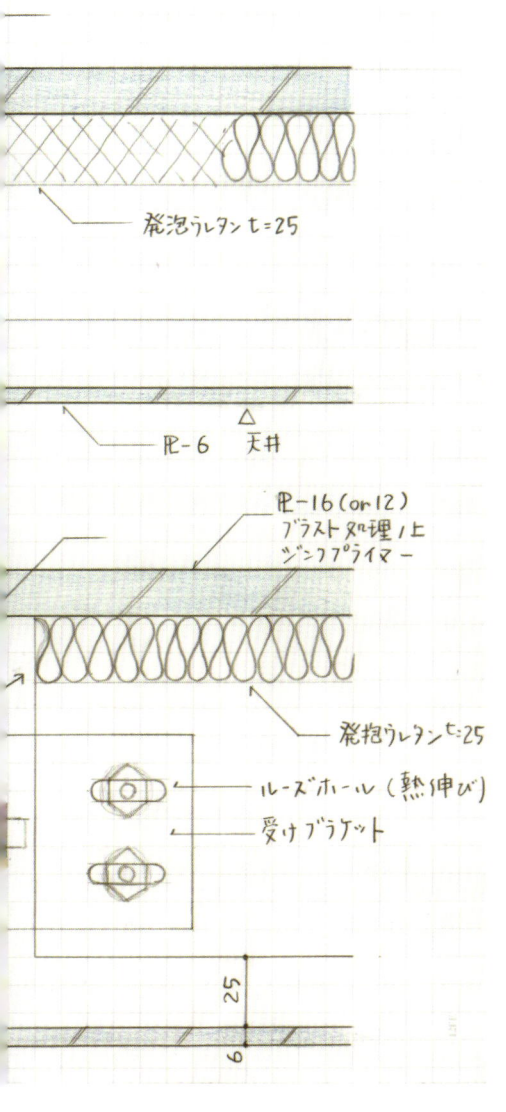

PL-6　天井

PL-16(or 12)
ブラスト処理ノ上
ジンクプライマー

発泡ウレタン t=25

ルーズホール（熱伸び）
受けブラケット

上下左右に30mmも動く建物の設計は初めての経験だ。
〈鉄〉の建築は本当に難しい。（平野, TA）

着工前、安藤忠雄建築研究所から現場に提示された
屋根詳細のスケッチ。この画をベースに現場と設計で
ディスカッションを繰り返し、詳細が詰められていっ
た。(2005.03)

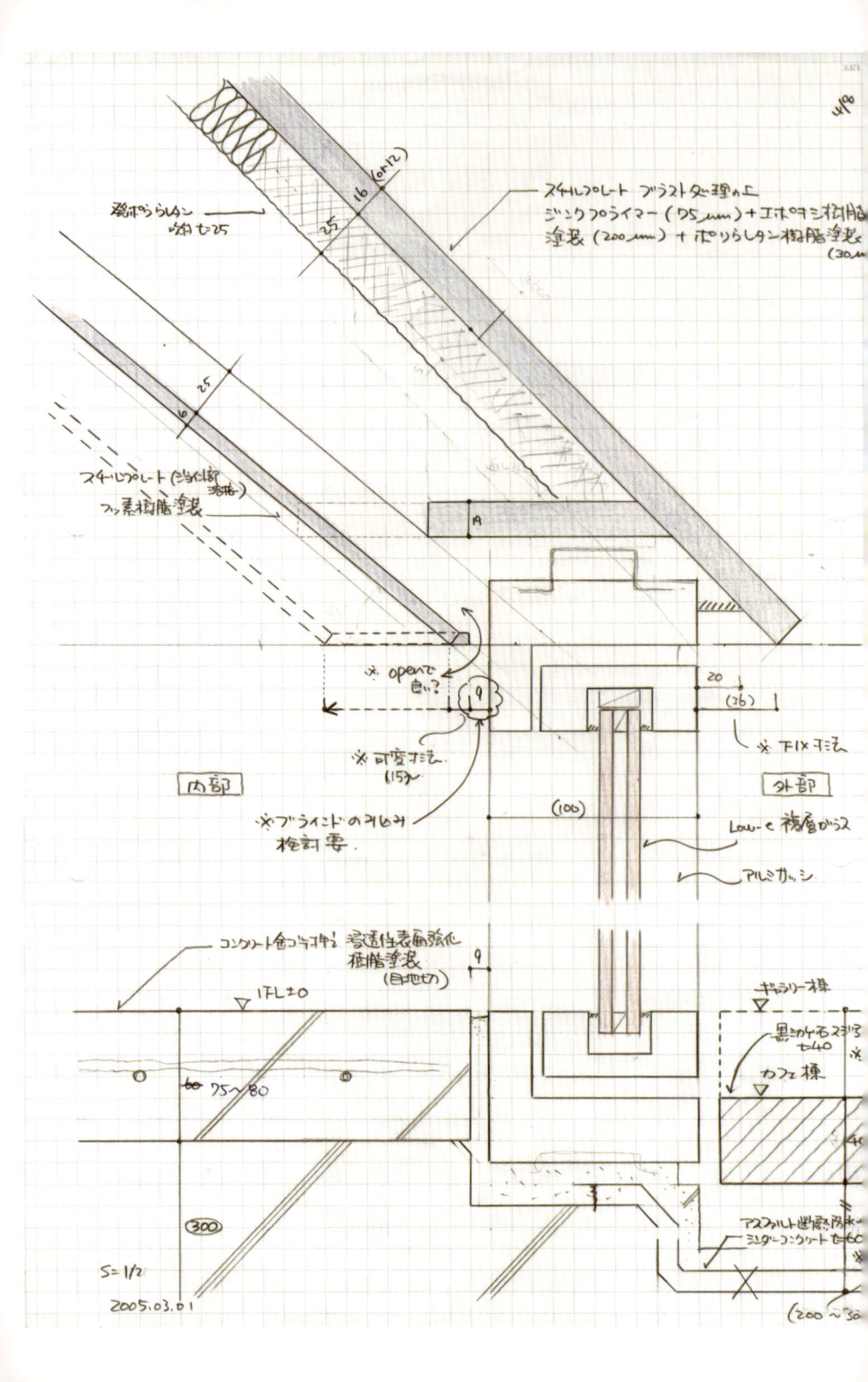

スチールプレート ブラスト処理の上
ジンクプライマー (75μm) + エポキシ樹脂
塗装 (200μm) + ポリウレタン樹脂塗装
(30μm)

発砲ウレタン
吹付 25

スチールプレート (溶接部現地塗布)
フッ素樹脂塗装

※ openで良い？

※ 可変オサエ (15×)

※ ブラインドのオサマリ
検討要

内部

外部

※ FIX オサエ

Low-e 複層ガラス

アルミサッシ

コンクリート金コテおさえ 浸透性表面強化
樹脂塗装
(目地切)

▽ 1FL±0

ギャラリー棟

黒みかげ石ジェット
t=40

カフェ棟

60 75〜80

(300)

アスファルト断熱防水
シンダーコンクリート t=60

S=1/2
2005.03.01

(200〜30)

鉄板屋根の検討

一枚の鉄板で屋根を覆うことの一番の問題は温度変化により鉄が動くことである。今回、温度変化による鉄の動きは30mm程度が想定された。その動きを吸収するためのディテールを、意匠の期待するシャープなイメージにあわせてどう実現するか、そのためにどのような仮設計画をおこなうか。加えて、一枚の板に見せるために、どこでどのように分割し、いかにしてひずみの残らない溶接をおこない、いかなる仕上げを施すかが問題だった。実験用に原寸大のモックアップが工場内に製作され検討された。現場での塗装工程も、関係者の納得がいくまで、当初の予定を超えて何度も繰り返されることになった。

先のディテールスケッチ。意匠と同時に30mmも鉄の動きに対する逃げを考えねばならない、鉄板根のデザインで最も重要な部分のスケッチ。このうな考え方で、こう見せたいという設計者の思い正確に現場に伝える。(2005.03)

デザインギャラリー屋根構造検討

2005.3.4

屋根の形状を有効に利用した架構計画として以下2案ご提案します。

① 案　柱のある面材での構成

- 屋根の構造体厚さを 200 と想定、上下の鋼板と格子状のリブによる
- 梁材は柱と取り合う部分に想定されるが、上記屋根材と同厚のため見かけは面材としての構成となる。
- ②案より構造を構成する各鋼板の厚さが減る可能性あり
- 吹き抜け部サッシに荷重を伝達するので骨が大きい　70*200 無垢＠1500 程度で縦方向も 4m 程度に分割
- 温度伸縮対応のため、屋根面と構造躯体接続部の寸法が大きく必要（ただし、上記サッシ部分においては一般的な納まりで対応可）

うこふで せめる.

② 案　柱のない面材での構成

～100 ぐらい

- 屋根の構造体厚さを 200 と想定、上下の鋼板と格子状のリブによる
- 屋根全体の形状で持たせることを検討するため、場合によっては柱を抜くことができる可能性あり。ただし、1FLにとりつく三角形の頂点部は構造上の要所となるので、納まり検討要。→ 1mゆぐらい 2" あいつまいいかも.
- サッシ部の縦方立ては構造としては不要で、サッシの風荷重で決まる
- 構造を構成する各鋼板の厚さは①より厚くなる可能性
- 温度伸縮対応のため、屋根面と構造躯体接続部の寸法が大きく必要　30～40mm 伸縮
- 立体架構のため、この方針をとる場合は詳細解析の段取りを始める。

3D

固定点（案）

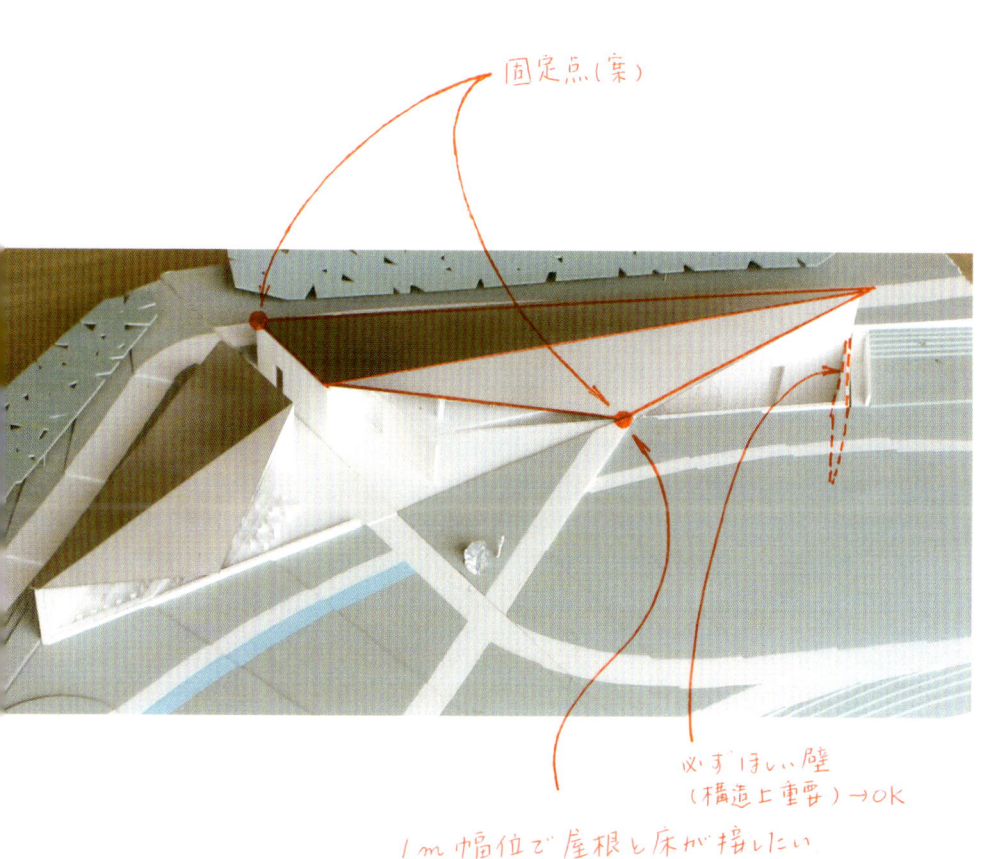

必ずほしい壁
（構造上重要）→OK

1m幅位で屋根と床を接したい
（点では無理）
→ 400φ × 400φ のスチール柱＋コンクリート根巻
とする.

構造担当者から出された屋根の構造検討案。折り紙のような、アクロバティックな構造を確かな精度で実現するため、設計・施工の技術チームによるディスカッションは、着工後から工事と同時進行で毎週一回、約半年間続いた。鉄板屋根の総面積は約500m²、費やされたエネルギーは尋常ではなかった。（2005.03）

152

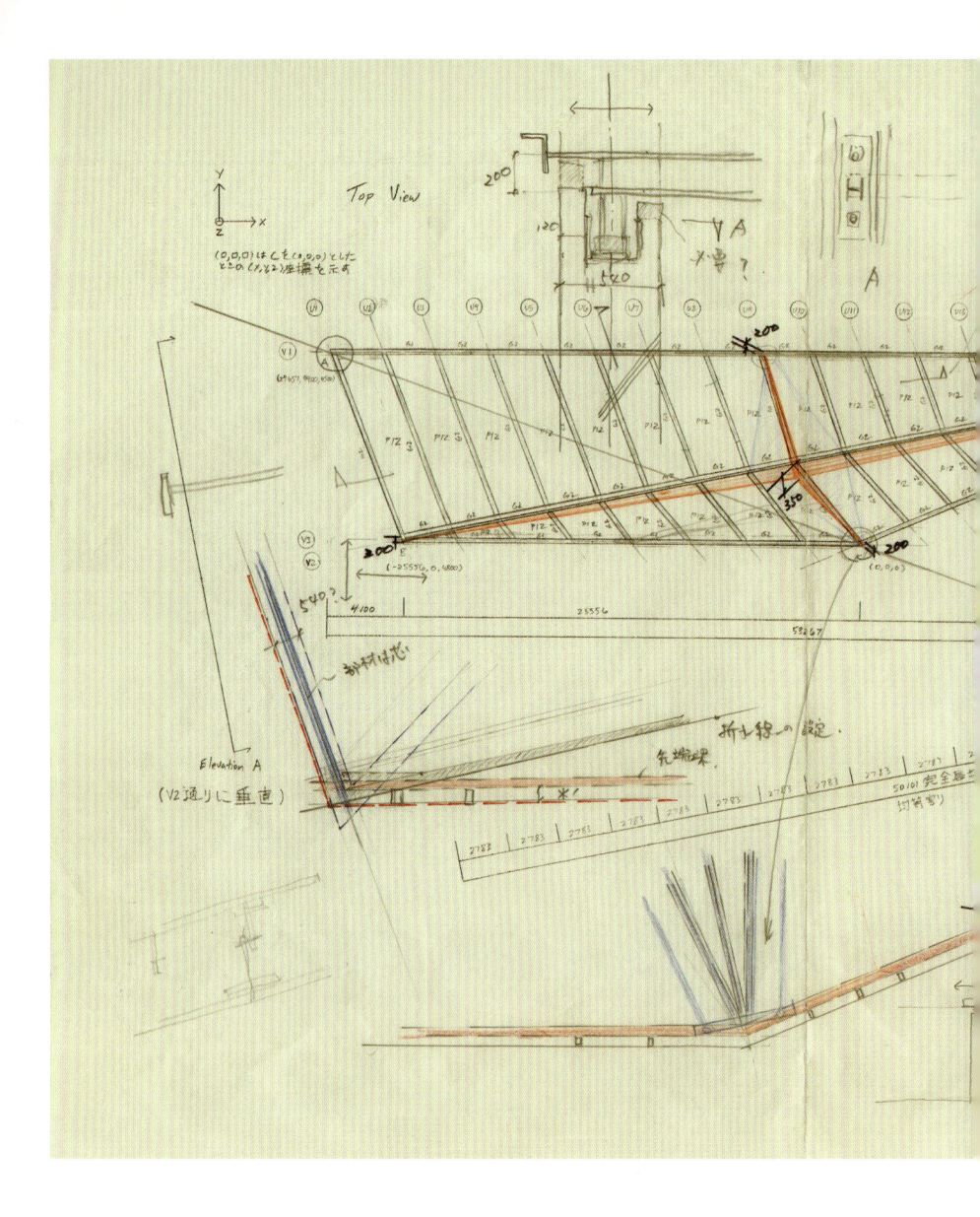

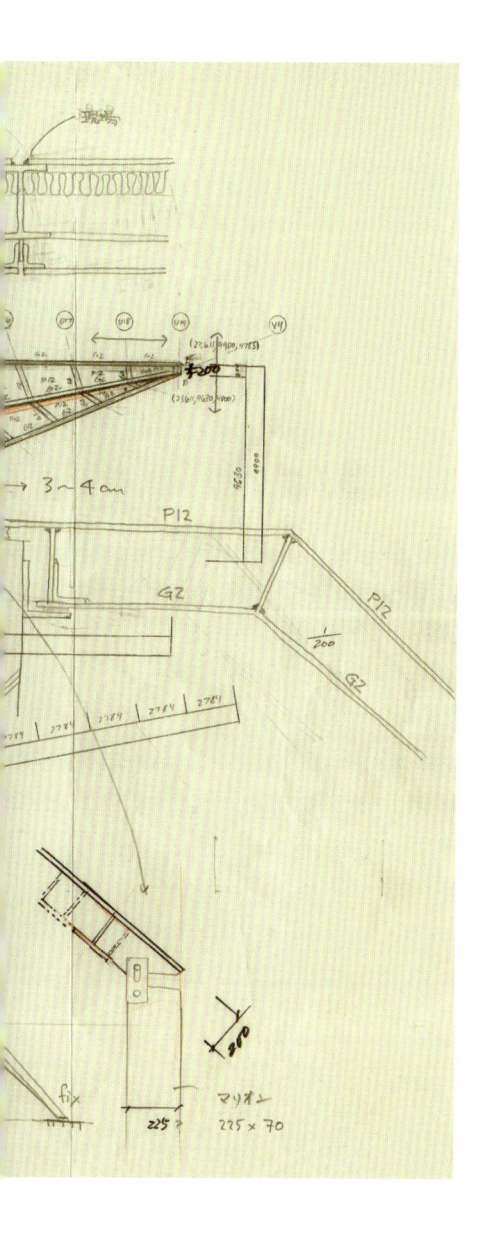

屋根の施工計画検討図。幅 2mのピースを全体に割付けていく。どこを基準にするか、端部の納まりはどうするかなど、設計、施工、製作がそれぞれ異なる立場で意見を出し合い、最善の方法を探っていった。(2005.09)

悪戦苦闘　2006年の現場　安藤忠雄
模型がつくる最強のチームワーク
Model-Making Develops Excellent Teamwork

　現場での最初の仕事は模型の作成だ。プレゼンテーションのためではない。設計検討のためでもない。現場がつくっていくための模型を、監督自らがつくる。うまいヘタは関係ない。とにかくつくる。それを現場の入り口に置いておく。すると様々な職人たちが通るたびにそれを見て、一体自分たちは何をつくろうとしているのかということを理解する。監督が全体のイメージを掴めば、自然と職人たちもついてくる。模型をきっかけに、最強の現場チームが生まれる。

　逆に施工図は現場が画くのが普通だけれど、設計側も現場が始まってからも画く。そうやってフィードバックを繰り返しながら進めていくことが重要だ。作り手と設計者とが目指すべき目標を共有していなければ、決してよい建築はつくれない。

　The first job on a site is making a model. The model is not for presentation or design-study purposes. The site foreman himself makes the model as an aid to on-site work. Whether the model is made well or badly is beside the point. The thing is to make the model. It is then placed near the entrance to the site. Workers see it each time they pass by and come to understand what it is they are trying to create. If the site foreman succeeds in capturing the overall image, workers will naturally come to follow his lead. The model is a catalyst for excellent on-site teamwork.

　It is normal to prepare shop drawings on the site, but we on the design side also keep on drawing even after site-work has begun. It is important to continue to get feedback in this way as work proceeds. Those who are making the building and the architects must have a shared objective if a good building is to be created.

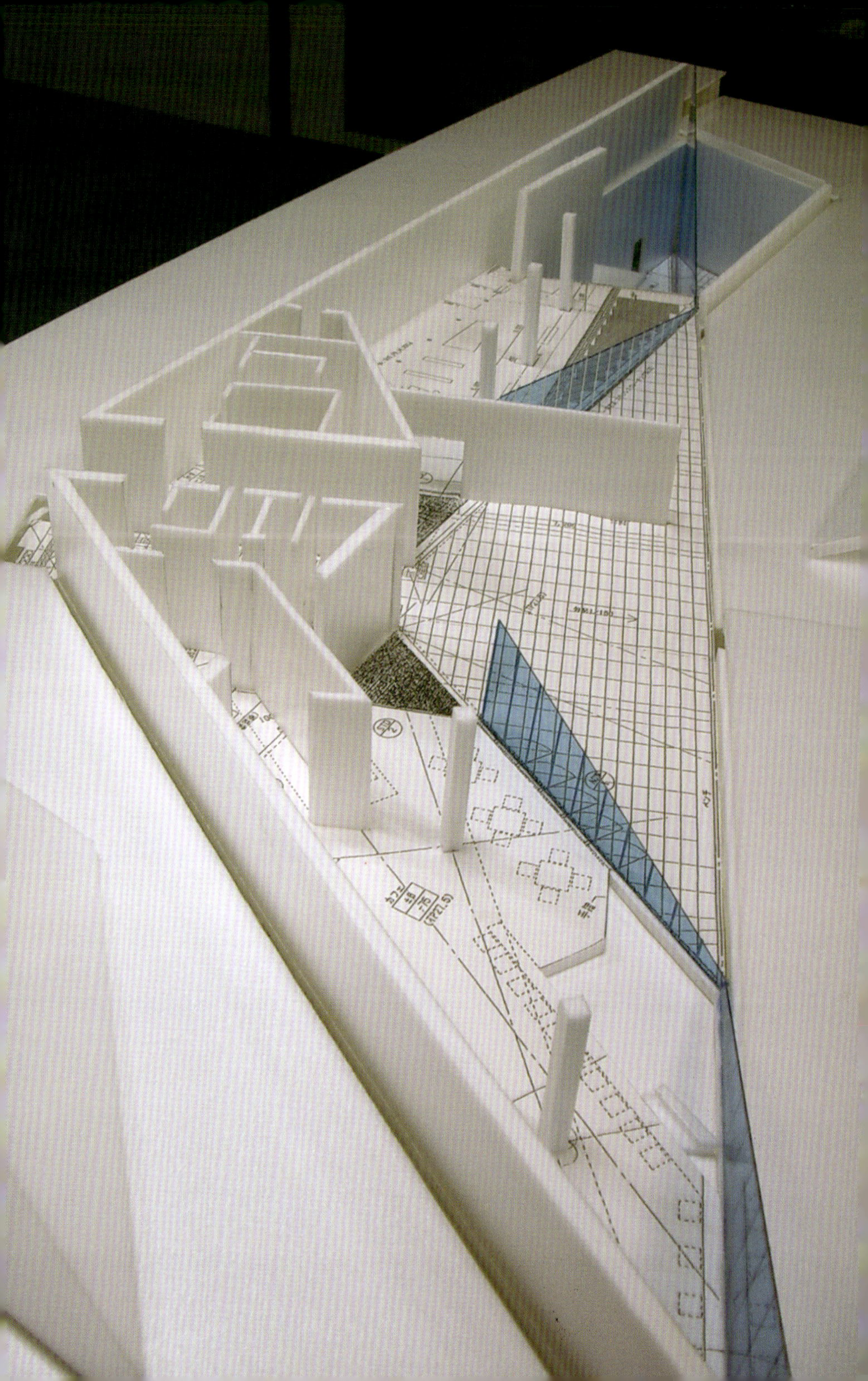

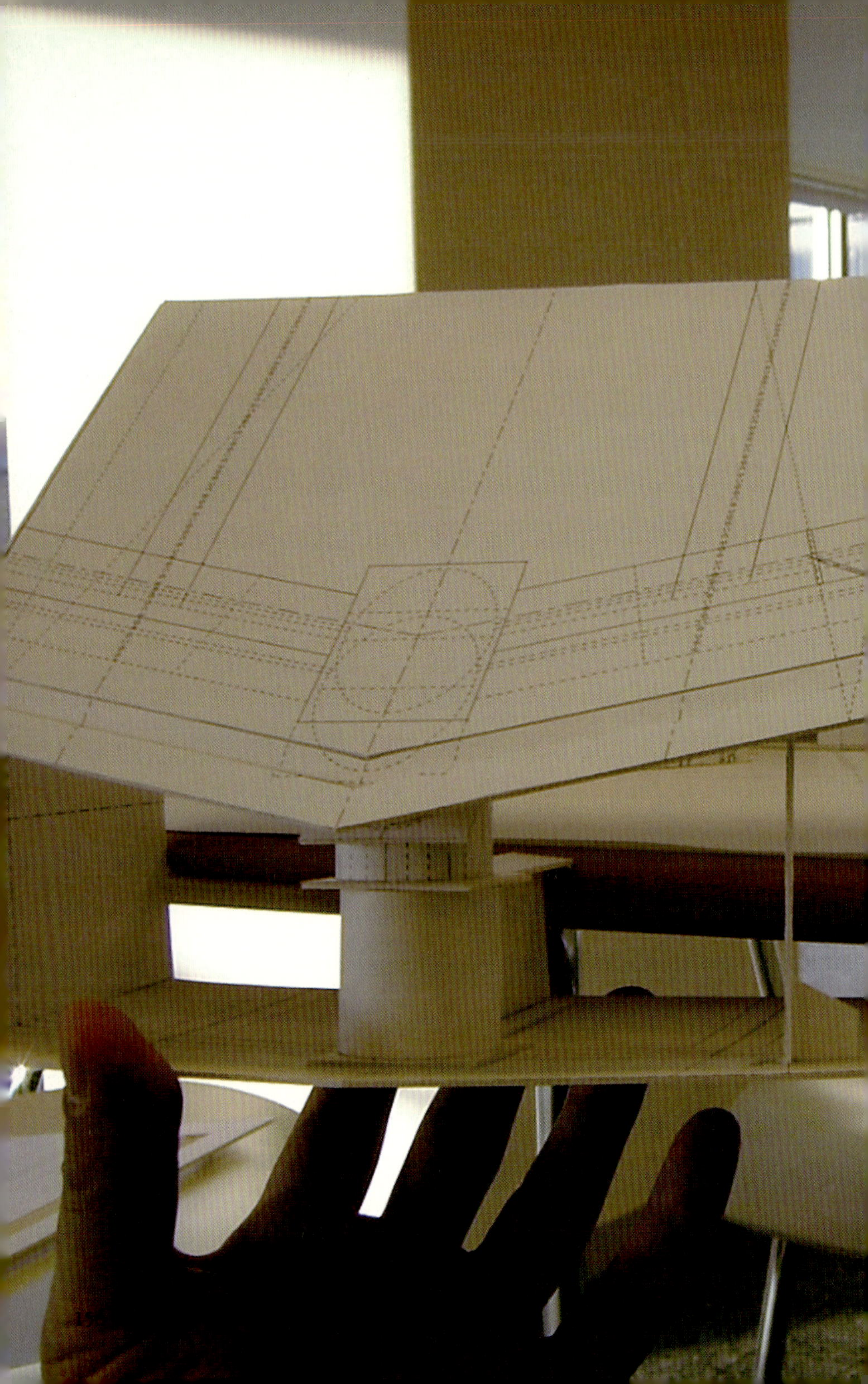

現場で作成された屋根ディテールの施工検討模型。
(2006.01)

158

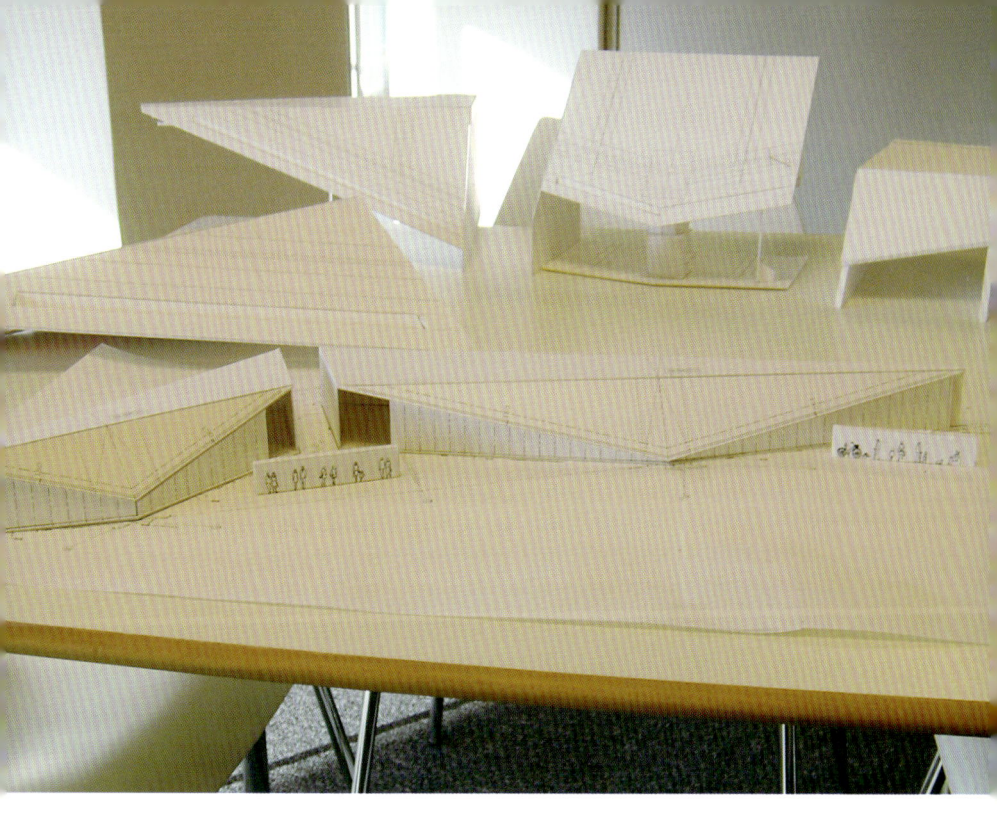

解しにくい屋根の取り合いを模型で確かめていく過程で、意匠設計と構造設計の矛盾
判明。急きょ屋根端部の構造の一部を変更した。問題の早期発見、解決が現場を進め
いく上での一番のポイントだ。　　　　　　　　　　　　　　　　　　（神成, NS）

設計図面の実現のためには、現場がまず、各ディテールにおける意匠上の方針、構造的な考え方を把握することが不可欠だ。そのために最も有効な手段が、三次元の模型である。この現場でも、1/50から 1/30、1/10、ときには 1/1とさまざまなスケールで、屋根ディテールの検討模型が作成された。
(2006.01)

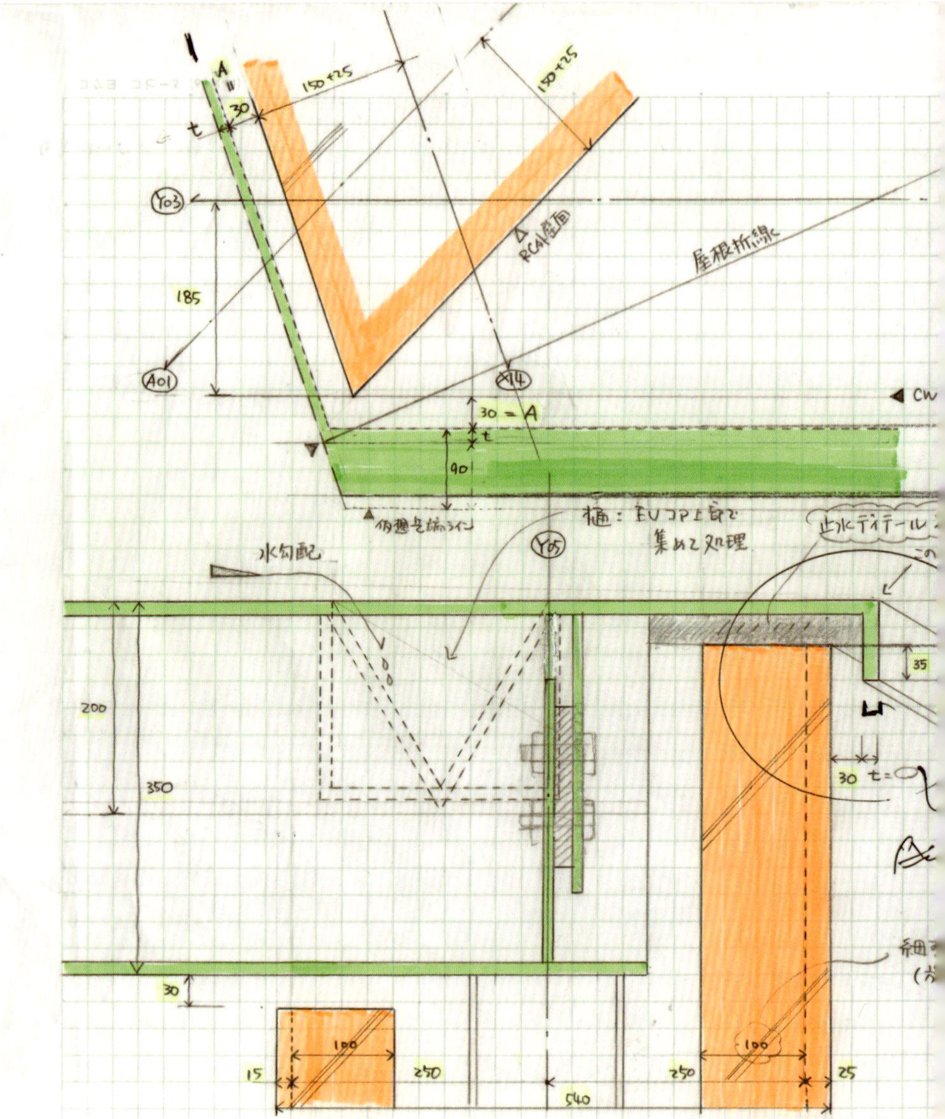
A
30
t
150+25
150+25
Y03
185
A01
X14
RC躯体面
屋根折線
CW
30 = A
t
90
樋：EVコア上部で
集めて処理
止水ディテール
水勾配
Y05
200
350
30
35
30
100
15
250
540
250
100
25

設計側による検討スケッチ。エッジをいかにシャープに見せられるか、施工とデザインとのせめぎあい。
(2005.04)

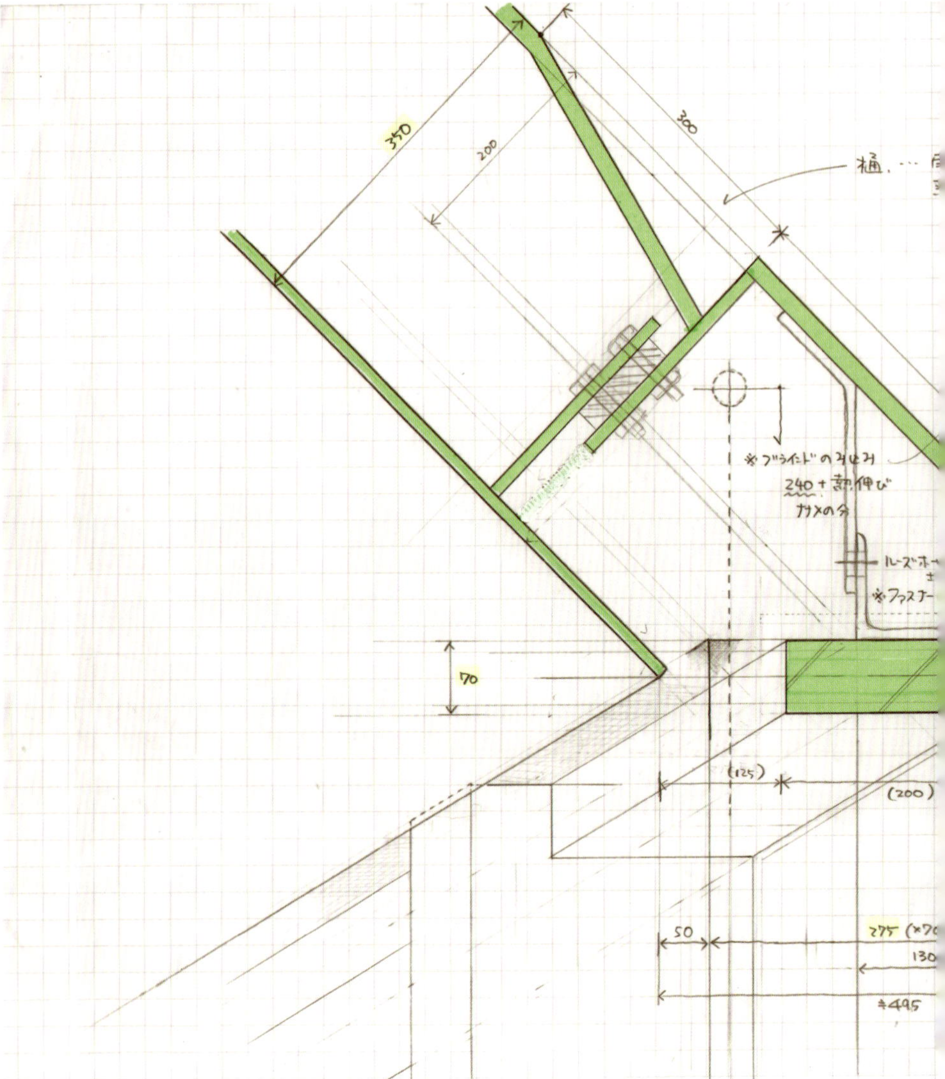

350
200
300
樋、…
※ブラインドのみこみ
240＋熱伸び
ナナメの分
ルーズホー
※ファスナー
170
(125)
(200)
50
275 (×70
130
≒495

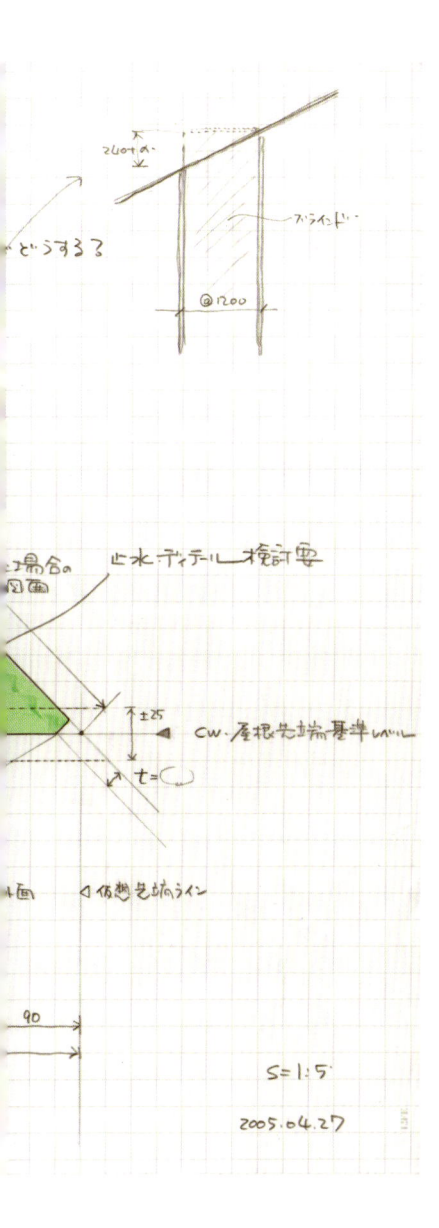

軒先のディテール・スケッチ。現場でのディスカッションを経て、徐々にディテールが煮詰まっていく。雨樋の納まりの検討など、一枚板のコンセプトに機能、構造の視点から徐々に修正が加えられていった。(2005.04)

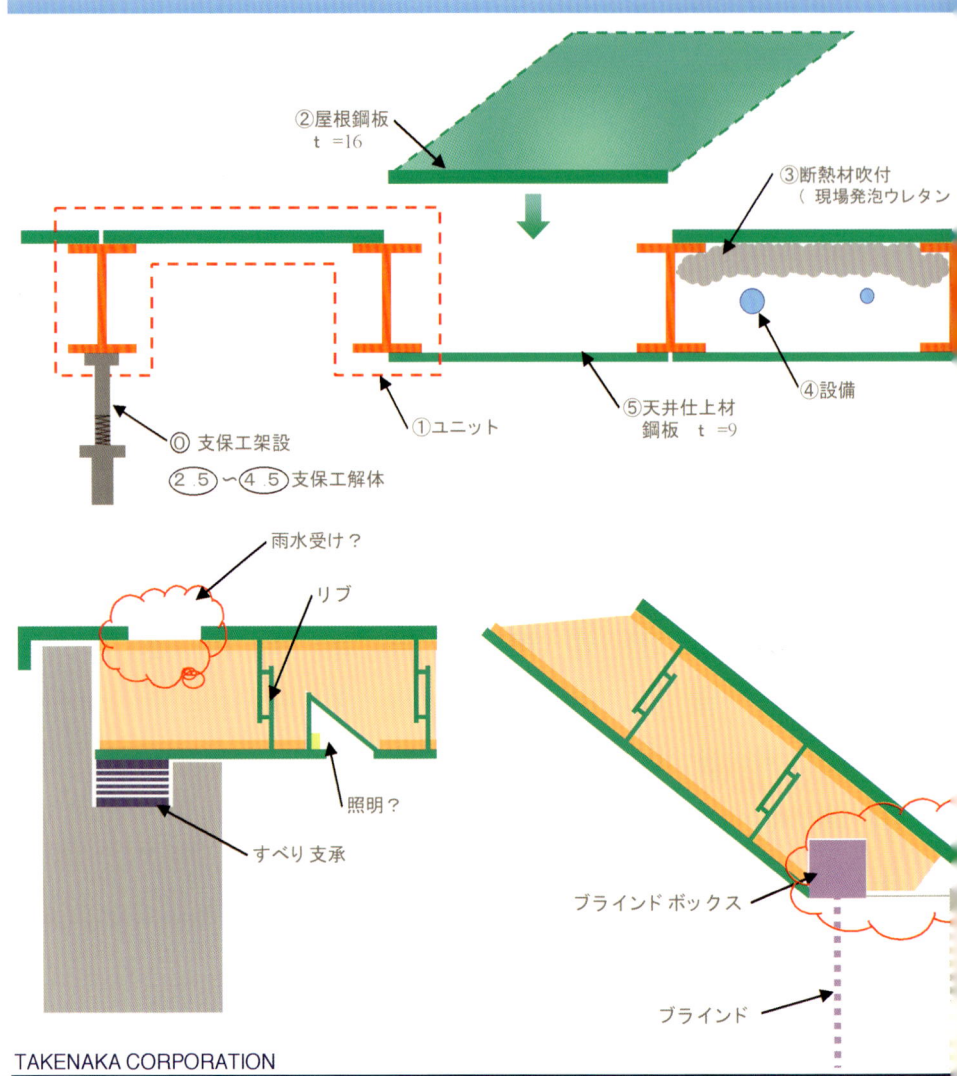

(仮称) 東京ミッドタウンプロジェクト　　　　　G棟・H棟　鉄板屋根施工手順

②屋根鋼板
t =16

③断熱材吹付
（ 現場発泡ウレタン

⓪支保工架設
②.5〜④.5 支保工解体
①ユニット
⑤天井仕上材
鋼板 t =9
④設備

雨水受け？
リブ
照明？
すべり支承

ブラインドボックス
ブラインド

TAKENAKA CORPORATION

164

この時点まで、鉄板が表裏一体の構造になるというアイデアで計画を進めていた。しかし施工性、コスト、断熱の問題と何より、残された時間を考慮して断念した。徹底的に詰めて完全を目指す一方で、どこかで線を引いてあきらめねばならないのも建築だ。　　　　　　　　　　　（神成, NS）

H17.6.2

②屋根鋼板　t=16　仕上までの手順
・溶接接合
・サンダー掛け
・ブラスト処理（現場ブラスト、パネル面は工場ブラスト）
・常温亜鉛溶射
・封孔処理
・塗装

⑤天井仕上材鋼板　t=9

鋼板を溶接接合する場合、断熱材が燃える
→ビス止めとしたい
・内装としての天井仕上に「目地」が発生
　1）鉄パテ処理の上、塗装→経年及び伸縮で割れる
　2）「目地」を活かす→安藤事務所へ確認
　3）コーキングの上、弾性塗装

→溶接接合とする場合
・上向き溶接となる
・歪みが取りにくい
・断熱材が燃える

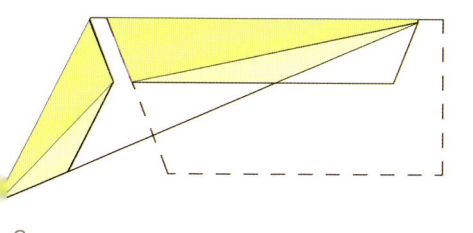

・屋根鋼板継手→溶接品質の確保
・熱収縮に対するクリアランス確保
・外観（うねり対策）

鉄板屋根施工要領の検討。打放しコンクリート同様、構造がそのまま仕上げとなる。施工手順、仮設計画、設備との取り合い他、総合的な施工計画が求められた。(2005.06)

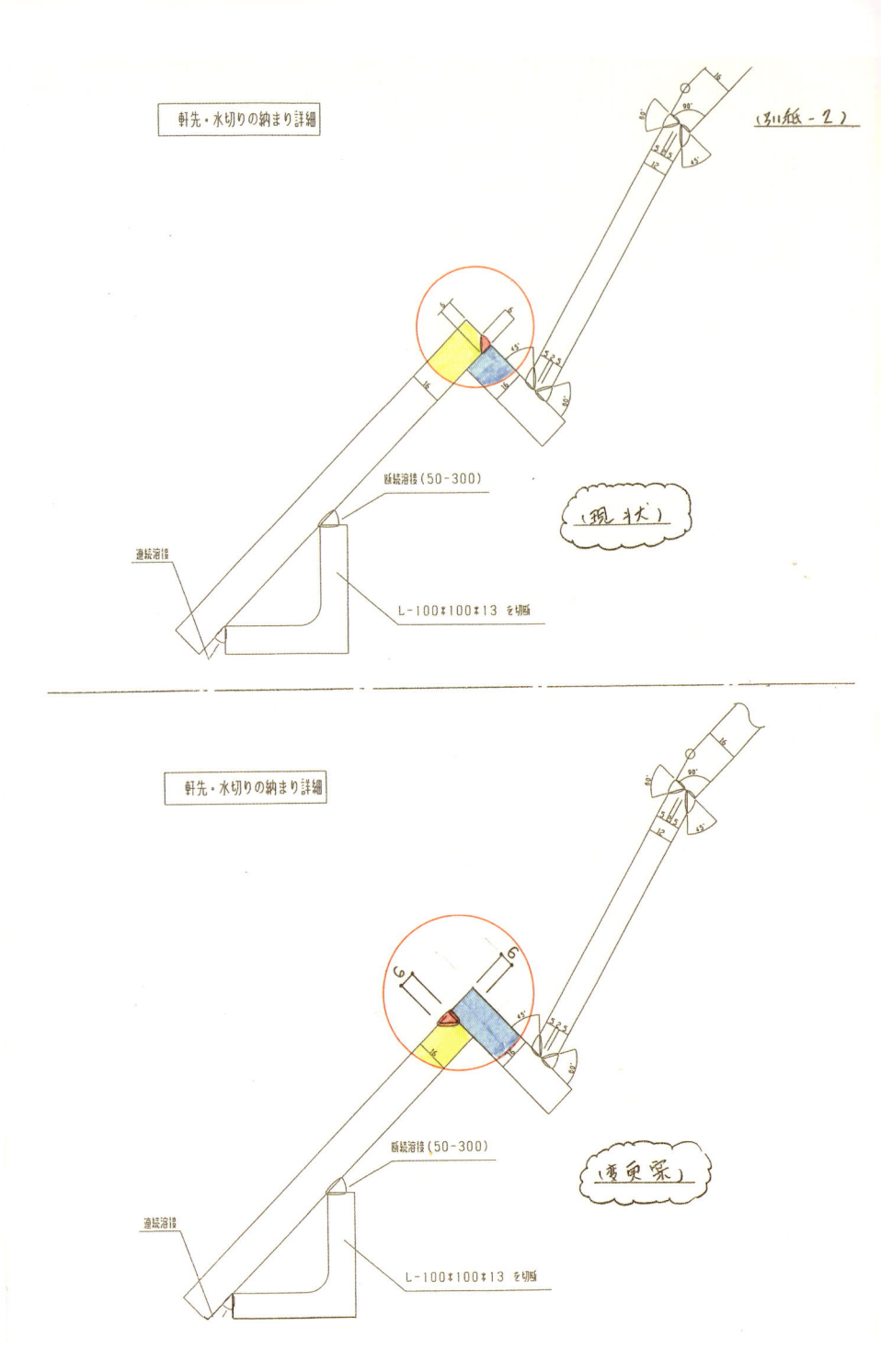

| 軒先・水切りの納まり詳細 | (別紙-2) |

断続溶接 (50-300)
連続溶接
L-100*100*13 を切断

(現状)

| 軒先・水切りの納まり詳細 |

断続溶接 (50-300)
連続溶接
L-100*100*13 を切断

(変更案)

棟の納まり詳細

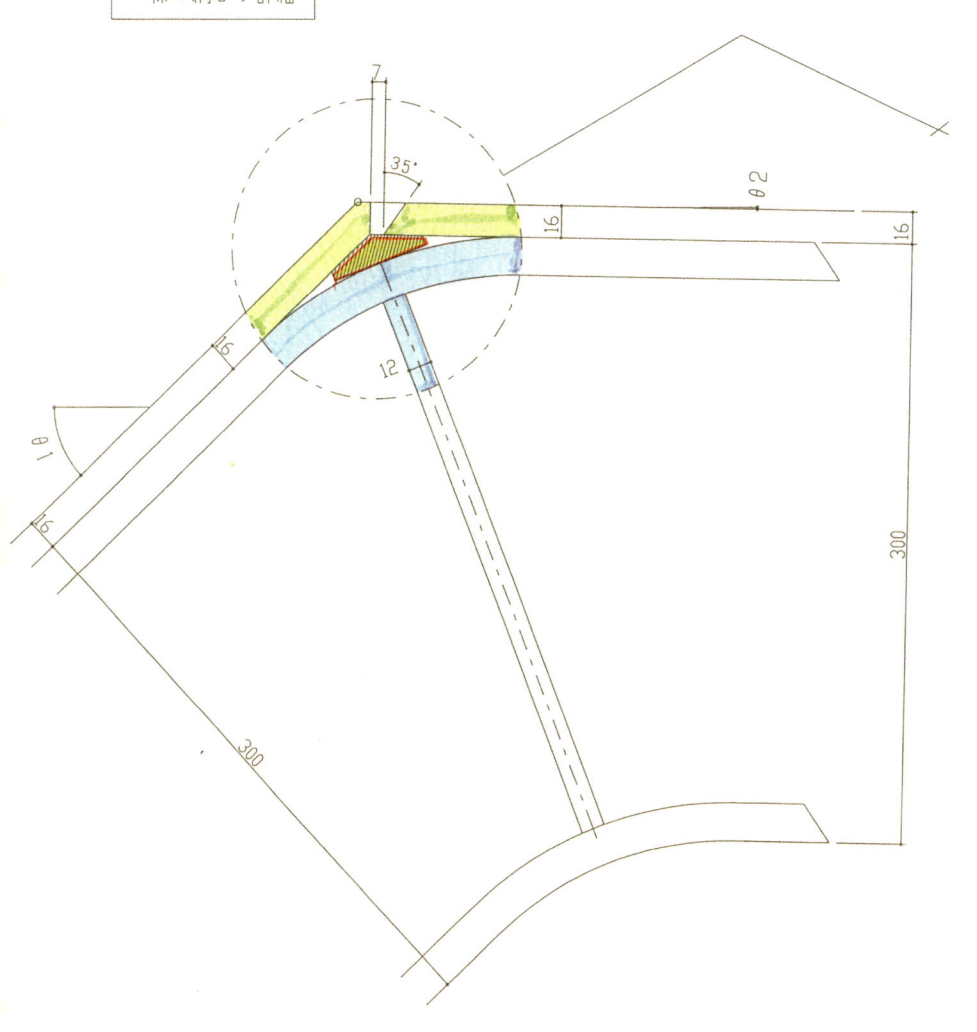

（前頁）現場の提案した軒先雨樋のディテール。屋根端部を欠きこみ形状にして雨樋をつくる。そのための溶接箇所について、そりやひずみ等鉄板に与える溶接熱の影響を最小限に抑えるような部材の組み合わせを検討している。

（上）棟のディテール。屋根稜線を美しく見せるため、どこまで工場でつくり、どこから現場溶接するかについて、意匠を踏まえた仔細な検討がなされている。
(2005.04)

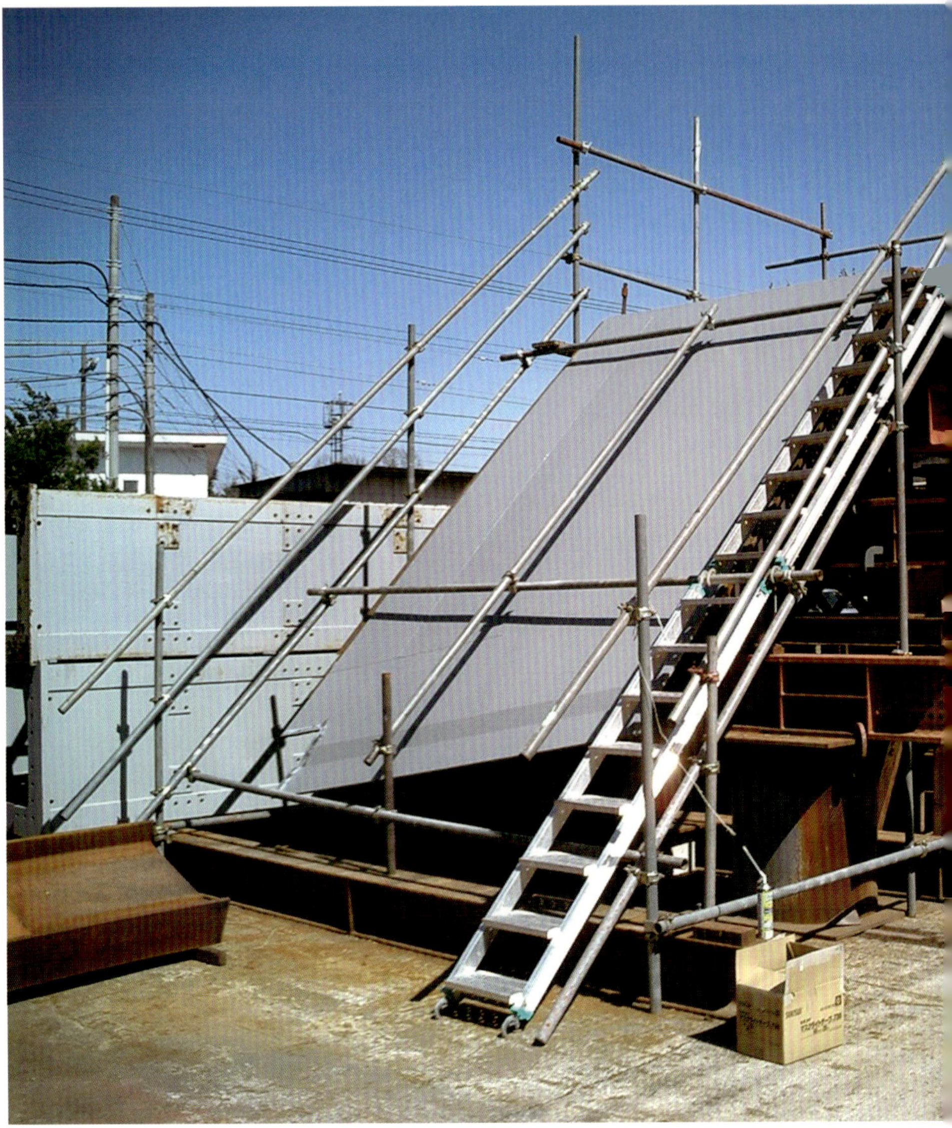

屋根原寸モックアップ。鉄板屋根の施工には厳しい精度が要求されたため、1スパン分の原寸大のモックアップが鉄鋼工場で作成された。溶接方法、溶接手順、シャープな角をだすための開先形状の工夫、塗装の仕様等、屋根製作に関する細かな点から、その表面の雨水の流れ方、雨音のチェックに至るまで、思いつく限りの検討がなされた。(2006.03)

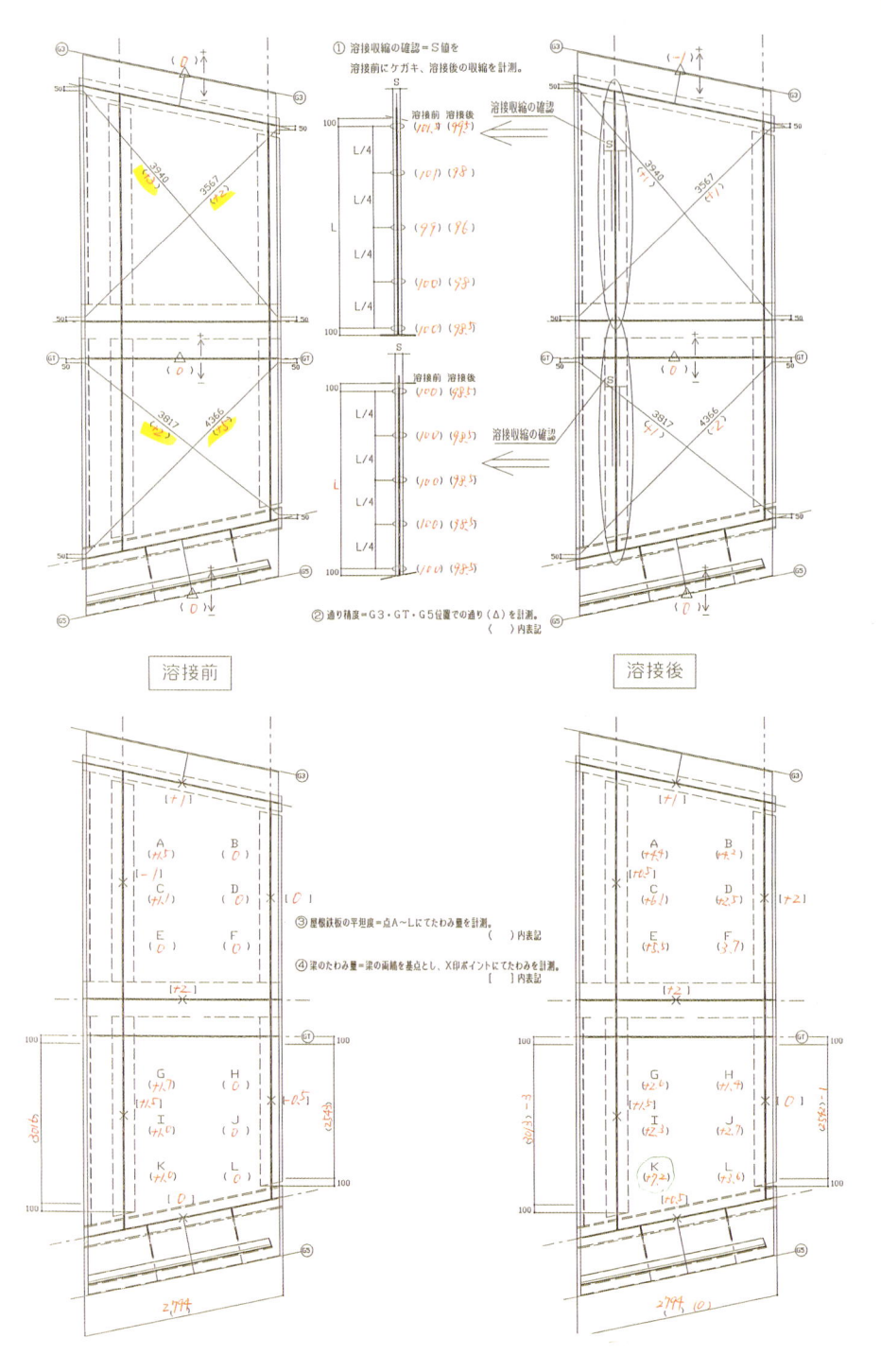

① 溶接収縮の確認＝S値を
溶接前にケガキ、溶接後の収縮を計測。

② 通り精度＝G3・GT・G5位置での通り（△）を計測。
（ ）内表記

③ 屋根鉄板の平坦度＝点A～Lにてたわみ量を計測。（ ）内表記

④ 梁のたわみ量＝梁の両端を基点とし、X印ポイントにてたわみを計測。
[ ] 内表記

溶接前　　　　　　　　　溶接後

2006.04.11.
21_21. Design Sight

鉄板屋根 モックアップ検査

ビード　　タギしたまま　　　　　｜
　　　　　機械荒仕上げ　　　　手がかかる。
　　　　　手仕上　　　　　　　　↓

塗装　　　2-フッ素　　　　パテなし
　　　　　（中塗、上塗）　　パテ仕上（パテは性能上は使わない方が
　　　　　　　　　　　　　　　　　　　　　　　　　　よいのでは）
　　　　　　　　　　上塗り（もう1回）

テープ跡削り取る

ジンクリッチ塗装　　エポキシ塗装　　←── 100 ──→　　　75μ

　　　　　　　　　　　　　　　　　　　　　　　　　16

scale 1:2

75μ　　　　　　　　　　　　ピン角だと、塗装の膜厚が確保できるか？

　　　　　　　　　　　　　　サンダー、ペーパー OK
　　　　　　　　　　　　　　（但し 直線性の確保要）

　　　　　　　　　　　　　　上塗り 2回としたい
　　　　　　　　　　　　　　　　　↓
16　　　　　　　　　　　　　　定例会議に提案

scale 1:1

テープ跡 処理
　　グレー（現状 CN 50）
　　　少し濃くしたほうが better（CN 40 程度？）
　　　　　　　　　　　　　　　（CN 45 程度？）

モックアップ検査の打ち合わせ記録。一枚の板というコンセプトを実現させるために、塗装についても厳しい視点で監理がおこなわれた。わずかな塗り代の段差も許されない。(2006.04)

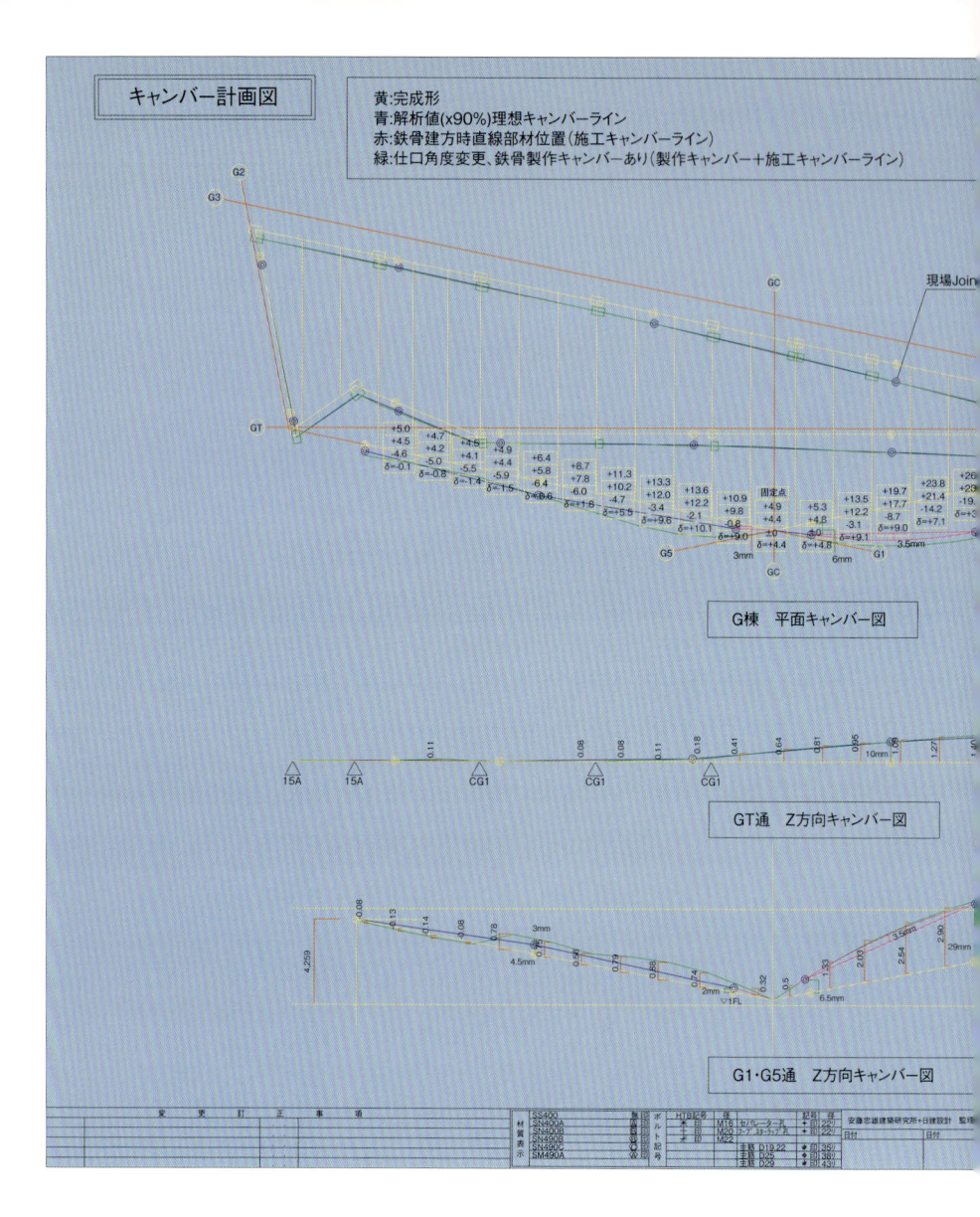

キャンバー計画図

黄:完成形
青:解析値(x90%)理想キャンバーライン
赤:鉄骨建方時直線部材位置(施工キャンバーライン)
緑:仕口角度変更、鉄骨製作キャンバーあり(製作キャンバー＋施工キャンバーライン)

G棟　平面キャンバー図

GT通　Z方向キャンバー図

G1・G5通　Z方向キャンバー図

キャンバー計画図。54mに及ぶ鉄板屋根は、西南端部と屋根が地面に接する部分との二箇所に支持点を設けることになったが、特殊形状のため、建方時の自重による相当な変形（屋根とサッシュの取り合い部で水平方向に最大 20mm、鉛直方向に 30mm 程度）が予想された。この検討に基づき、建方時におけるむくりの値を決定し、キャンバー（変形を想定して設ける反対方向の反り）の量を図面化した。
(2006.04)

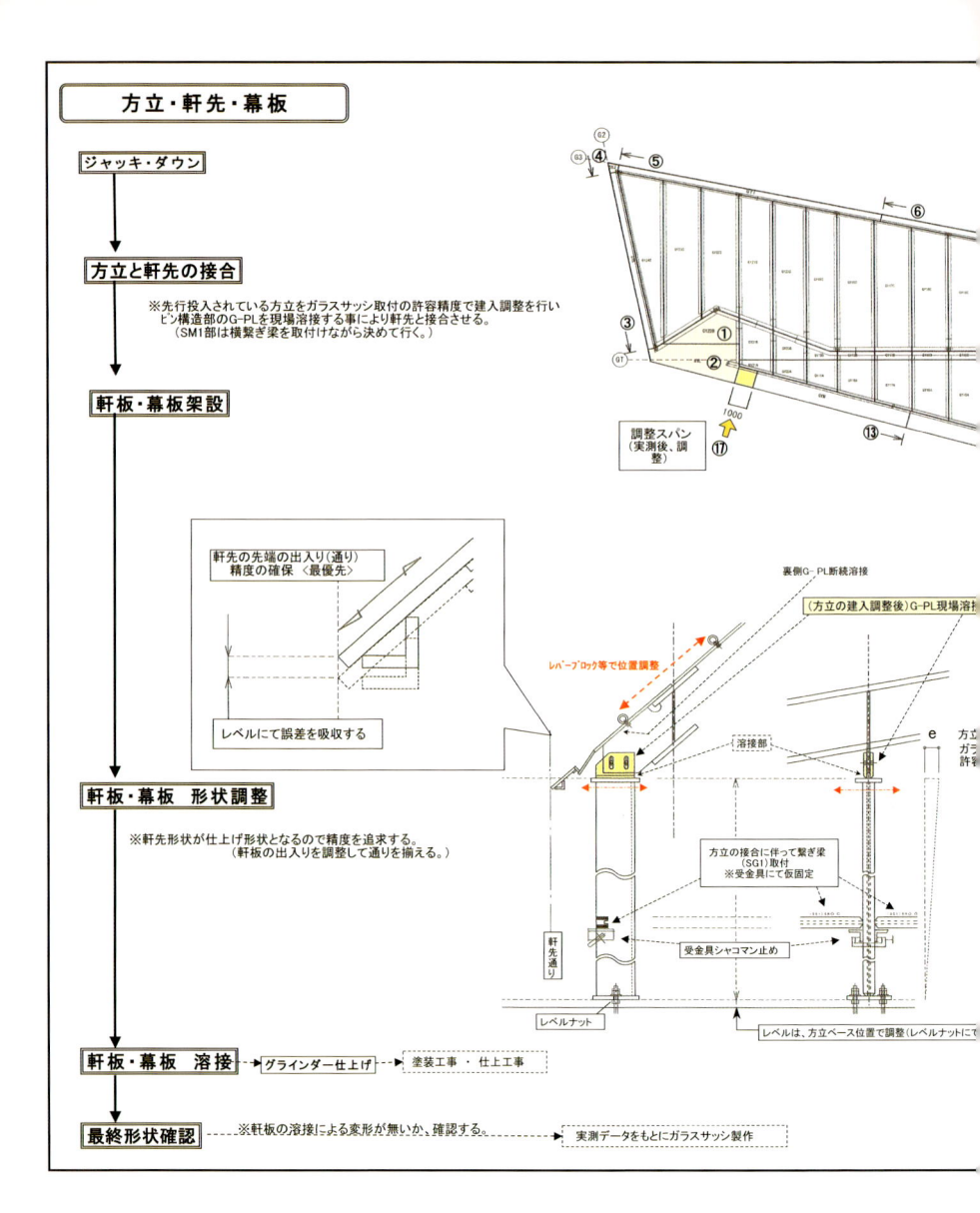

方立・軒先・幕板

ジャッキ・ダウン

↓

方立と軒先の接合
※先行投入されている方立をガラスサッシ取付の許容精度で建入調整を行い
ピン構造部のG-PLを現場溶接する事により軒先と接合させる。
(SM1部は横繋ぎ梁を取付けながら決めて行く。)

↓

軒板・幕板架設

調整スパン
(実測後、調整)

↓

軒板・幕板 形状調整
※軒先形状が仕上げ形状となるので精度を追求する。
(軒板の出入りを調整して通りを揃える。)

軒先の先端の出入り(通り)
精度の確保〈最優先〉

レベルにて誤差を吸収する

裏側G-PL断続溶接

(方立の建入調整後)G-PL現場溶接

レバーブロック等で位置調整

溶接部

方立の接合に伴って繋ぎ梁
(SG1)取付
※受金具にて仮固定

受金具シャコマン止め

軒先通り

レベルナット

レベルは、方立ベース位置で調整(レベルナットにて)

↓

軒板・幕板 溶接 → グラインダー仕上げ → 塗装工事・仕上工事

↓

最終形状確認 ……※軒板の溶接による変形が無いか、確認する。…… 実測データをもとにガラスサッシ製作

順序

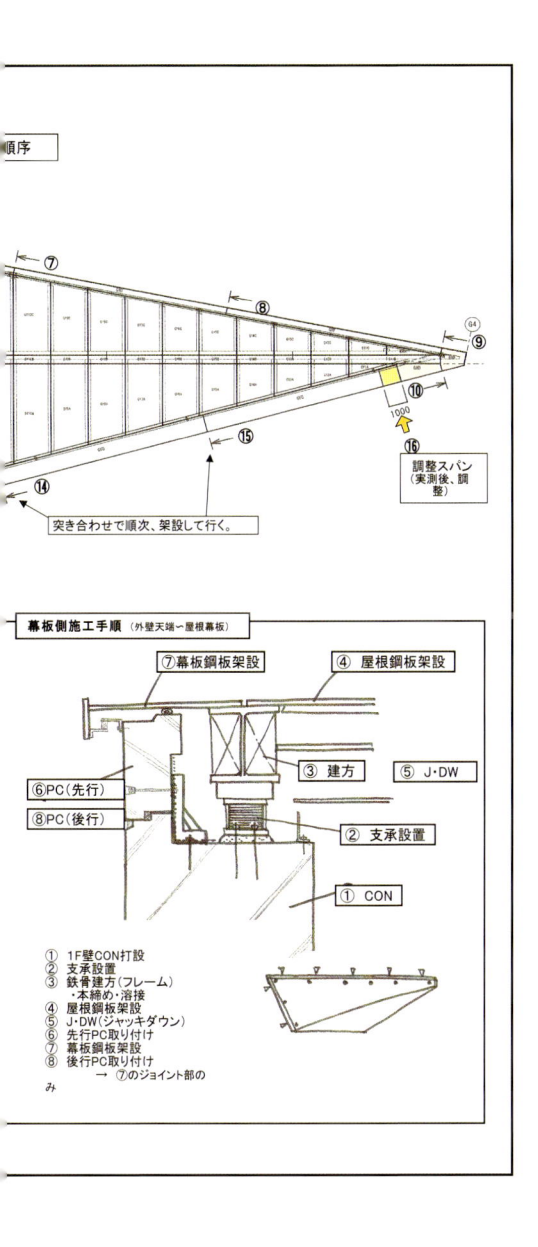

⑦ ⑧ ⑨
⑩
1000
⑯ 調整スパン
（実測後、調整）
⑮
⑭
突き合わせで順次、架設して行く。

幕板側施工手順 (外壁天端〜屋根幕板)

⑦ 幕板鋼板架設　④ 屋根鋼板架設
③ 建方　⑤ J・DW
⑥ PC(先行)
⑧ PC(後行)
② 支承設置
① CON

① 1F壁CON打設
② 支承設置
③ 鉄骨建方(フレーム)
　・本締め・溶接
④ 屋根鋼板架設
⑤ J・DW(ジャッキダウン)
⑥ 先行PC取り付け
⑦ 幕板鋼板架設
⑧ 後行PC取り付け
　→ ⑦のジョイント部のみ

方立、軒先、幕板の施工計画。最大12mにも及ぶサッシュマリオン(方立)には、最終的に無垢の鉄が使われることになった。その方立と軒先をどのように接合していくか、綿密な施工計画の検討が必要とされた。(2006.06)

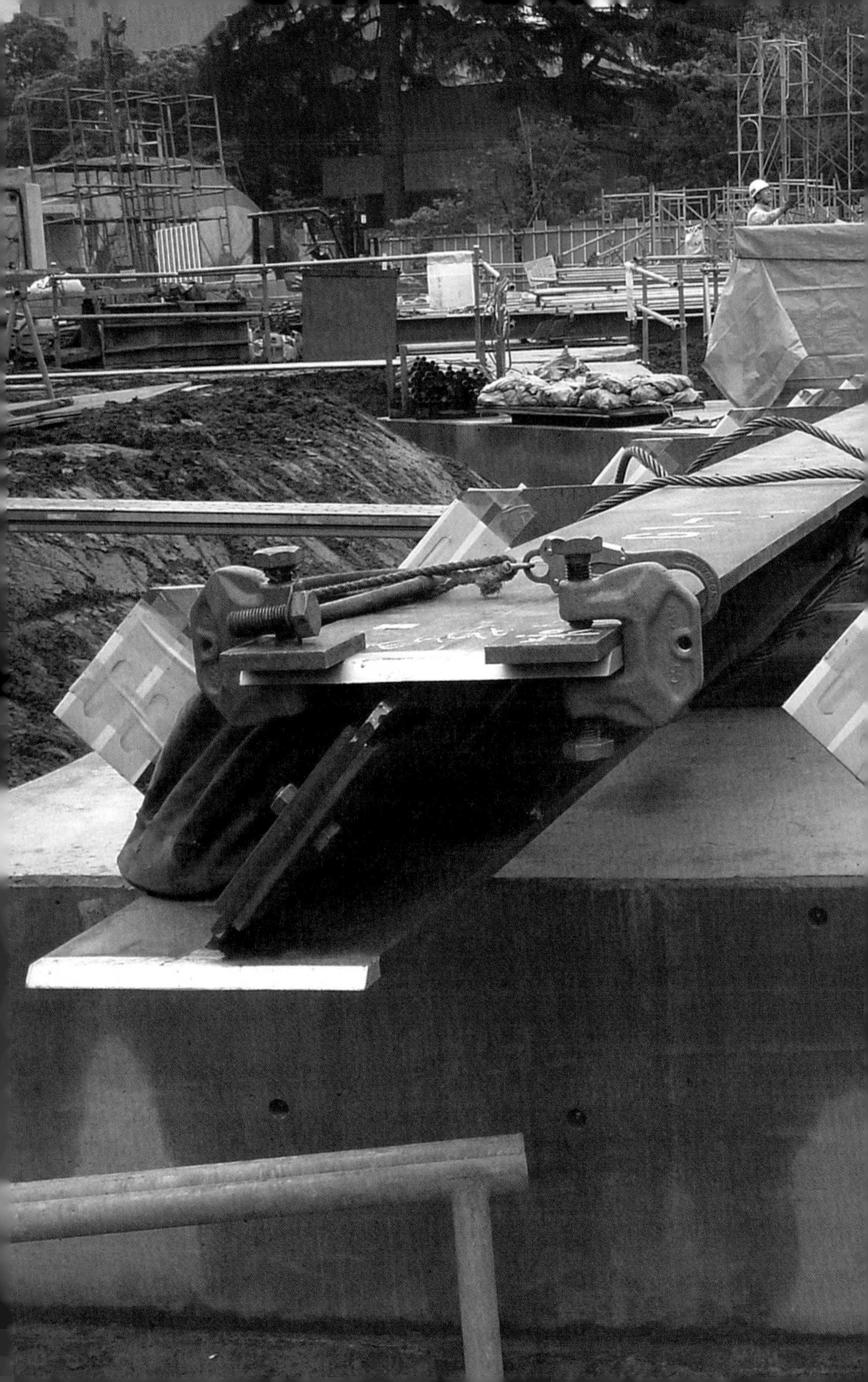

屋根鉄板下の骨組み。工場で加工された複雑な形状のピースを現場で組み立て、屋根の架構をつくっていく。(2006.05)

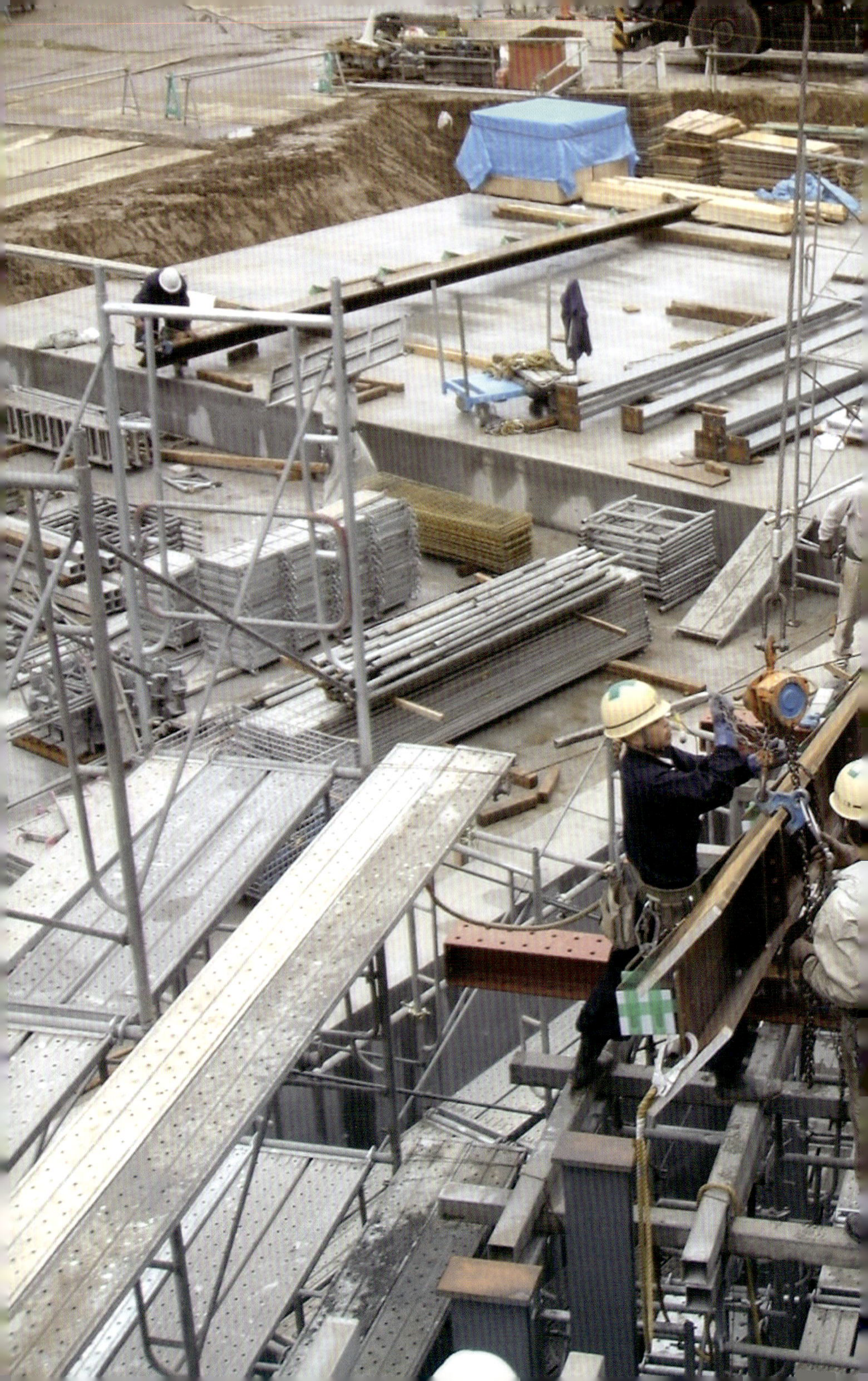

屋根鉄板下の骨組の架設作業。鉄骨工事の施工精度は通常± 15mm程度。しかし鉄板構造がそのまま屋根仕上げの精度に影響するこの現場で求められたのは± 3mm。職人の高い技術と意地で実現した。(2006.05)

GC5B

どんなに技術が進んだところで最後につくるのは職人の手だ。　　　　　　　（TK）

鉄骨の位置を微調整する作業が続けられる。
(2006.05)

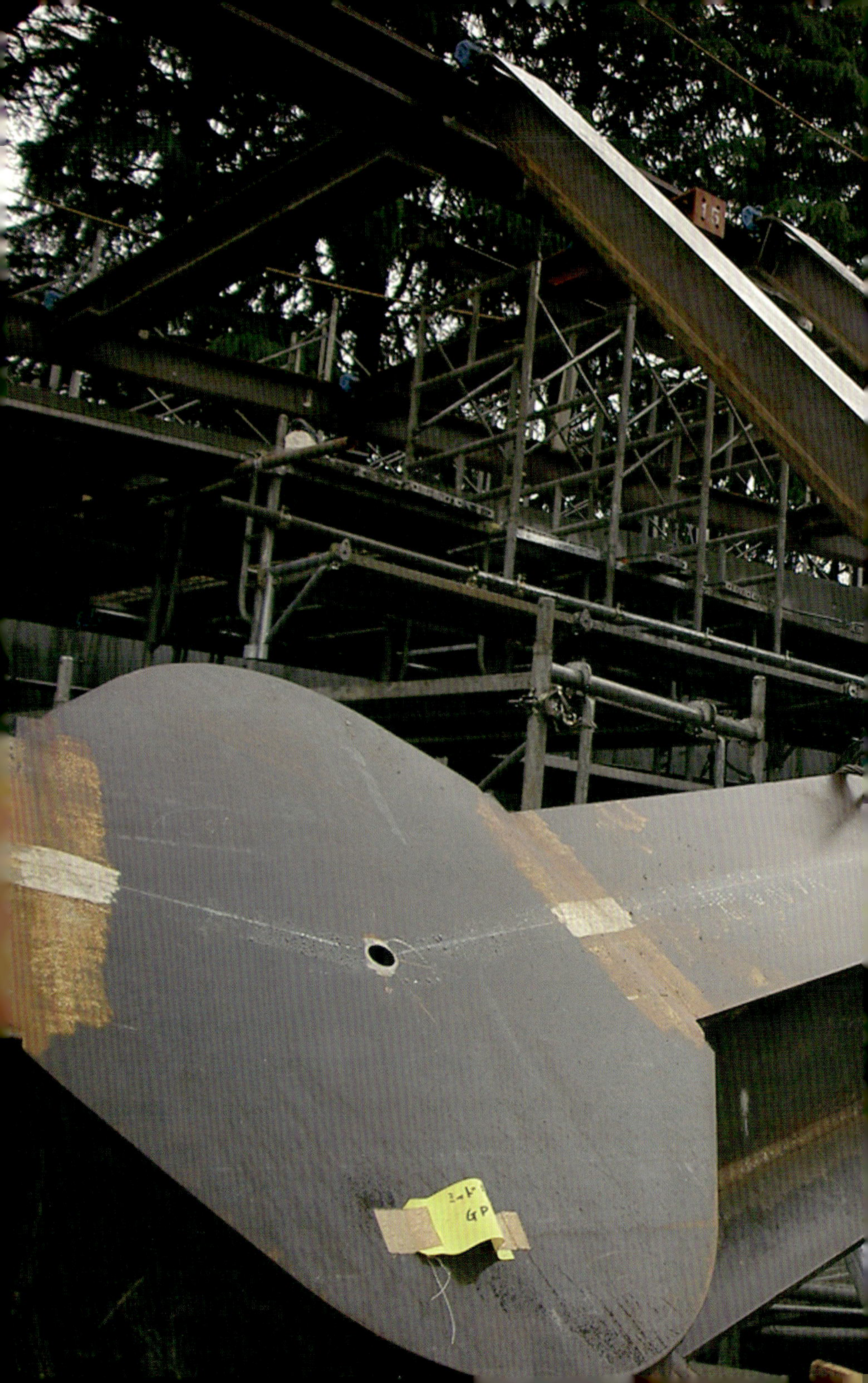
15
GP

屋根軒先の架構。建て方時の中央部分の垂れを計算して、予め梁中央部にむくりがつけられている。(2006.05)

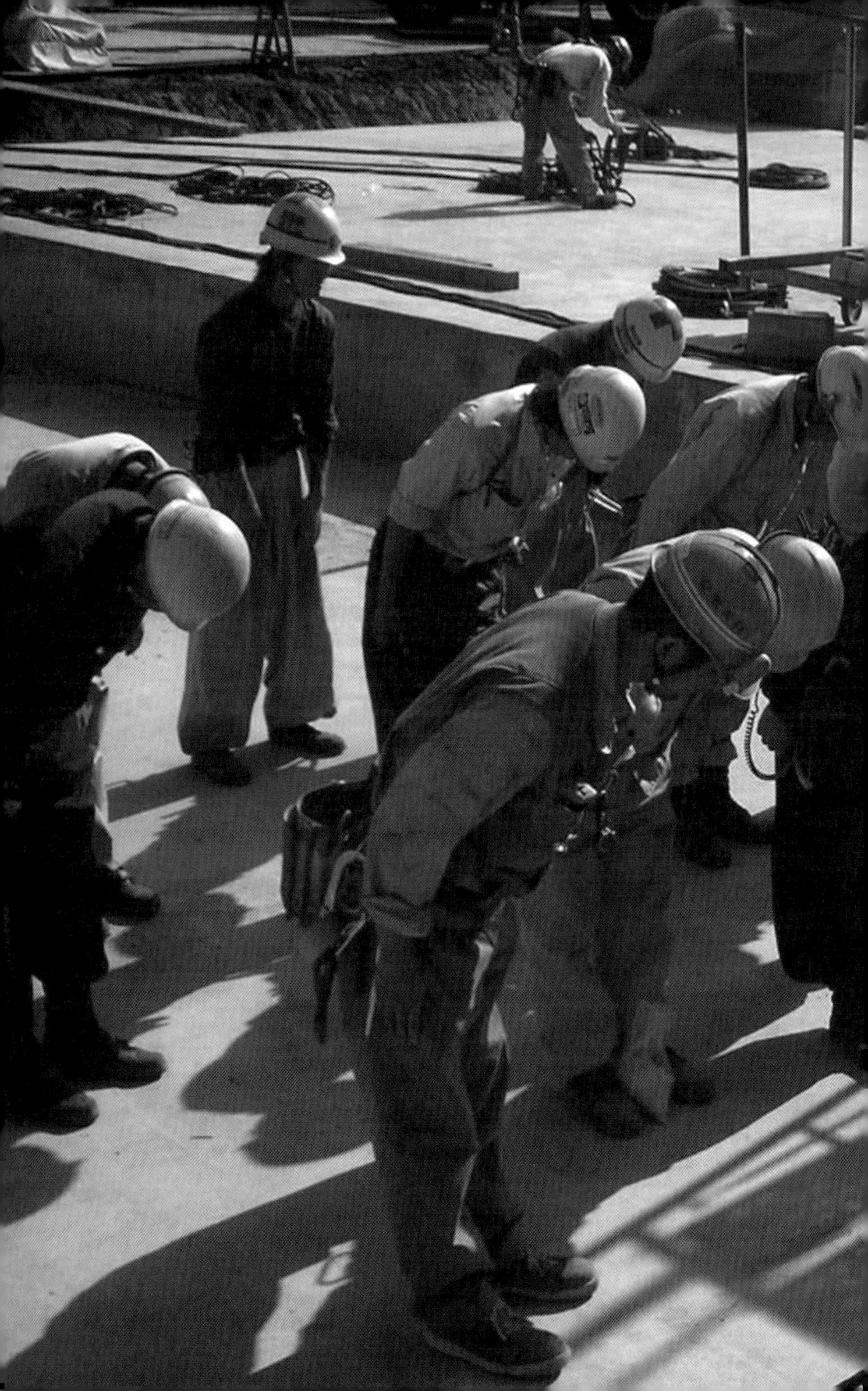

上棟式の様子。荒々しい建築の現場だからこそ、礼儀を重んじる。(2006.05)

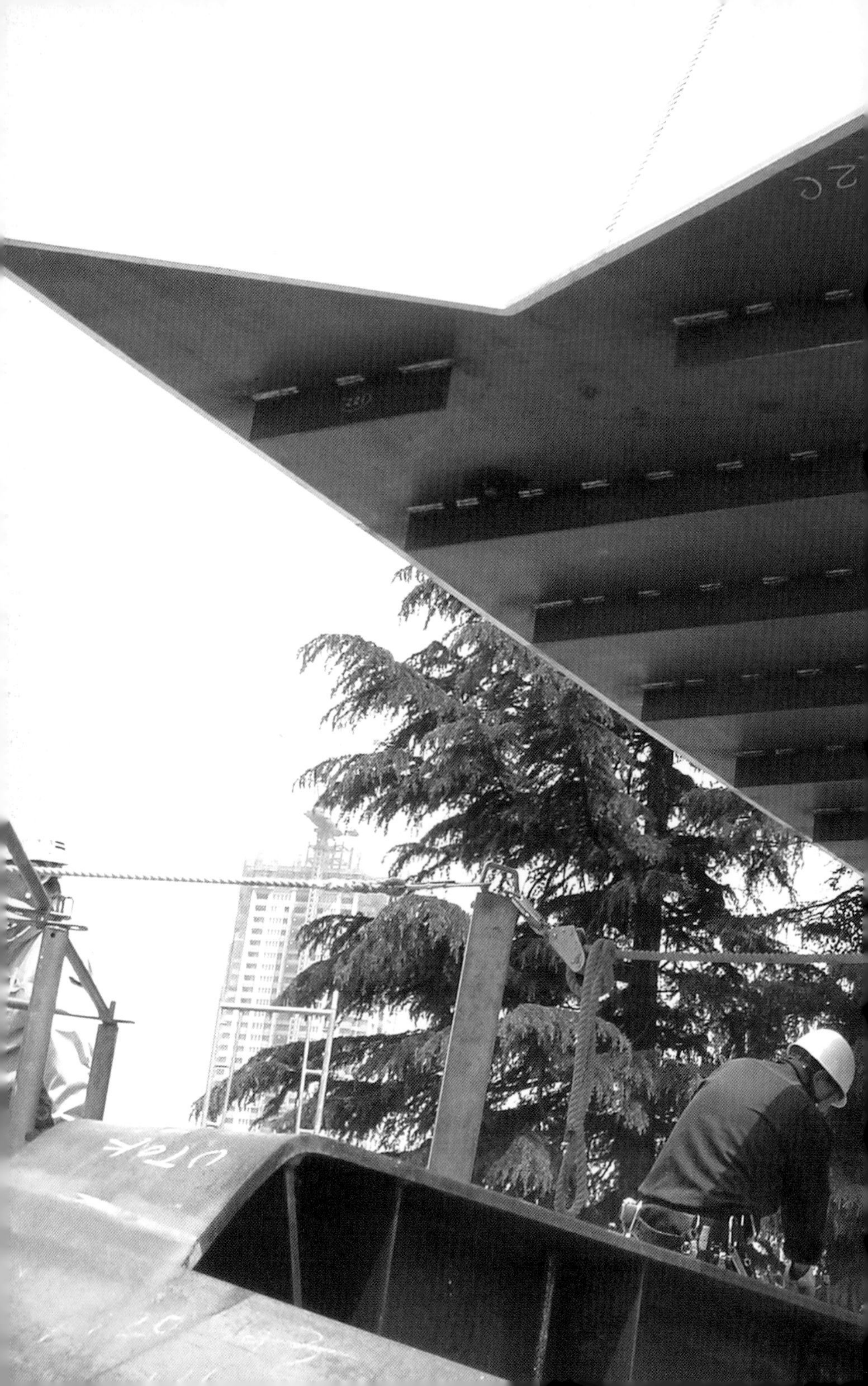

屋根鉄板の取付工事(2006.05)

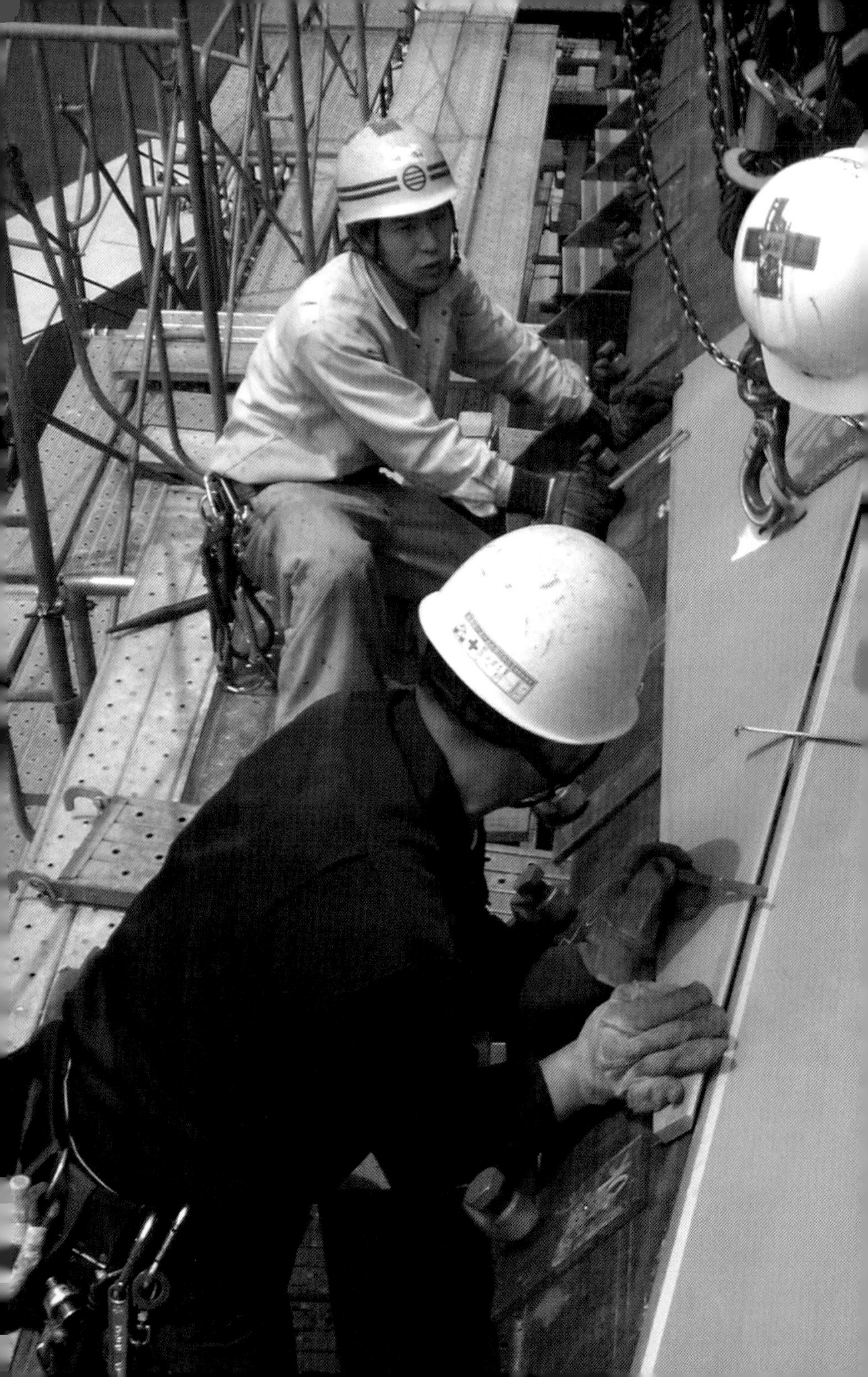

分割された鉄板を溶接し、一枚の板として継ぎ合わせていく。数ミリのズレも許されない。現場に緊張感が漂う。(2006.05)

見えようが見えまいが自分の領分には最善を尽くす。鉄骨工場職人の意地。　　（TK）

鉄板屋根端部となるピースの取合い。（2006.05）

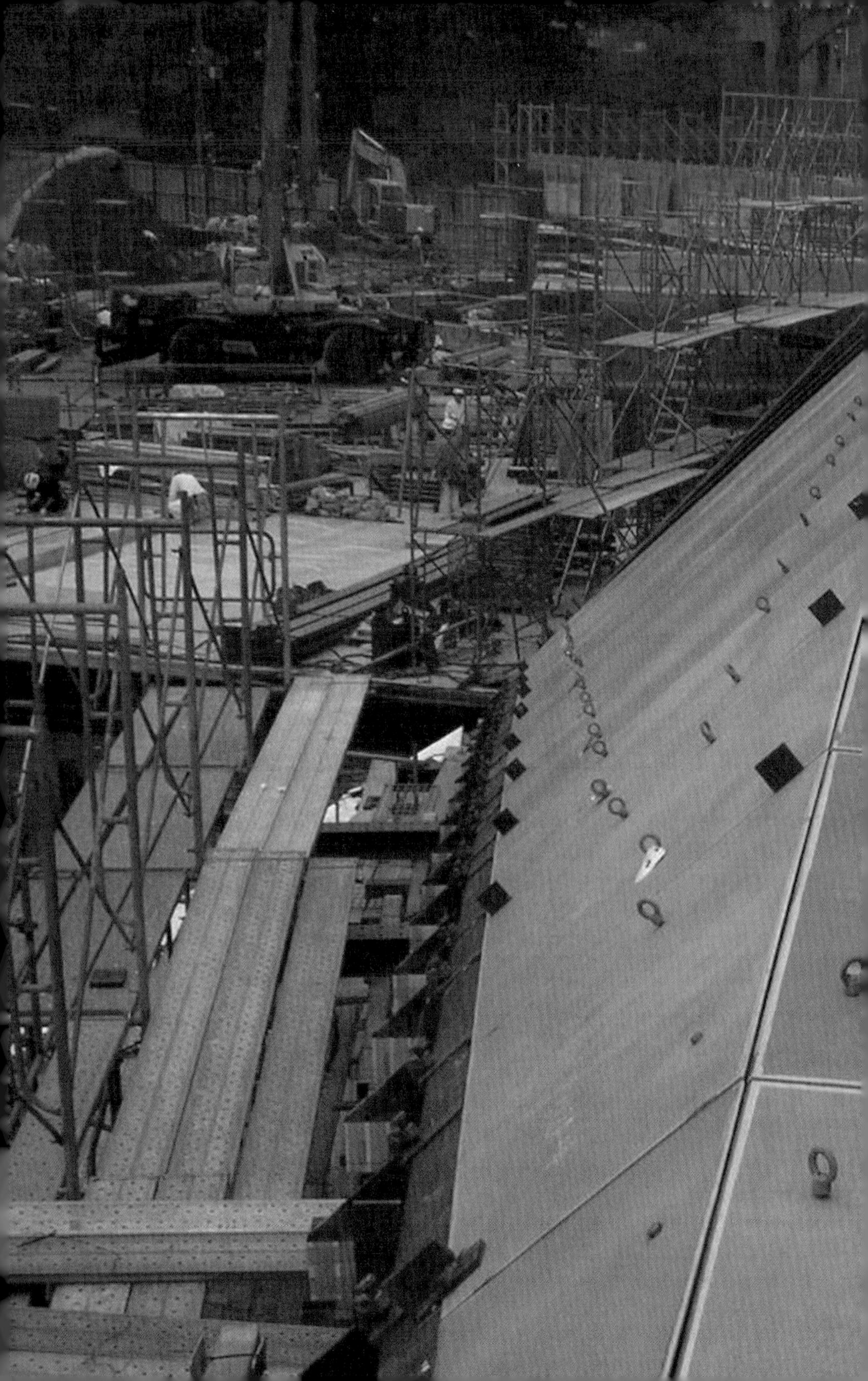

溶接前、鉄板屋根の最後の確認。溶接によるあばれ防止のためのピースが取り付けられている。完璧な準備をして、次に進みたい。(2006.05)

できるだけ端から遠ざけ↑

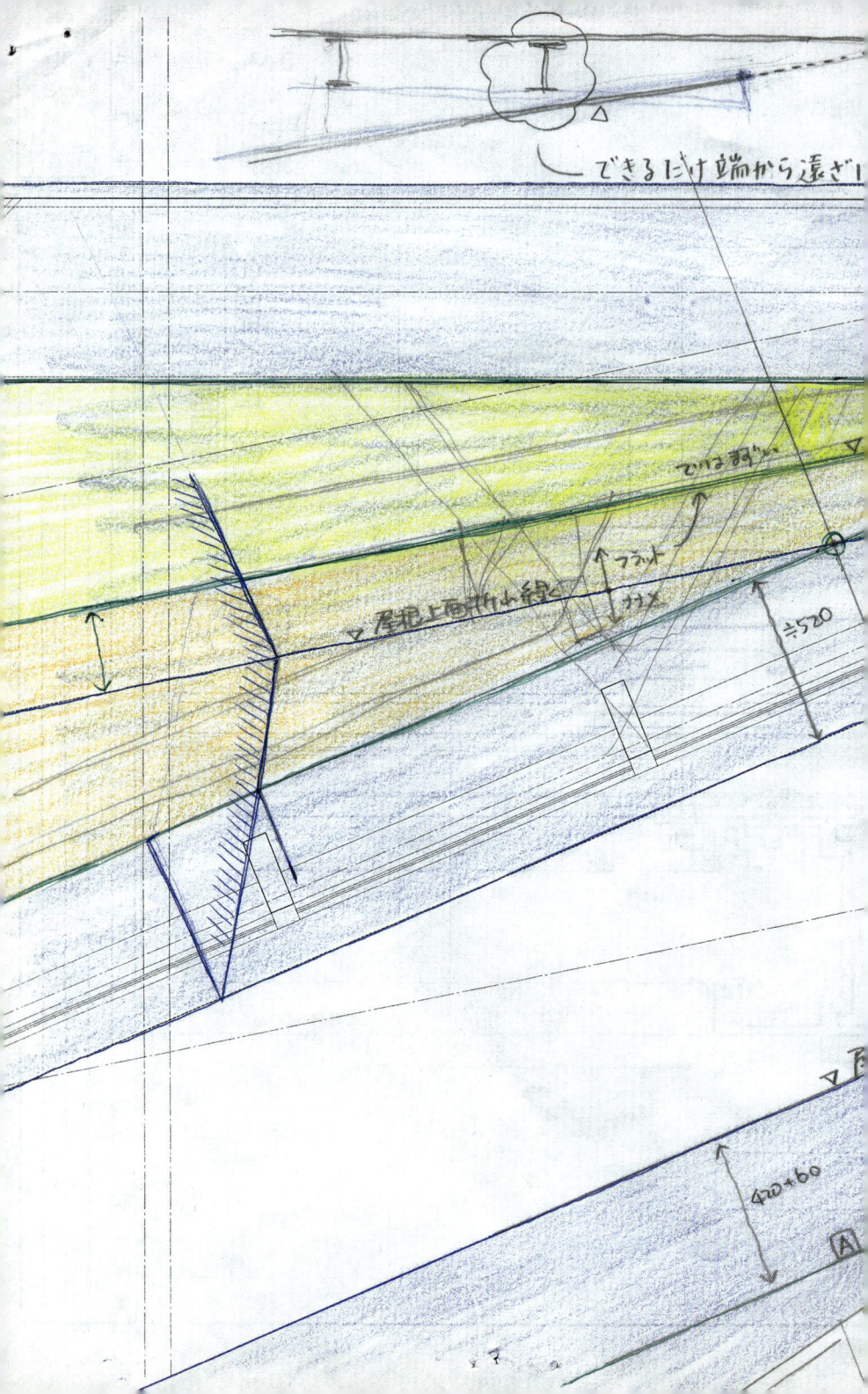

▽屋根上面水切り線

フラット
カメ
では直ぐ

≒520

420+60

Ⓐ

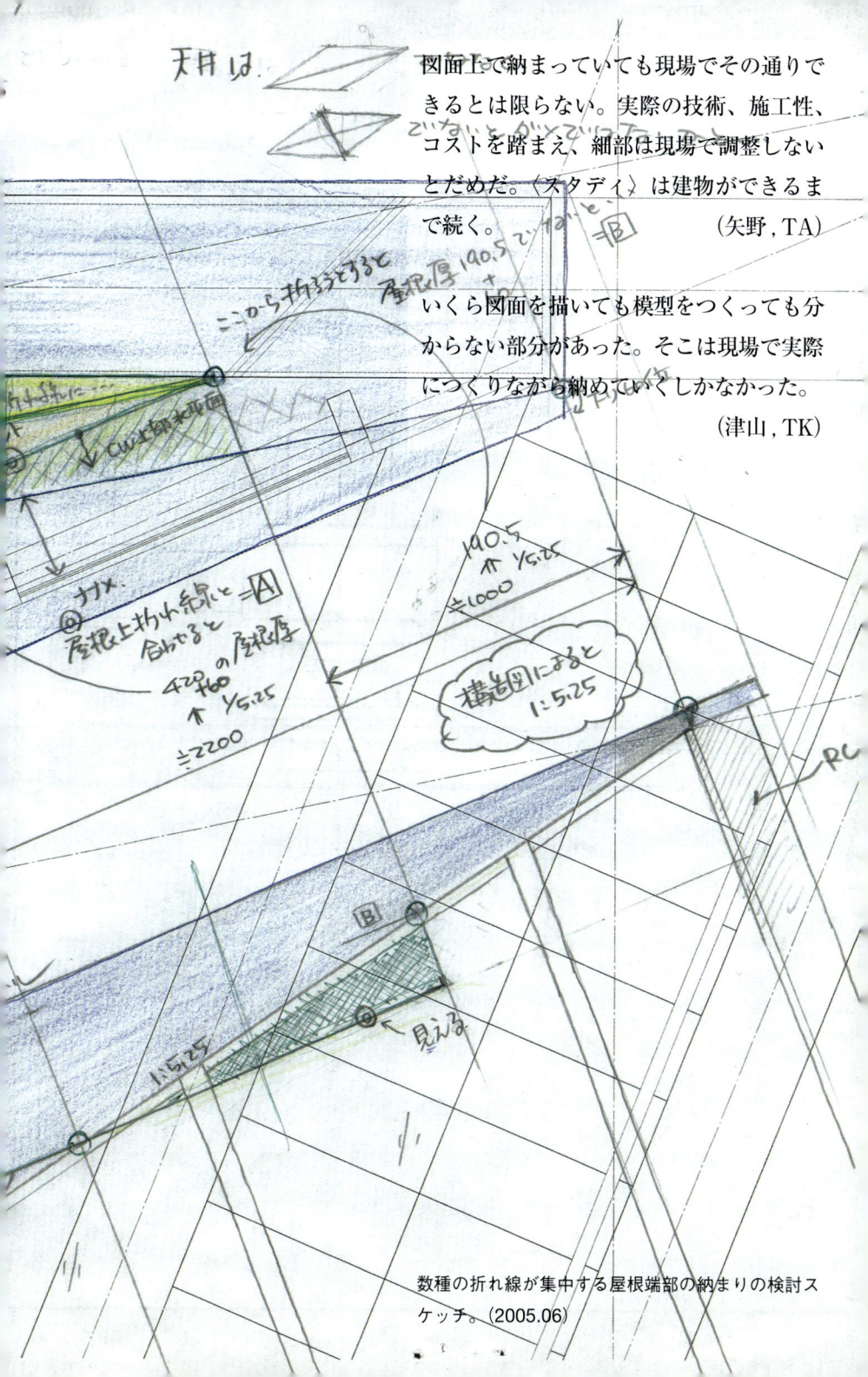

図面上で納まっていても現場でその通りにできるとは限らない。実際の技術、施工性、コストを踏まえ、細部は現場で調整しないとだめだ。〈スタディ〉は建物ができるまで続く。
(矢野, TA)

いくら図面を描いても模型をつくっても分からない部分があった。そこは現場で実際につくりながら納めていくしかなかった。
(津山, TK)

数種の折れ線が集中する屋根端部の納まりの検討スケッチ。(2005.06)

合わせ強化ガラス

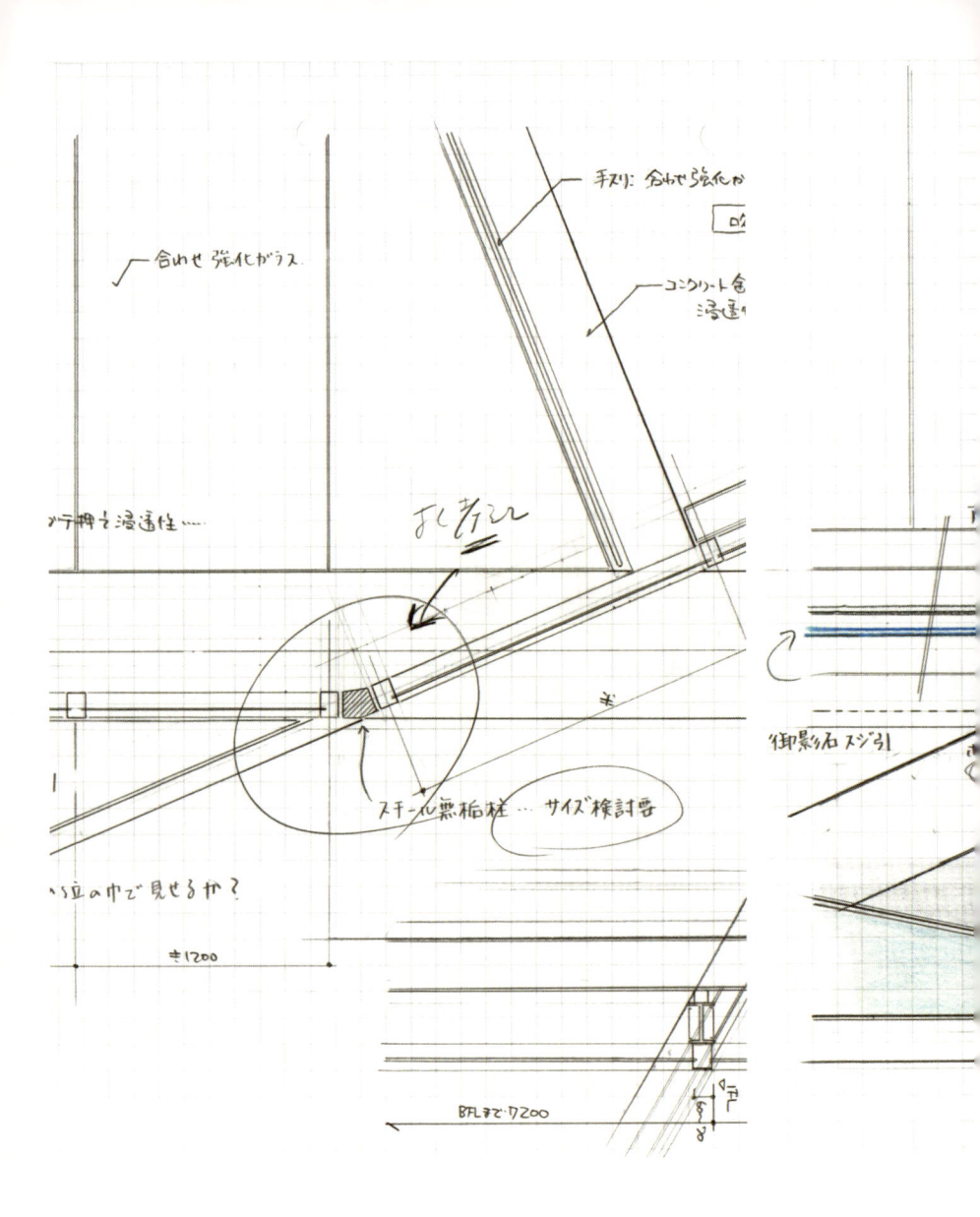

手スリ：合わせ強化か

コンクリート金
浸透剤

パテ押え浸透性…

もう少し？

スチール無垢柱…サイズ検討要

立の中で見せるか？

≒1200

御影石スジ引

BFLまで 7200

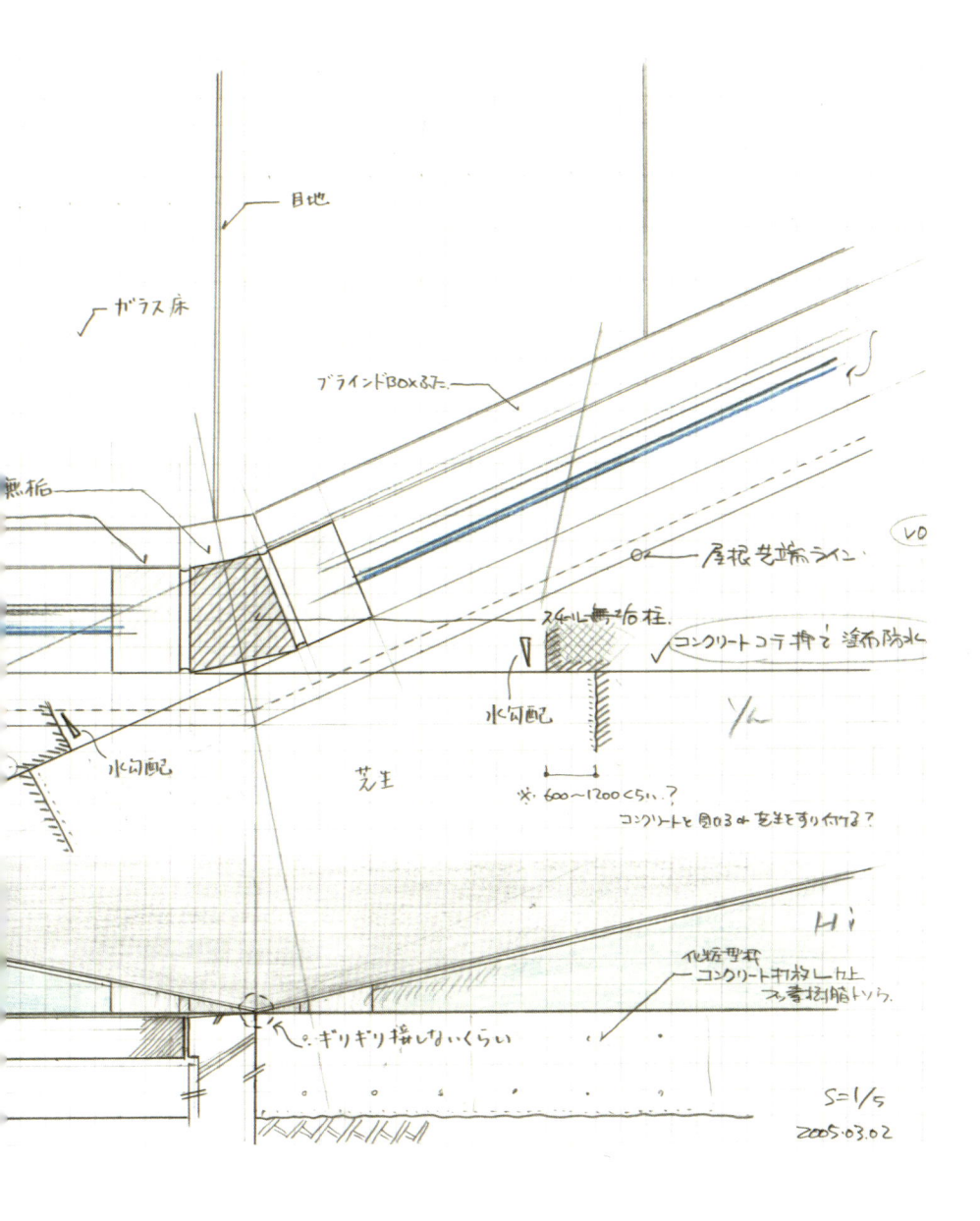

鉄板屋根端部、地面と接する部分の納まり。屋根端部のライン、サンクンコートのコンクリート打放しの壁、そしてサッシや手摺等が複雑にかみあう部分で、それぞれの取り合いが検討された。(2005.03)

悪戦苦闘　2006年の現場　安藤忠雄

つくることは生きることだ
To Create Is to Live

現場見学に来た学生たちを前に型枠大工がこう言った。「おれは机に座って勉強したことがない。ただ、型枠に関しては誰にも負けない自信がある。だから、今日は型枠のことだけを教える。」たじろぐ学生たちを尻目に、彼は作業を続ける。

型枠に流し込まれたコンクリートが、びっしりと編みこまれた鉄筋の間を走り回る。それを真剣な面持ちで見守っている職人の後ろ姿。ドロドロとした砂と砂利とセメントの混合物。それが建て込まれた型枠の隅々でくまなく行き渡らねばならない。目の前で、人間とコンクリートとの必死の攻防が繰り広げられる。生きることとつくることが直結した、最高の教師の姿だ。

そうして完成した建物には、ときどき闘いの痕跡が残っている。塗り隠す必要はない。それが建築なのだから。

A formwork carpenter said to students who came to look at the site, "I have never studied at a desk, but I am confident that I am as good as anyone at making forms. Therefore, today I will teach you only about forms." With hardly a glance at the hesitant students, he continued his work.

The concrete poured into the form flows between the closely packed steel reinforcements. Workers look on intently. The viscous mix of sand, gravel and cement must reach every corner of the form. A fierce battle is being waged between men and concrete before their very eyes. This best illustrates how living and creating are directly linked.

The completed building will sometimes retain traces of the battle. There is no need to coat over such traces because such things are integral to architecture.

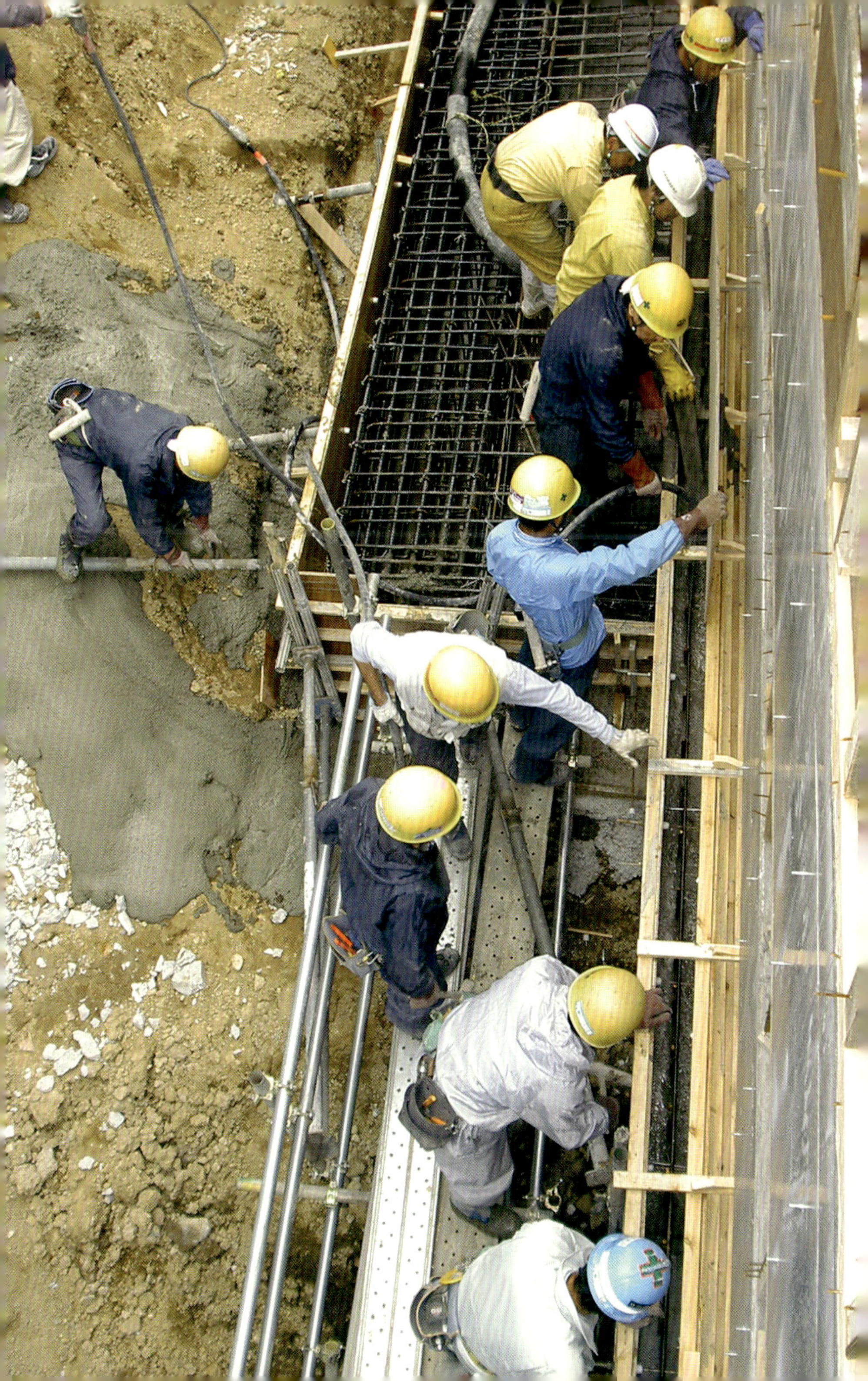

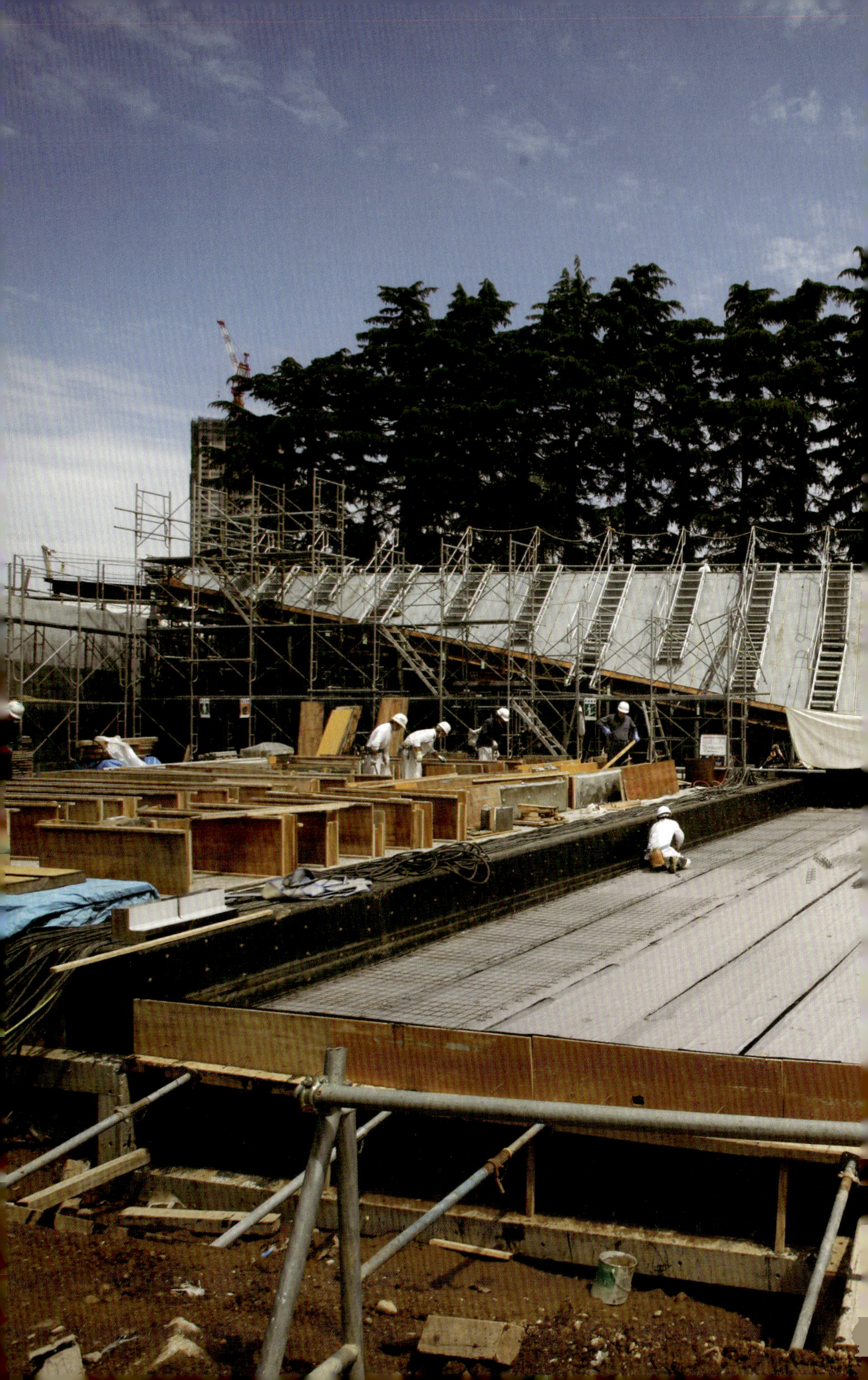

鉄板屋根の架構完了。これを溶接でつなぎ合わせ、一枚の屋根にする。これからが本当の勝負。
(2006.06)

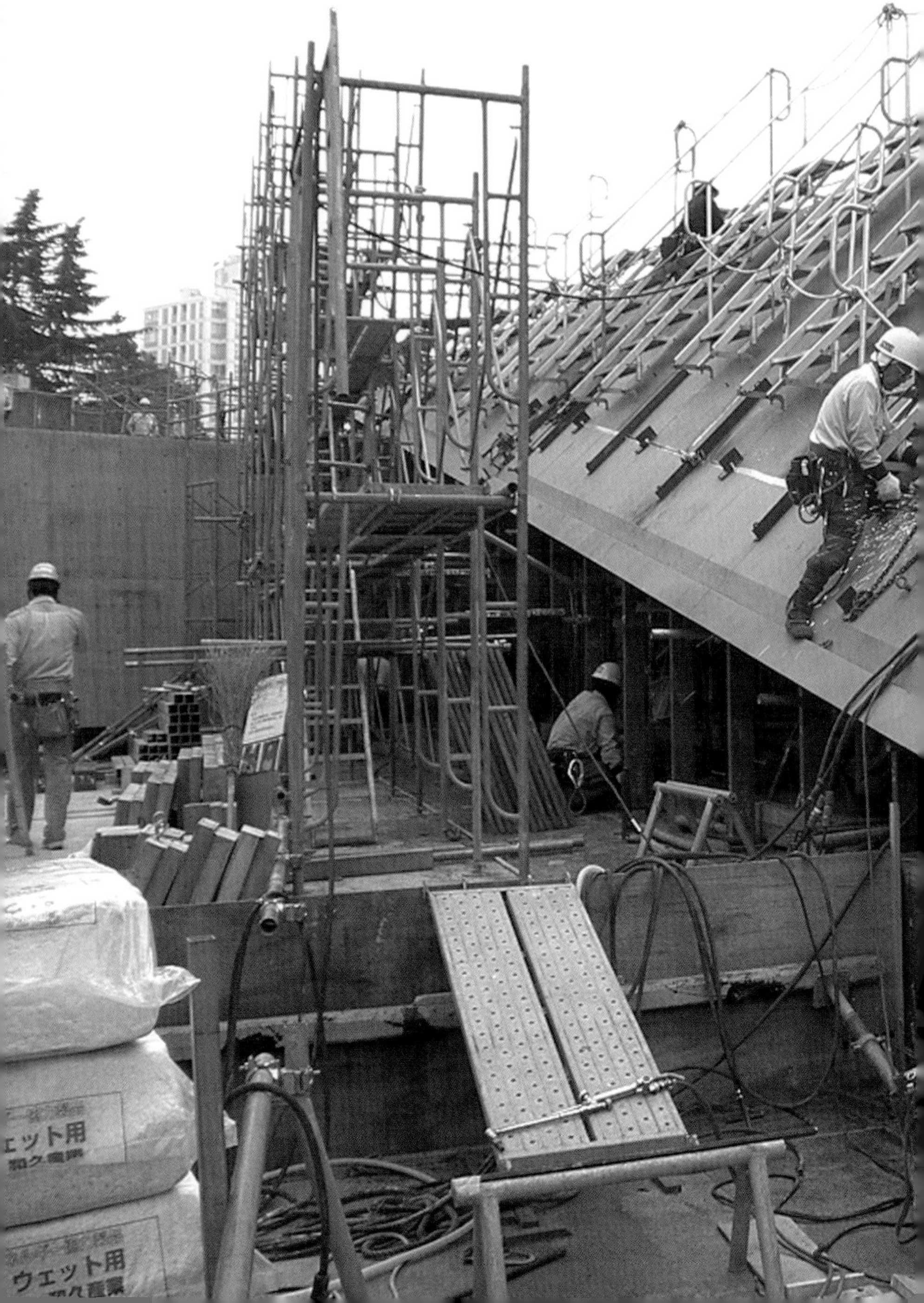
ェット用
ウエット用

鉄板の溶接作業のため等間隔で設けられた工事足場。スライド式で隅々に手が届く。(2006.06)

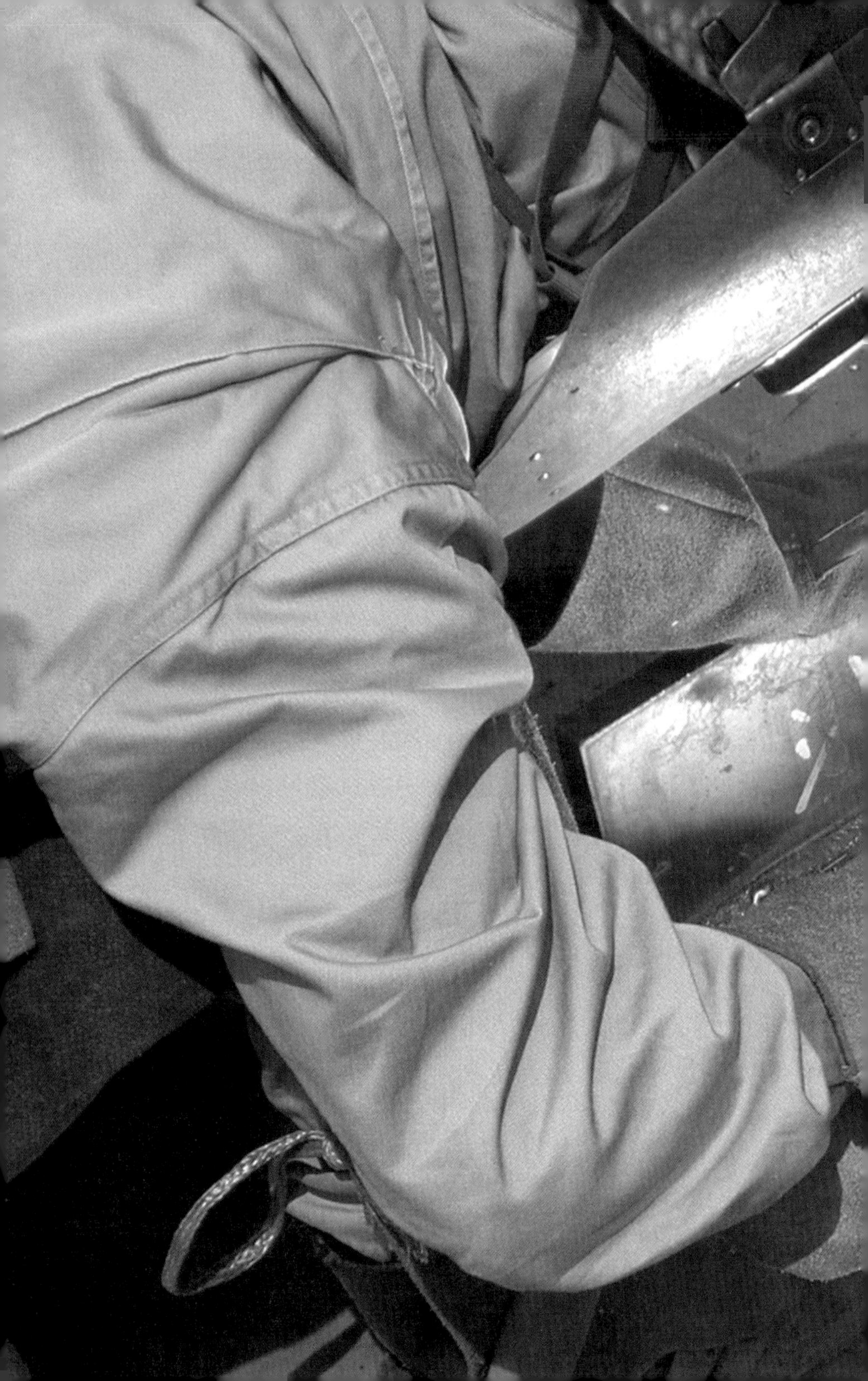

軒先の鉄板があばれだして止まらない。さらに細かいピッチであばれ止めを設ける。(2006.07)

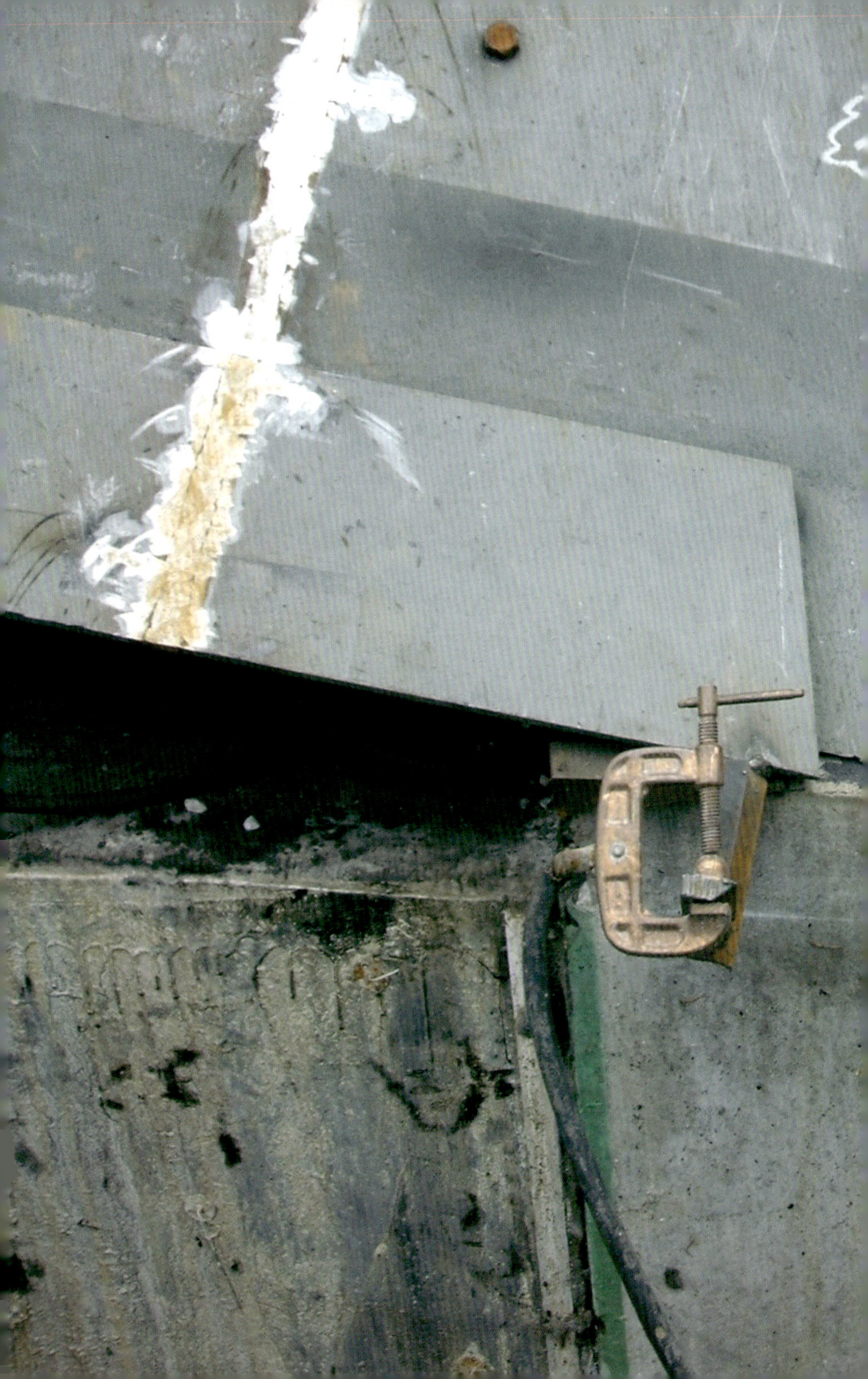

屋根中央先端部のコンクリート立上りとの取合い。鉄板にチョークで、施工検討のスケッチが描かれている。建物ができるまで、作り手の葛藤は延々と続く。(2006.07)

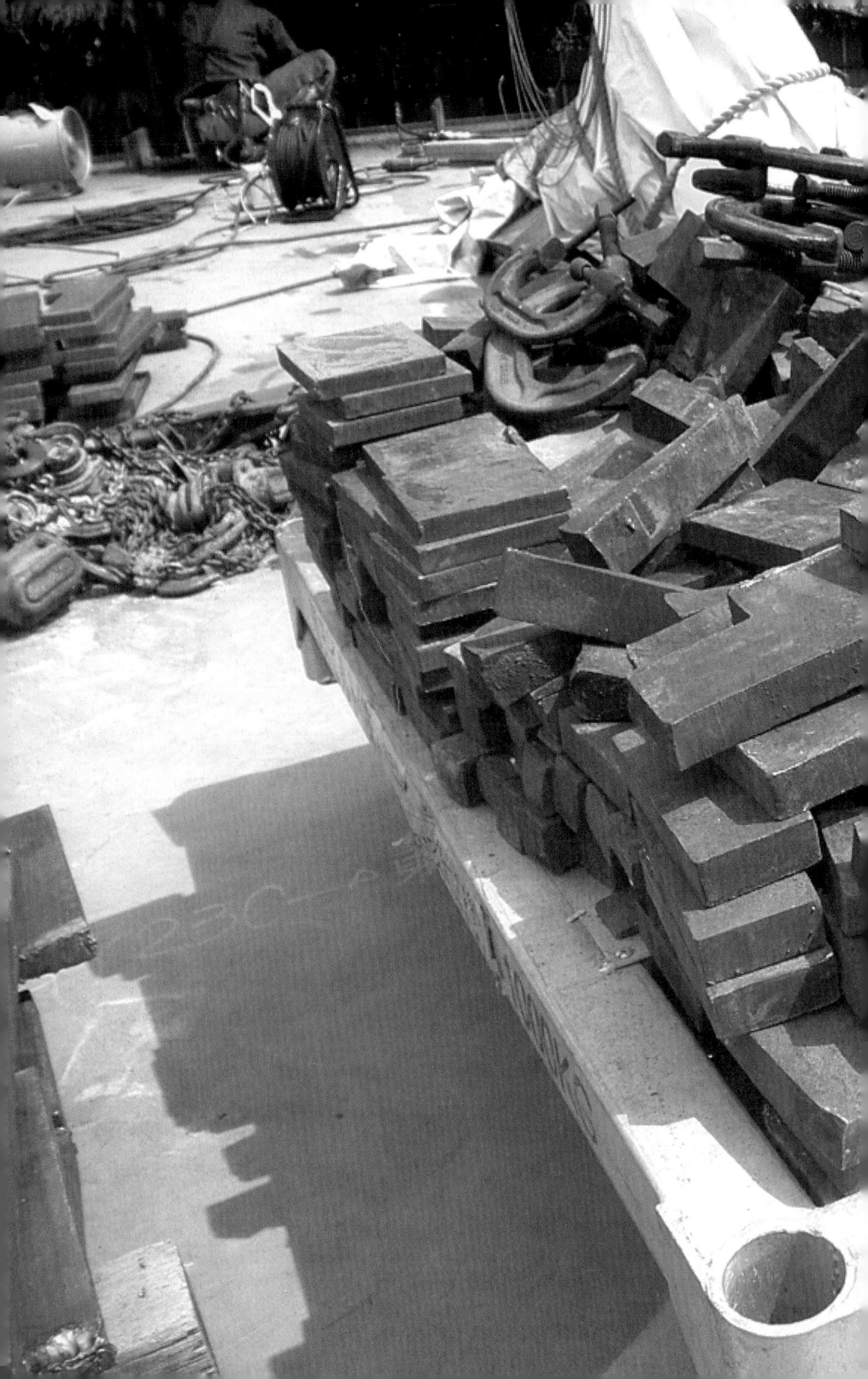

役割を終えた屋根鉄板のためのあばれ止めピース。
(2006.07)

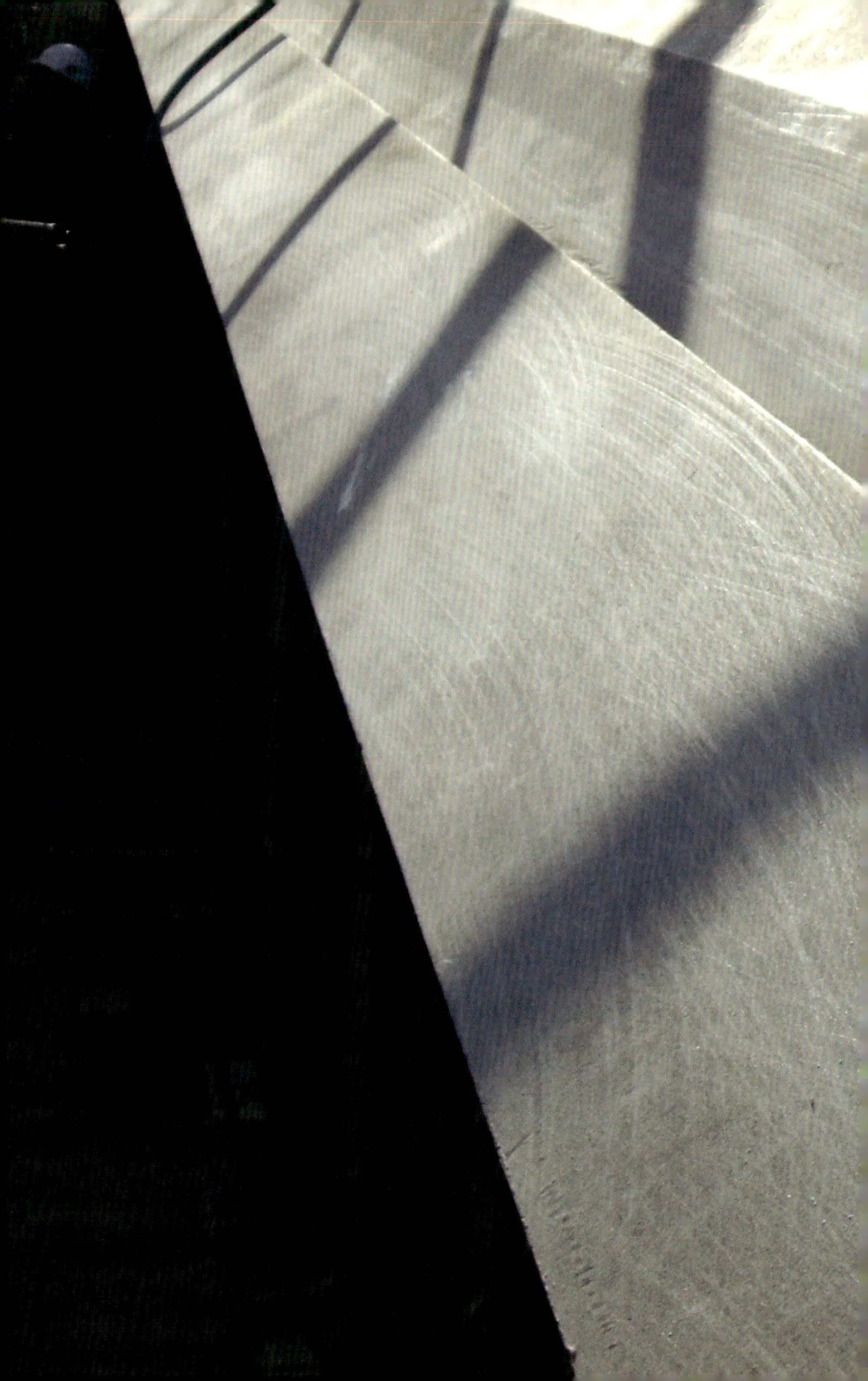

工事に当たっては、綿密な施工計画、徹底的な技術研究が欠かせない。だが最後にものをいうのはつくる人間の気合いだ。

(津山, TK)

塗装前の鉄板屋根。ジョイントの跡は完全に消し去られ、適度な粗さで仕上られた一枚の鉄板となった。
(2006.07)

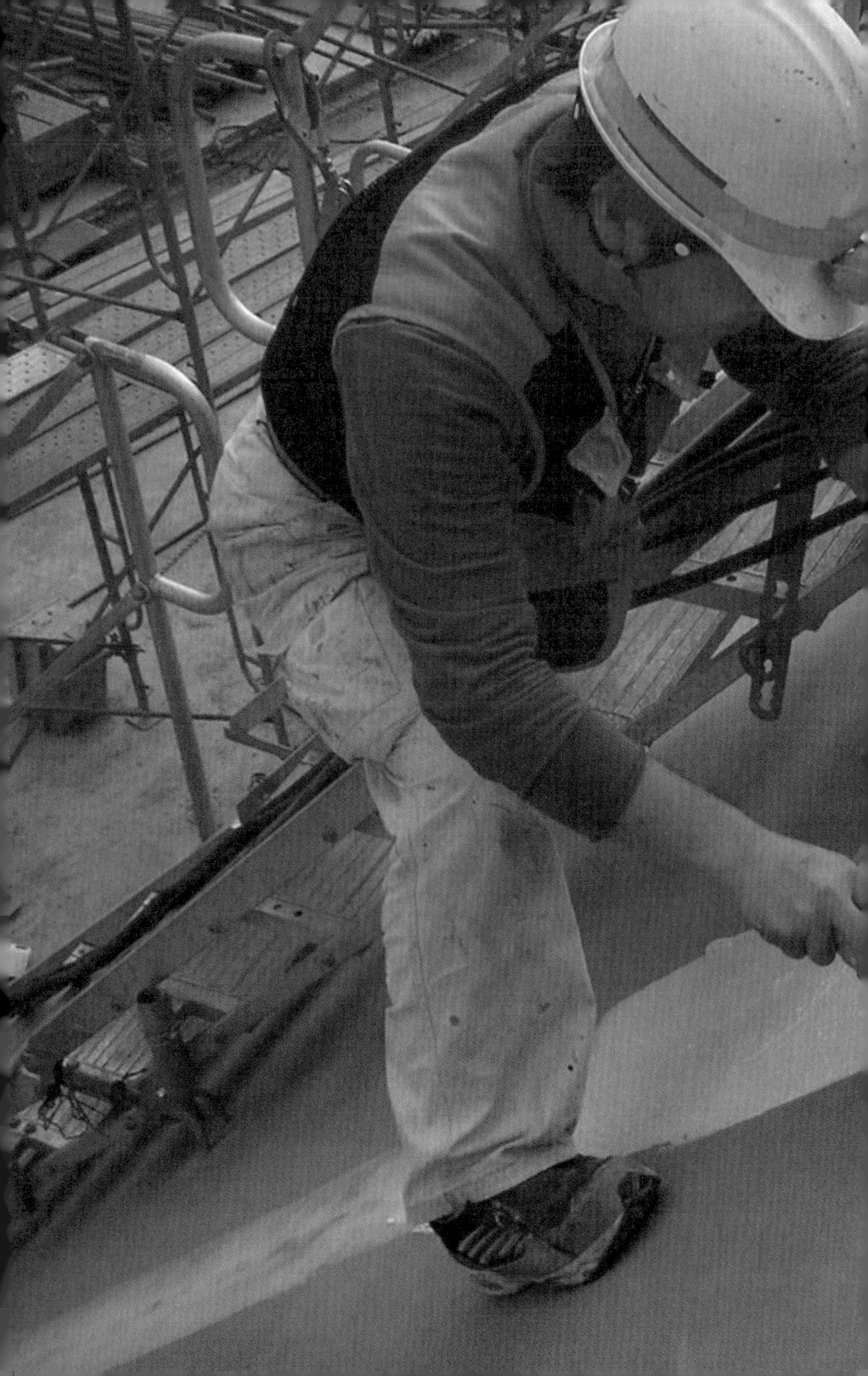

屋根塗装下地のパテ処理の工程。鉄板の表面温度は真夏時で50〜60℃が予想される。熱、振動、のびを考慮して、自動車板金用のパテが用いられた。(2006.07)

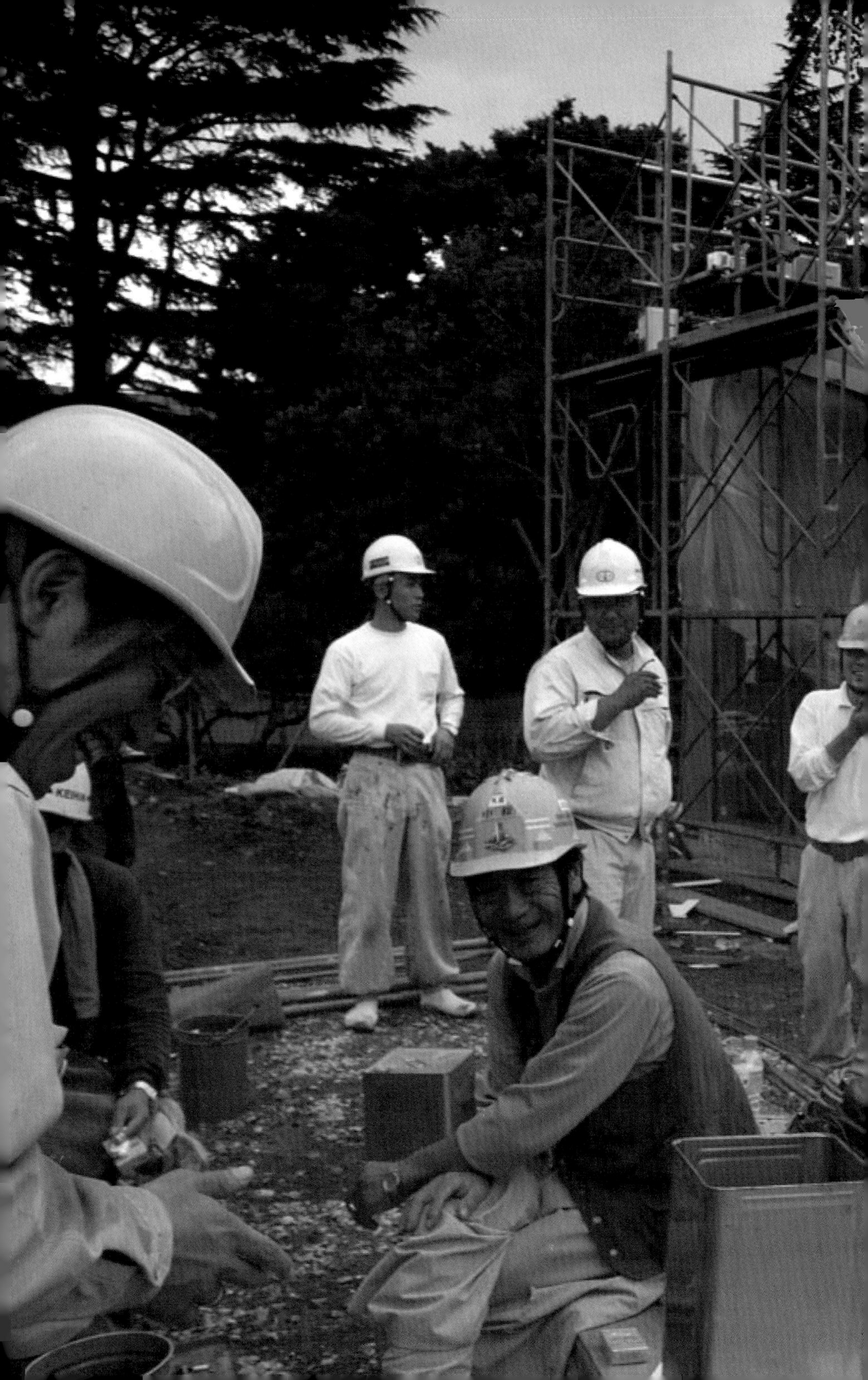

一枚の鉄板のイメージに少しでも近づけようと、現場での塗装工程は当初の予定を超え総計 6回繰り返された。「こんな厄介な現場は初めてだ」と苦笑するペンキ職人たち。緊張してばかりでも現場の仕事は上手くいかない。小休止。(2006.09)

悪戦苦闘　2006年の現場　安藤忠雄

いつも前を向いて奔っている

A Building Professional Always Gives Everything He Has to the Project

　彼は一日中忙しく走りまわっている。寝るのは現場小屋、家には一ヶ月に一度しか帰らない。ただ一心に、仕事に打ち込むことしかできない——1960年代、日本建築の黄金時代を支えたのはこんな仕事狂いの職人たちだった。その最後の生き残りがこの現場にはいた。

　建築をつくるには、そこに関わる人間一人ひとりの責任感が必要だ。その責任感を生み出すのは現実の生活しかない。生活こそが建築を律する——要するに、職業意識の問題だ。

　私は独学の建築家として無謀なスタートを切ったが、当初から「この道で生きていくんだ」という覚悟は誰にも負けていない自信があった。自分がやるといったものはどんなことをしてでもやり抜いていく。その積み重ねで今まで仕事を続けてきた。だからスタッフでも現場でも、半端な気持ちの人間とは仕事をしたくない。いつも前を向いて奔っている、そんな人間と一緒につくりたい。

He is busy and rushes around all day. He sleeps in an on-site shack at night and goes home only once a month. He can immerse himself fully only in his work. In the 1960s, the golden age of Japanese architecture was made possible by craftsmen totally dedicated to work. The last remaining craftsmen from that era worked on this site.

To create a building, everyone involved must have a sense of responsibility. Only a life rooted in reality can produce that sense of responsibility. Life governs architecture; it is a question of professional awareness.

I am a self-taught architect and was reckless at the start. However, I was totally dedicated to the profession from the beginning. I would do anything I had said I would do. I have continued to do so to this day. That is why I do not want to have anyone on my staff or on a site who is irresponsible. I want to create buildings with people who are giving the project everything they have.

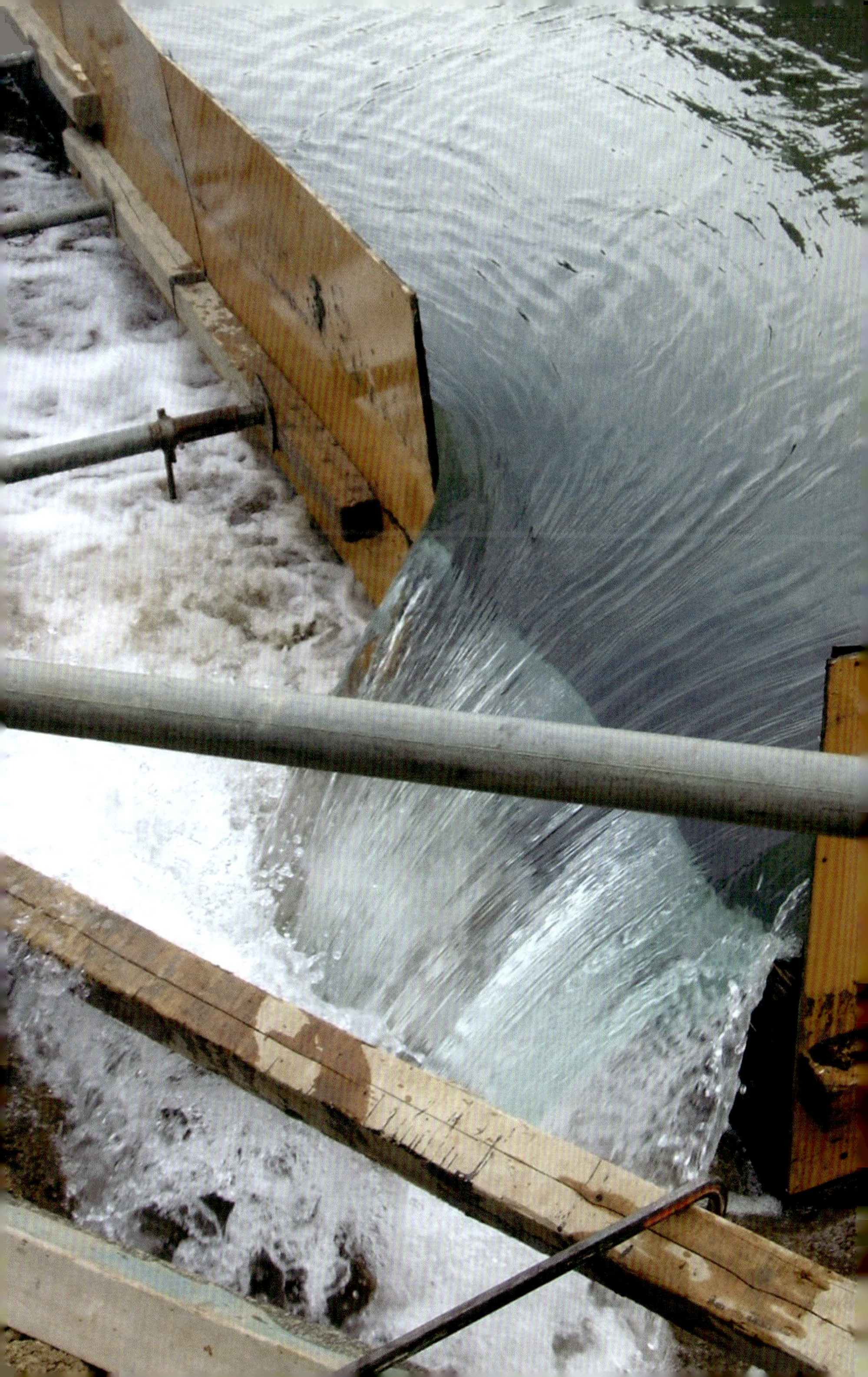

建設現場の悪戦苦闘 3
各部への展開

建築の全体から部分へ、一貫した論理が貫かれることで、空間に込められた意思はより強められる。建物の内外に現れるあらゆる要素、あらゆるディテールのあり方を空間構成の論理と併せて考え、あるべき最良の形を模索していく。

The intention embodied in a space is reinforced by consistency of logic, a consistency that extends from the whole to the parts. We study every element and detail both inside and outside the building in the context of the logic of the spatial composition and search for the optimum solution.

各部への展開

建物全体を律する「一枚の鉄板」というコンセプトは、様々に部分のデザインにも展開された。
ステンレスの一枚板による洗面カウンターのデザイン、アルミのハニカム板による受付カウンター、エレベーター、消火器置き場等、あらゆるシーンに一枚の板のイメージが見え隠れする。いずれも、手仕事を要する難しい仕事のため、現場でのモックアップの制作、検討は必須であった。

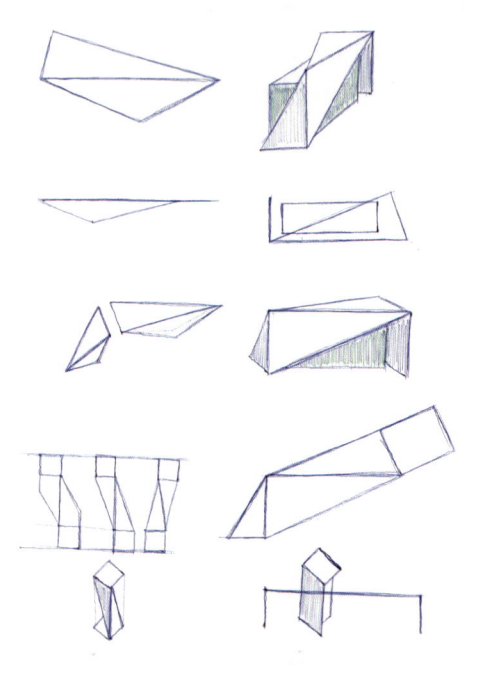

建築空間に登場する様々なエレメントの形のスタディ。

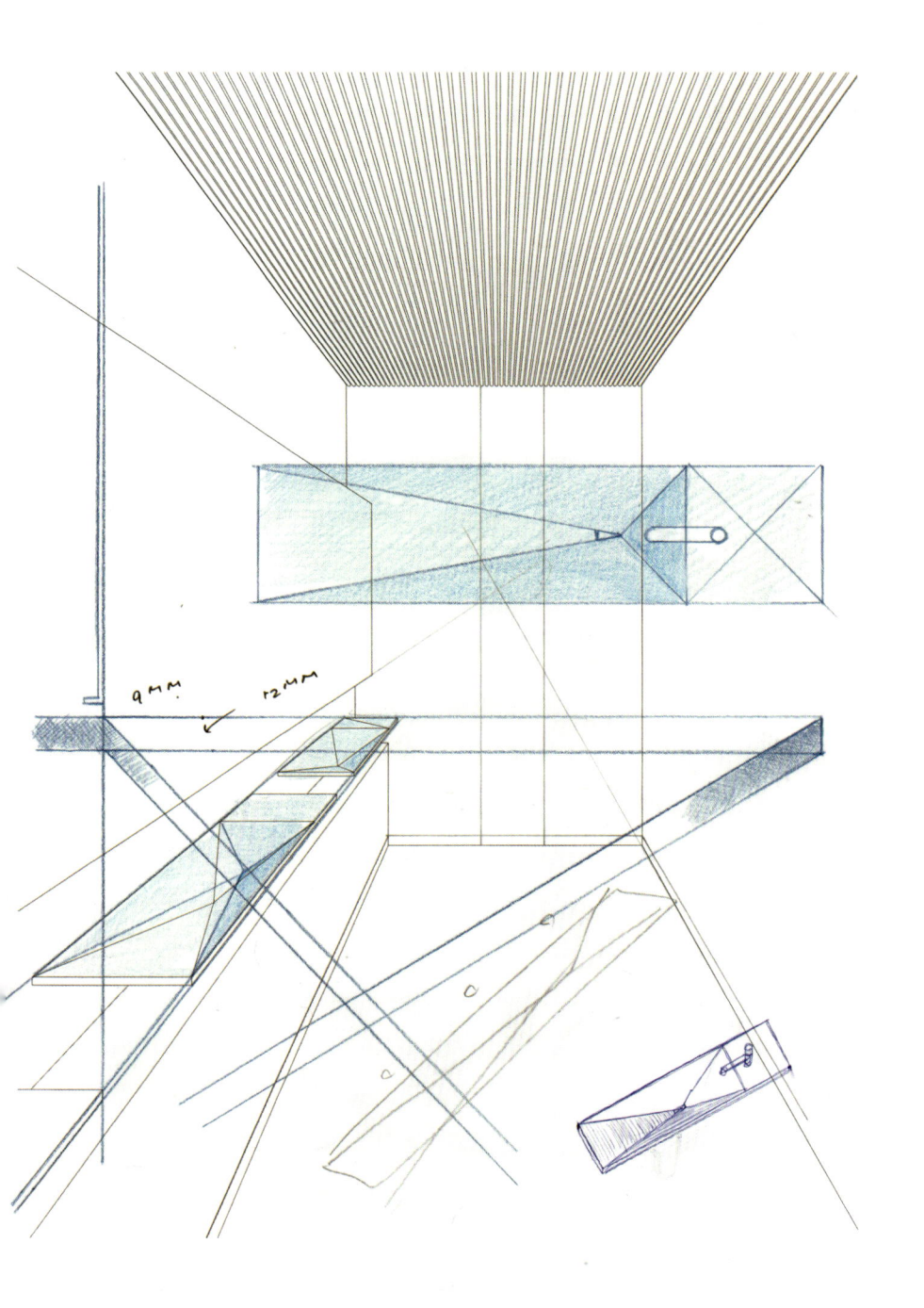

ステンレス一枚板の加工による洗面カウンターのデザイン検討スケッチ。(2006.03)

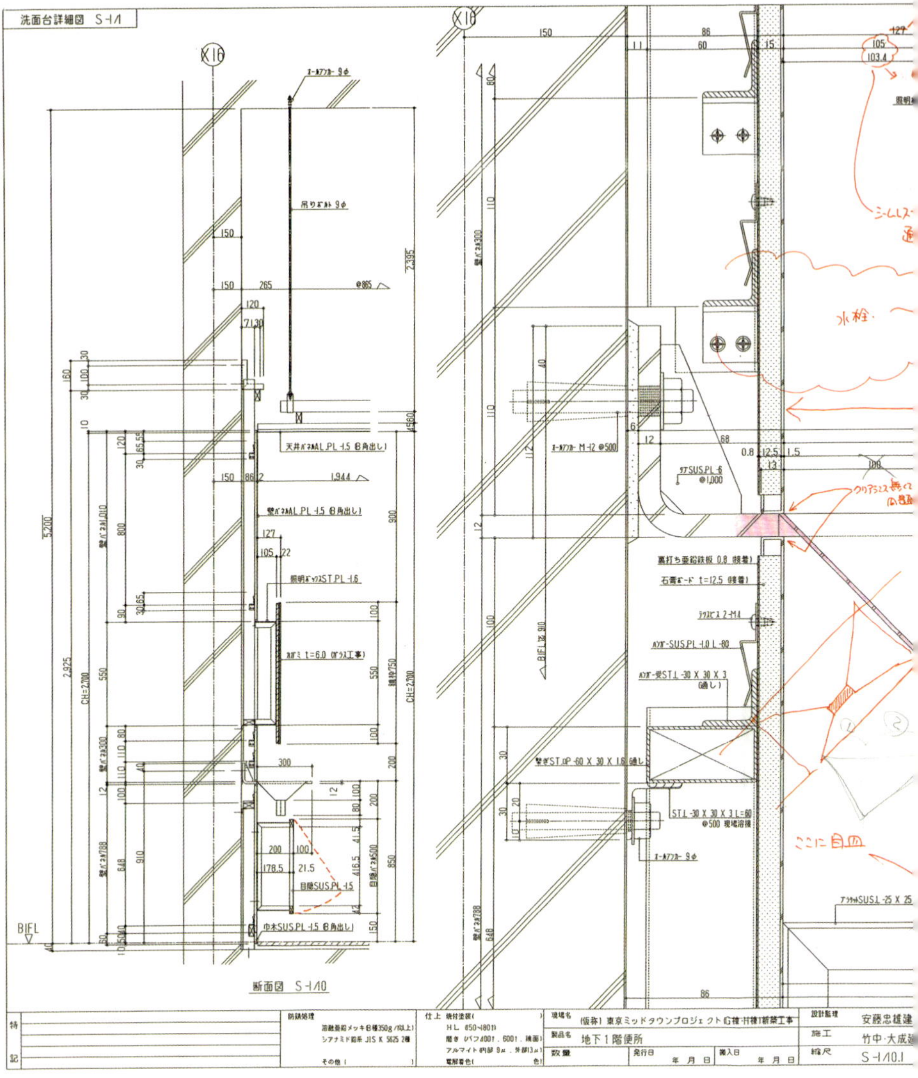

特記	防錆処理 溶融亜鉛メッキ日種350g/㎡以上) シアナミド鉛系 JIS K 5625 2種 その他( )	仕上 焼付塗装( ) HL #50~#801) 磨き バフ#400↑, 600↑, 鏡面) アルマイト 内部 9μ, 外部13μ) 電解着色(色)	現場名	(仮称) 東京ミッドタウンプロジェクト(G棟・H棟)新築工事	設計監理	安藤忠雄建
			製品名	地下1階便所	施工	竹中・大成建
			数量	発行日 年 月 日 / 搬入日 年 月 日	縮尺	S-1/10.1

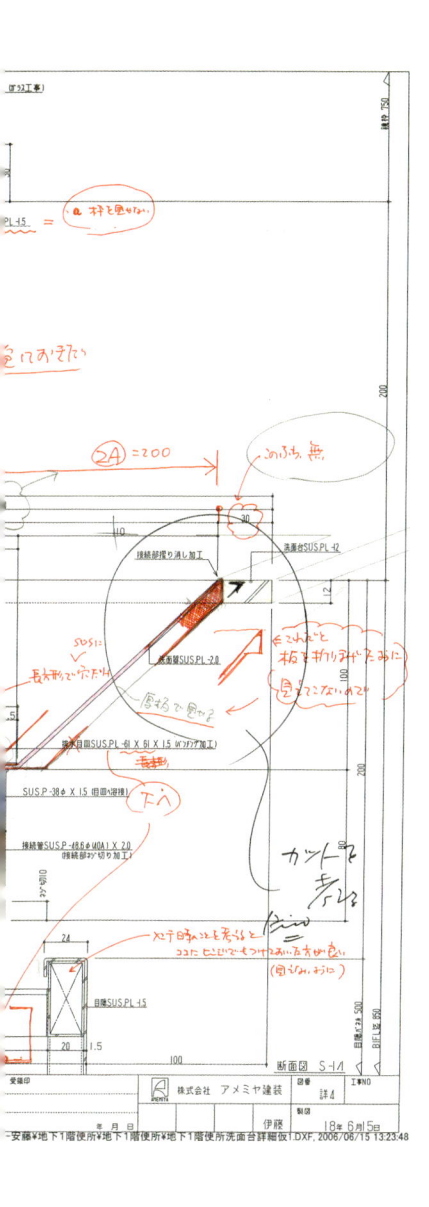

洗面カウンターの製作図。デザインの意図を明確にするよう、ディテールに関して詳細な指示が与えられる。(2006.06)

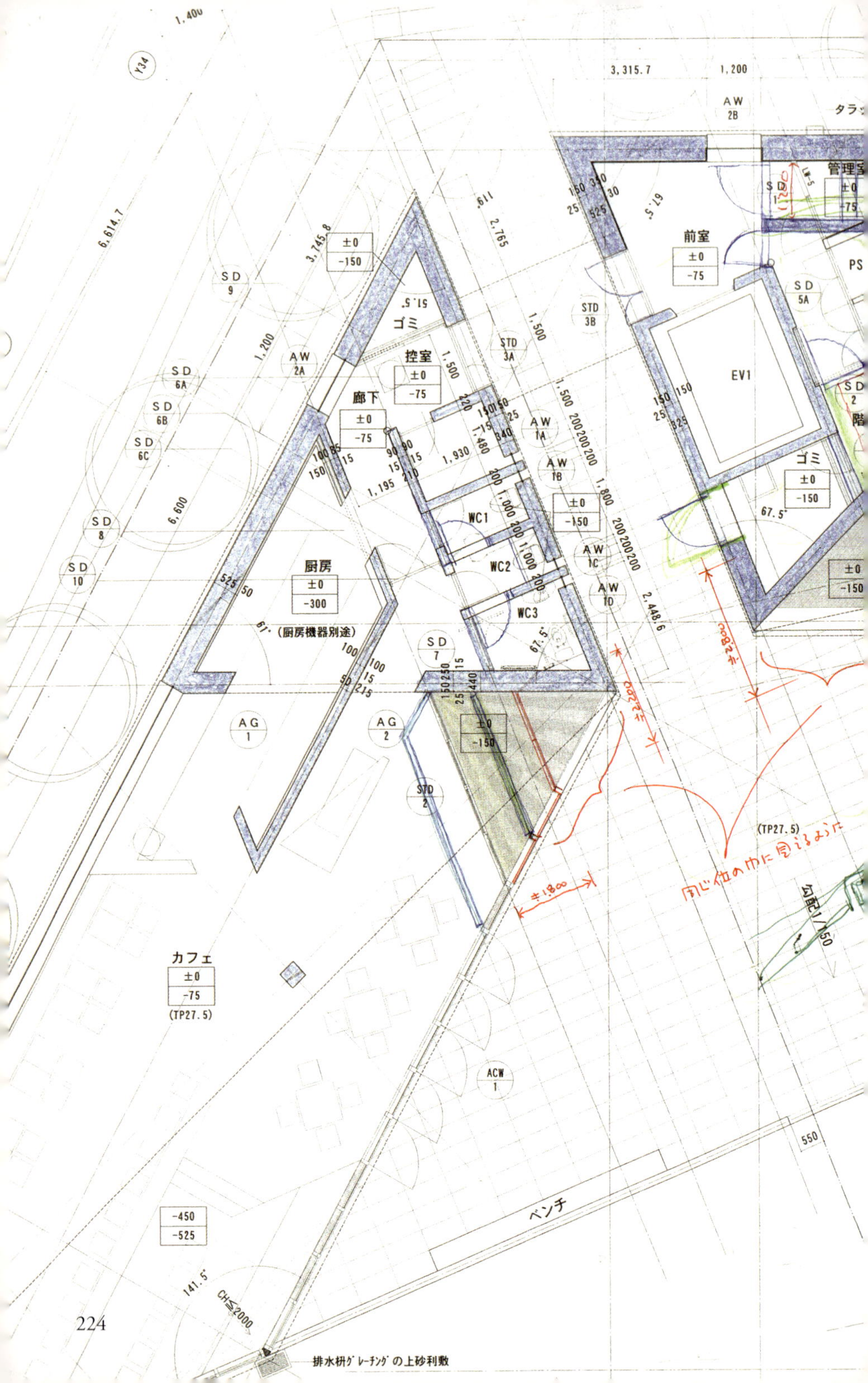
ゴミ
控室
廊下
厨房
(厨房機器別途)
WC1
WC2
WC3
前室
EV1
ゴミ
管理室
PS
カフェ
(TP27.5)
ベンチ
勾配1/150
同じ位の巾に見えるように
排水枡グレーチングの上砂利敷
CH≧2000

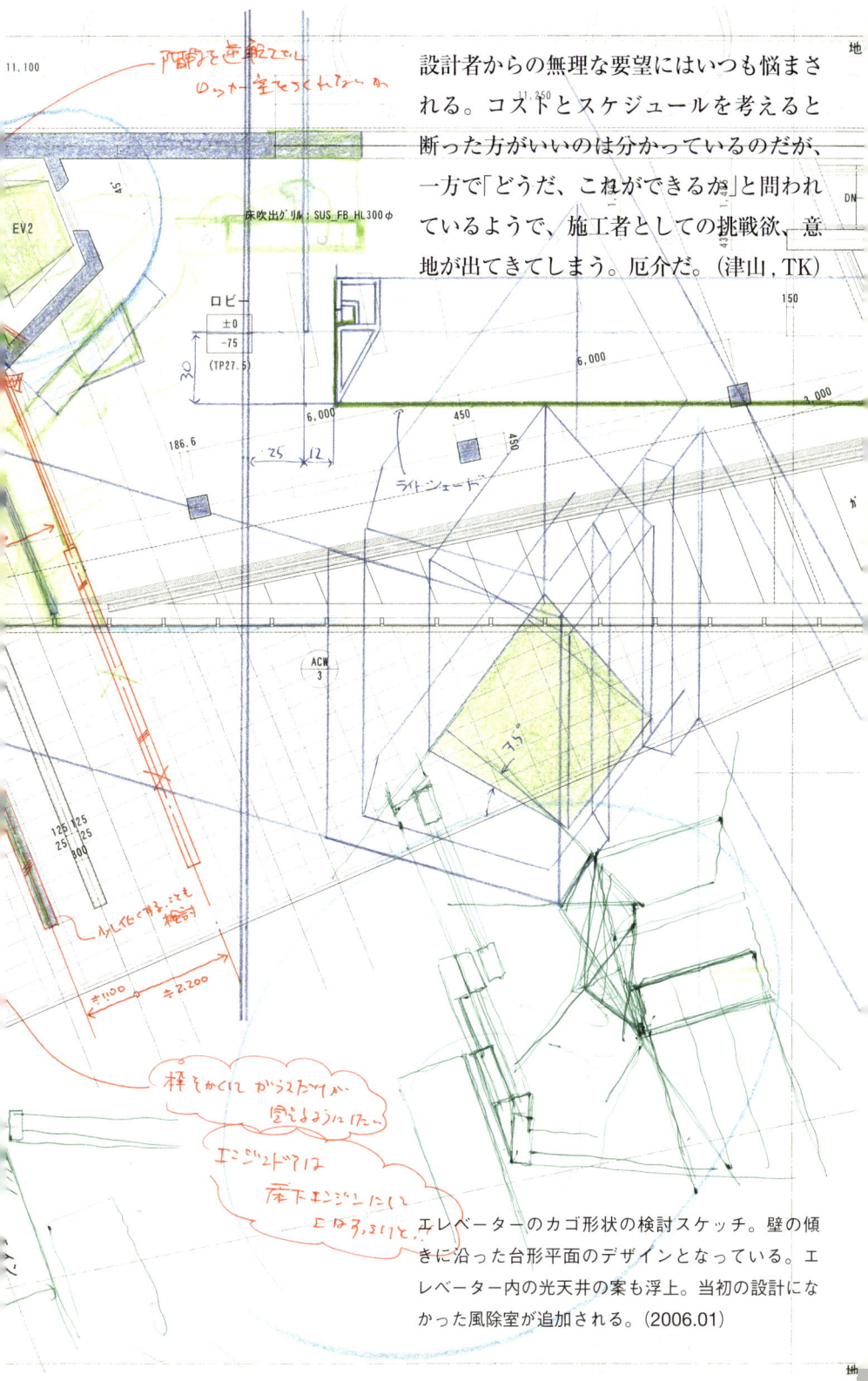

設計者からの無理な要望にはいつも悩まされる。コストとスケジュールを考えると断った方がいいのは分かっているのだが、一方で「どうだ、これができるか」と問われているようで、施工者としての挑戦欲、意地が出てきてしまう。厄介だ。(津山, TK)

エレベーターのカゴ形状の検討スケッチ。壁の傾きに沿った台形平面のデザインとなっている。エレベーター内の光天井の案も浮上。当初の設計になかった風除室が追加される。(2006.01)

カラーガラス t=12(白)

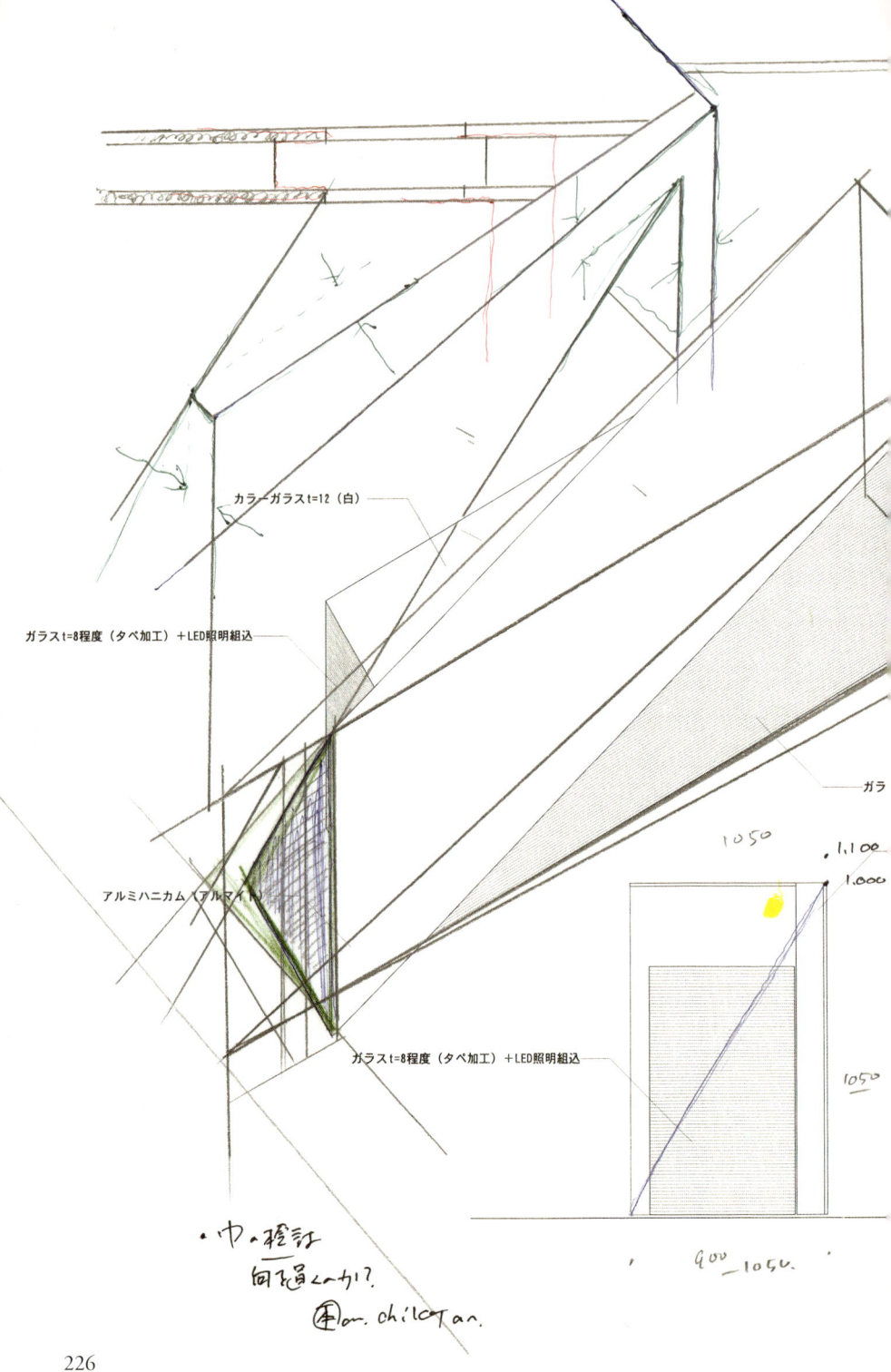

ガラス t=8程度(タベ加工)＋LED照明組込

アルミハニカム(アルマイト)

ガラス t=8程度(タベ加工)＋LED照明組込

ガ

1050　1,100
　　　1,000

1050

900　1050

・巾の検討
　向う見えるか？
　㊞on. chiletan.

アルミハニカム（アルマイト）

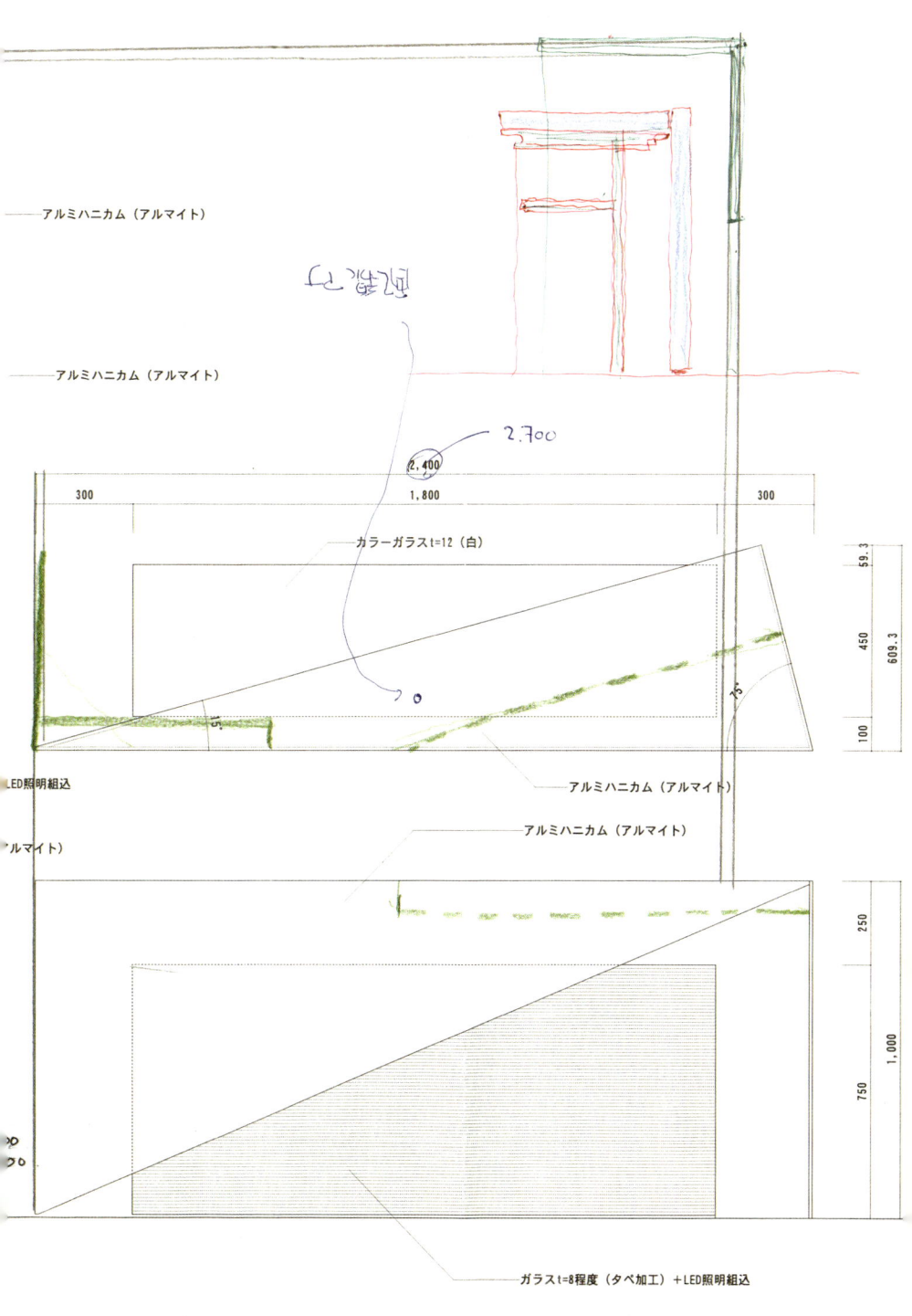

アルミハニカム（アルマイト）

カラーガラス t=12（白）

2,700
2,400

300　　　1,800　　　300

59.3
450
100
609.3

LED照明組込

アルミハニカム（アルマイト）

アルミハニカム（アルマイト）

ルマイト）

250
750
1,000

ガラス t=8程度（タペ加工）+LED照明組込

アルミのハニカム板による受付カウンターのデザイン検討スケッチ。（2006.08）

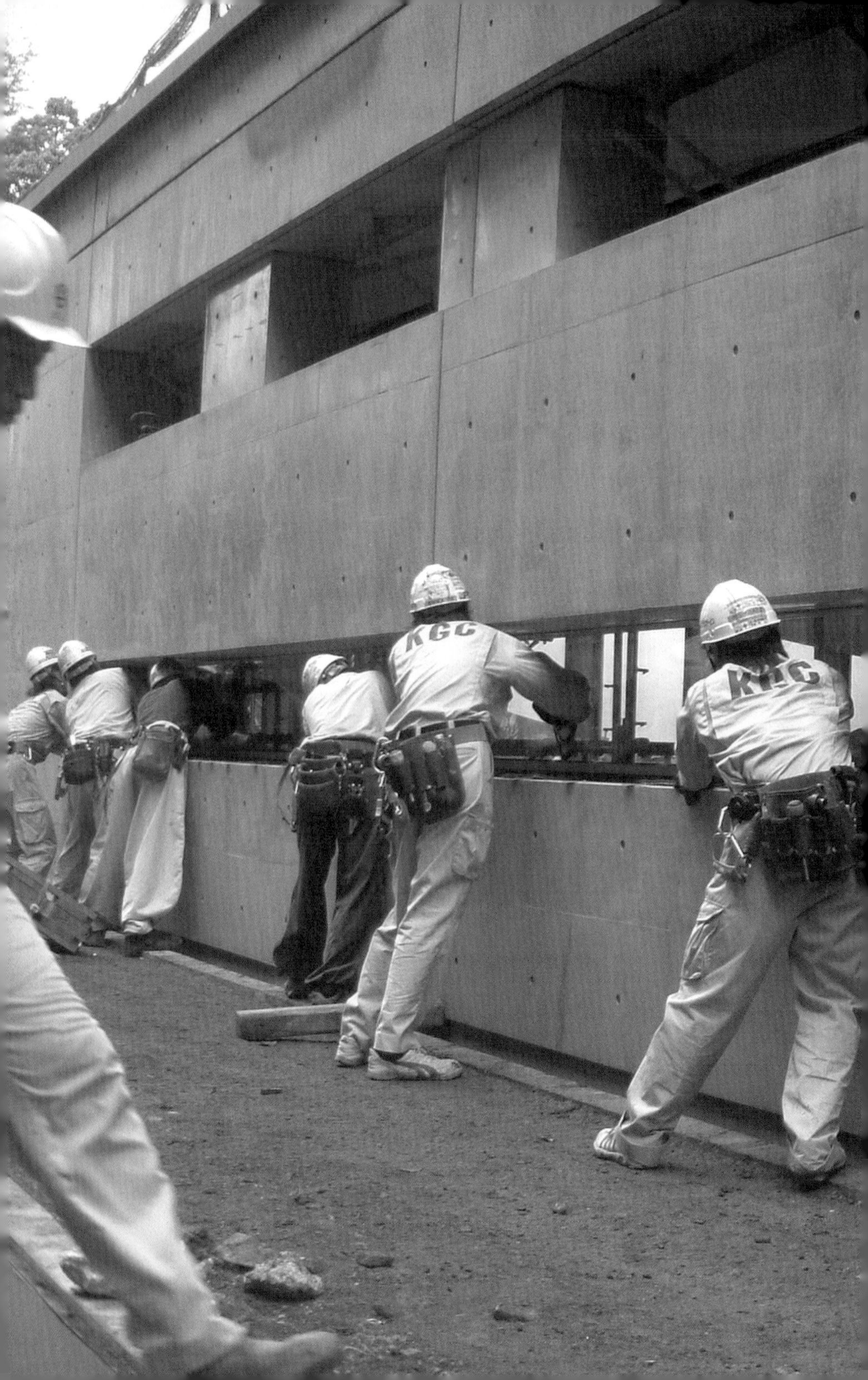
KGC

工場の製作工程での工夫で実現した日本一長いという複層ガラスの取り付け。(2006.09)

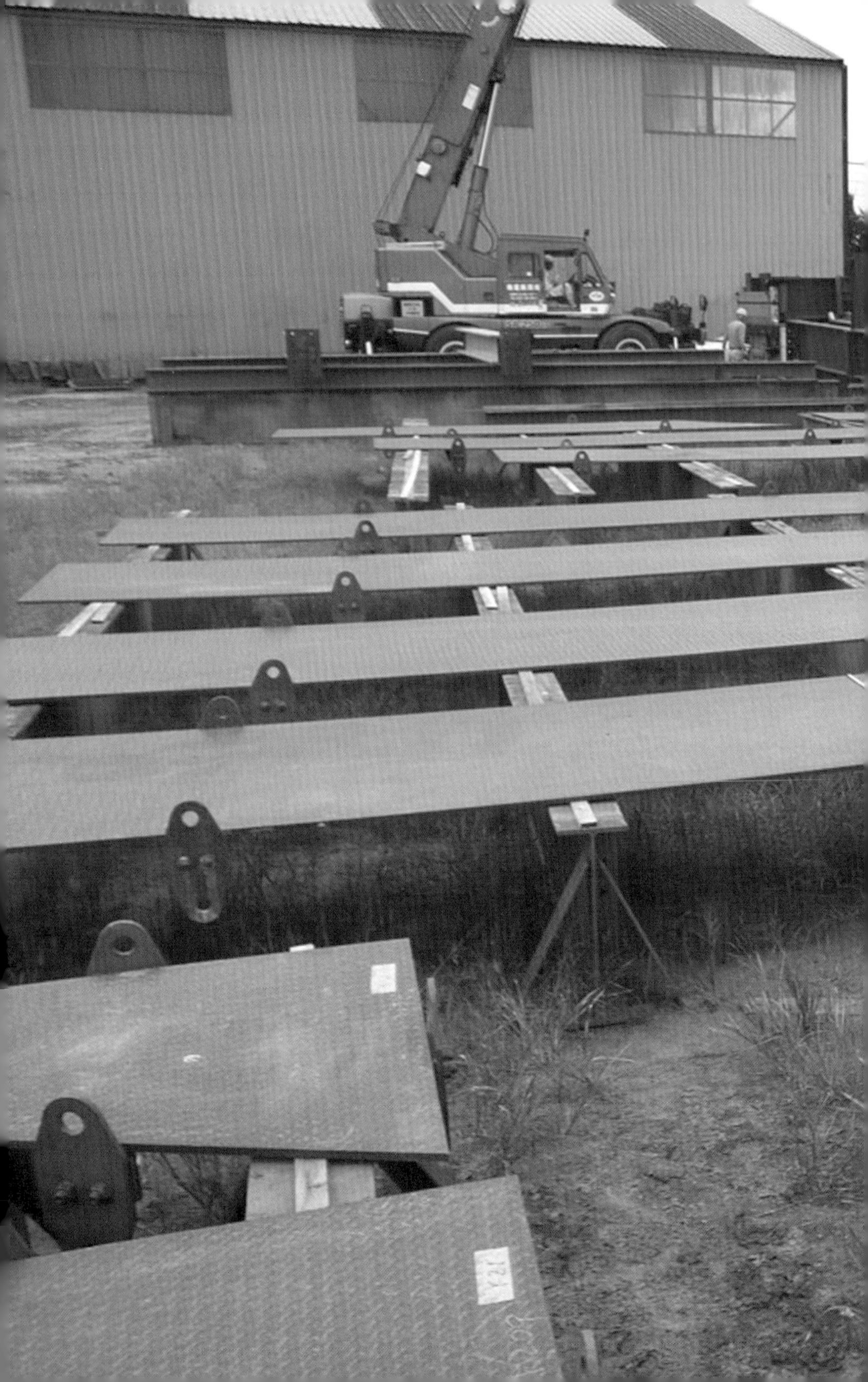

地下のサンクンコートに敷き詰めるチェッカープレートの工場製作(2006.09)

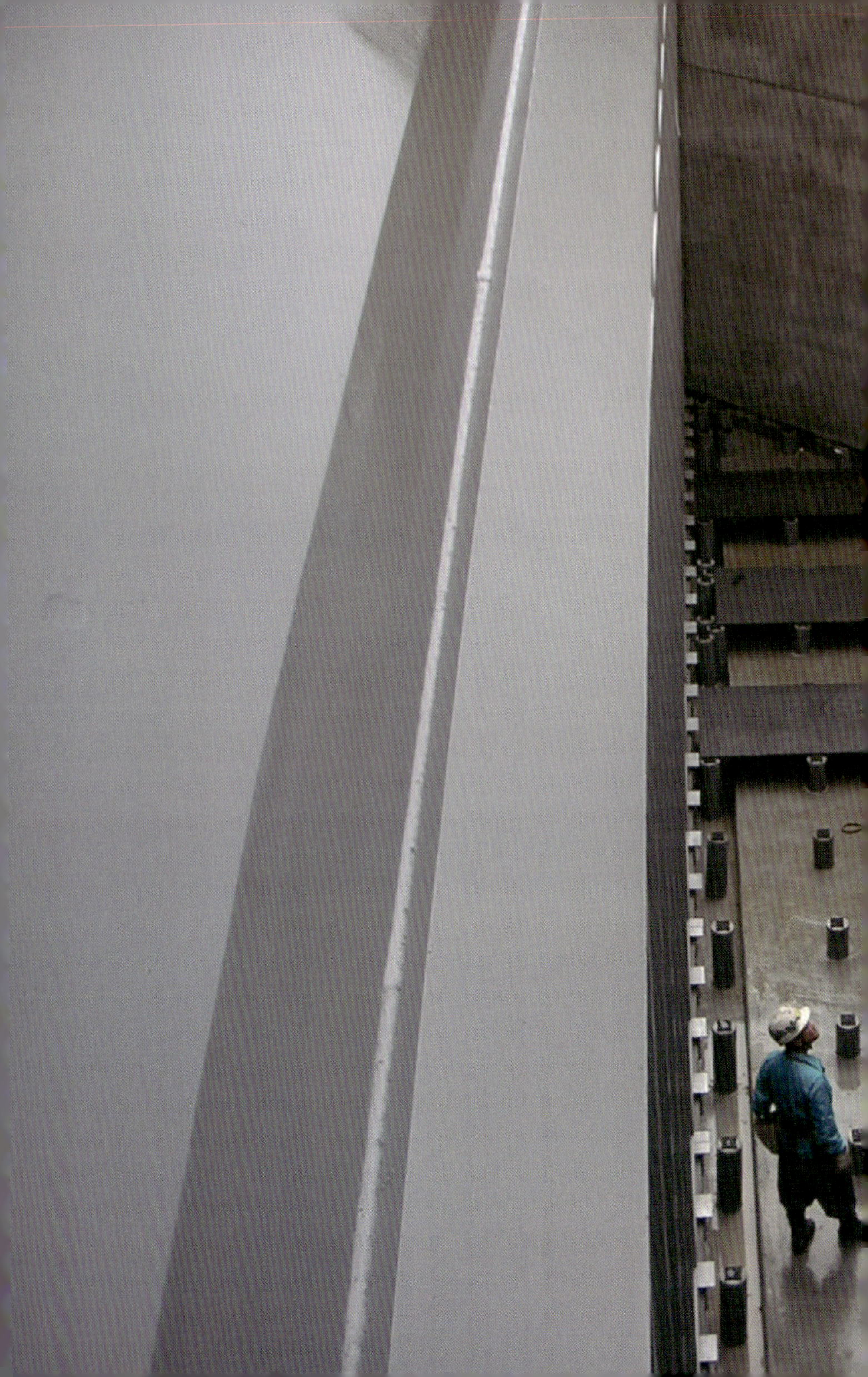

実際につくっている現場からのアイデアが有効な場合は多い。サンクンコート床のチェッカープレートは現場の提案だった。思い切り意見を交し合える、緊張感ある協力関係が重要だ。　　　　　　（矢野, TA）

溶融亜鉛メッキの施されたチェッカープレートの搬入。一枚の板というコンセプトの部分への展開。
(2006.10)

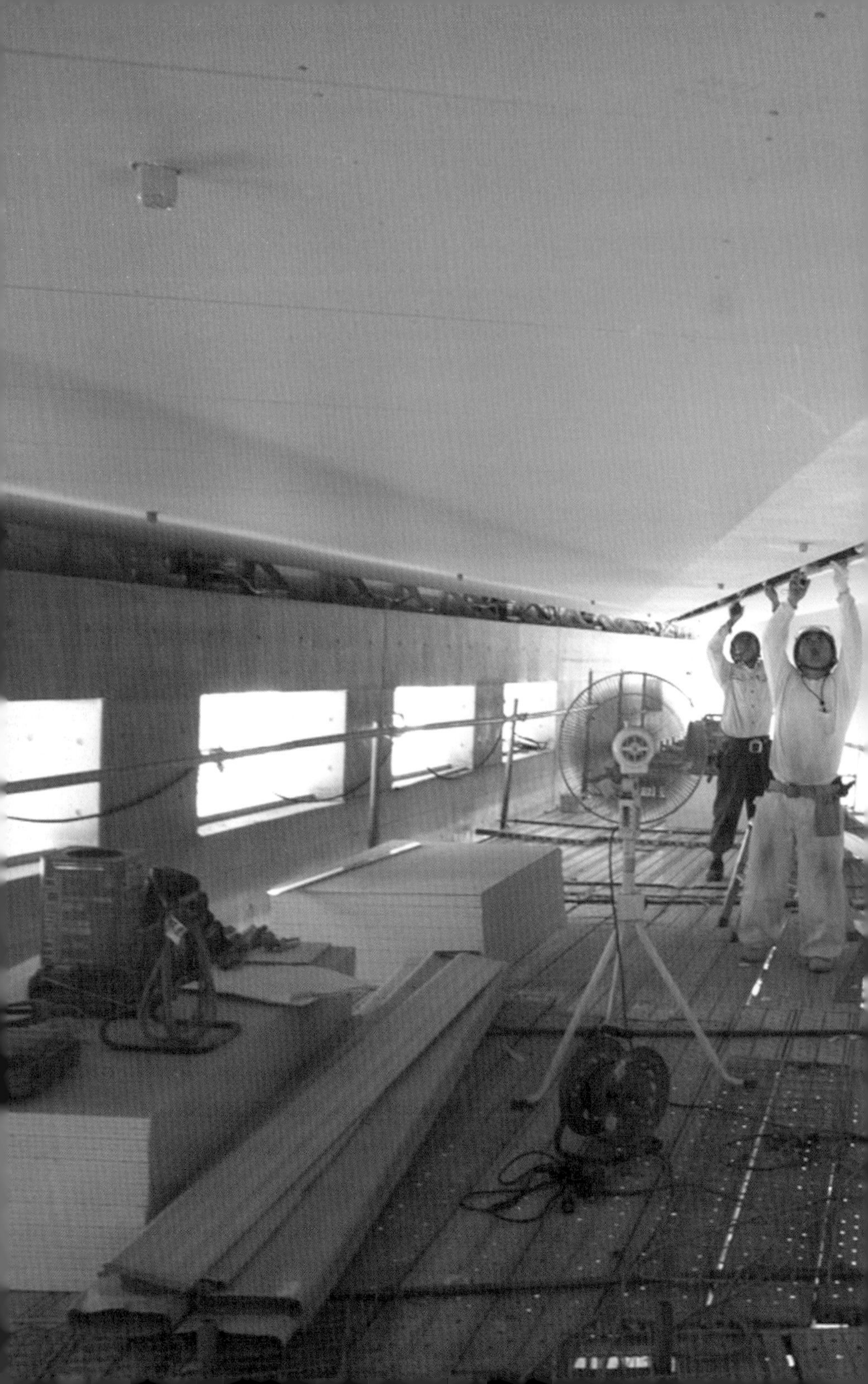

現場に入って、いつも問題になるのは構造と設備との取り合いだ。一枚屋根の建築というコンセプトに相応しい、すっきりした天井を実現するための調整にも、相当な時間が費やされた。　　　　　　　　　（平野, TA）

天井を一文字に切り裂くLEDスリット照明の取り付け工事。(2006.08)

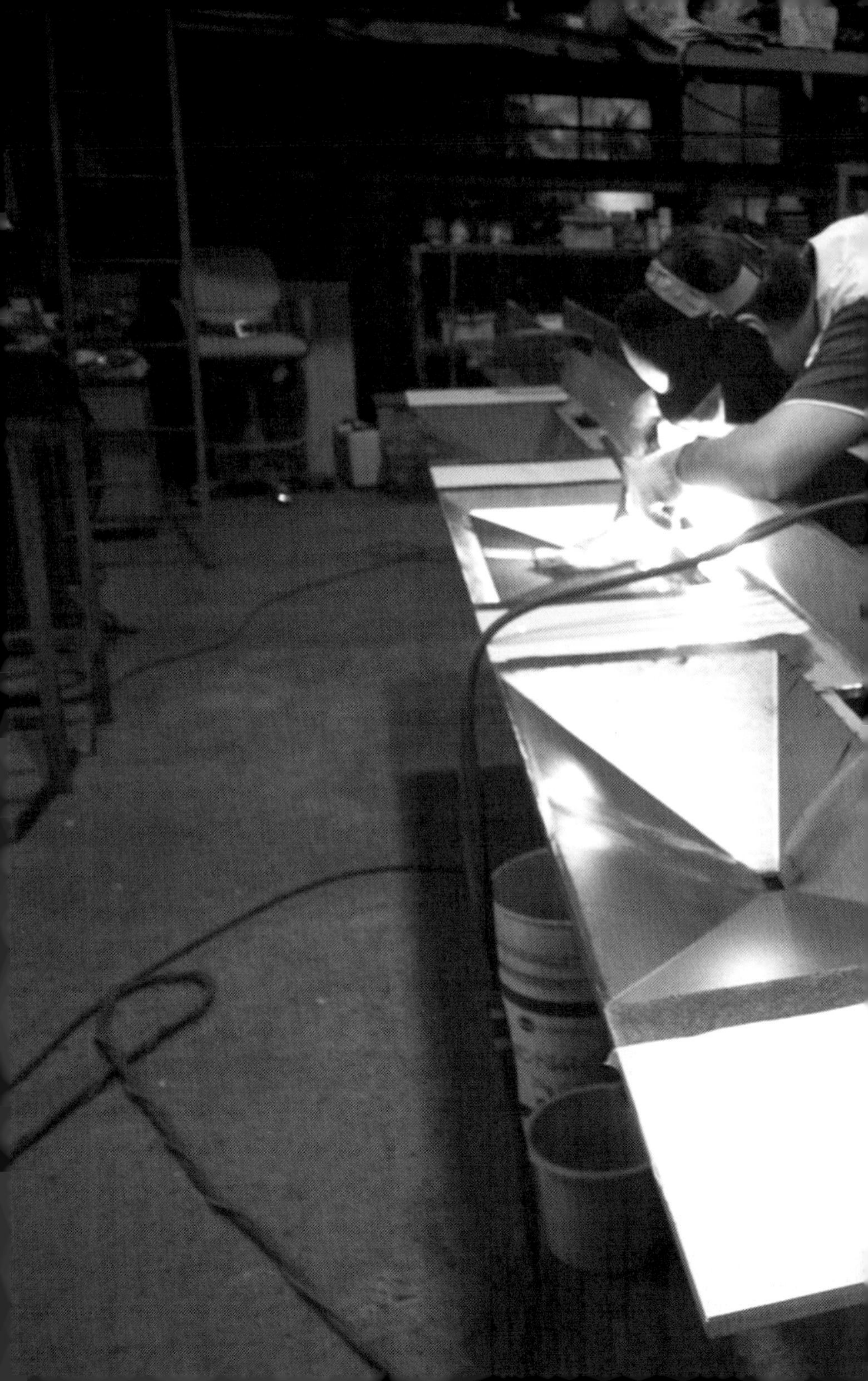

洗面カウンターの製作工場。ひずみを気にしつつ、丁寧に隅々まで溶接し、一枚板のカウンターをつくっていく。(2006.10)

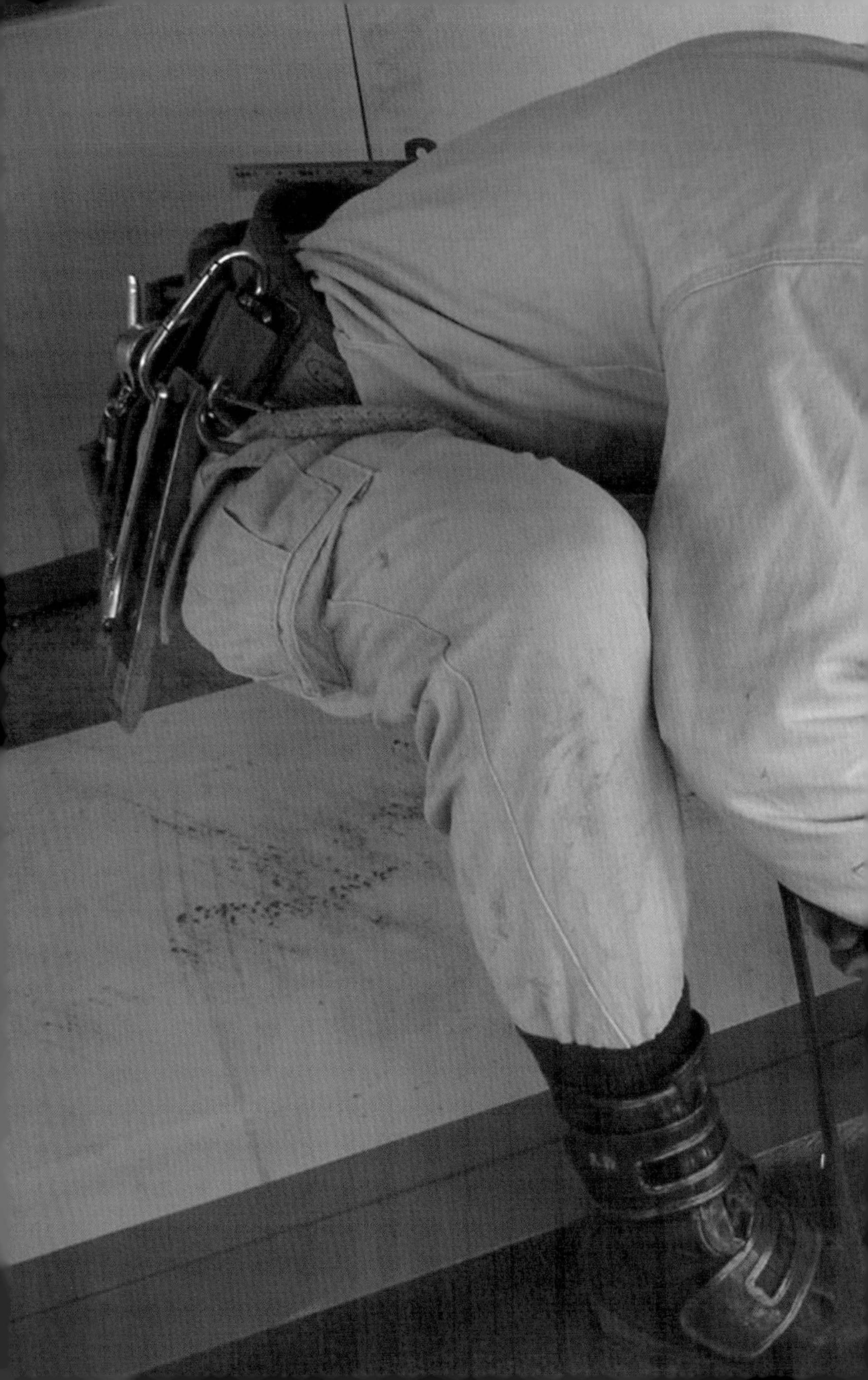

結局、僕たち設計者は現場では何もできない。現場の人達にどれだけやる気になってもらえるかが勝負だ。　　　（平野, TA）

ステンレスパネルの加工。工場製作されたものを傷つけずに取り付ける。時には現場で形状の微調整も必要だ。(2006.10)

上田技研

人の目に触れない部分でも精一杯の仕事をする。例え完成後に日の目を見ずとも、頑張った分だけ建物は長生きする。　　(TK)

階段床の左官工事。隅々まで丁寧にコテで押える。
(2006.10)

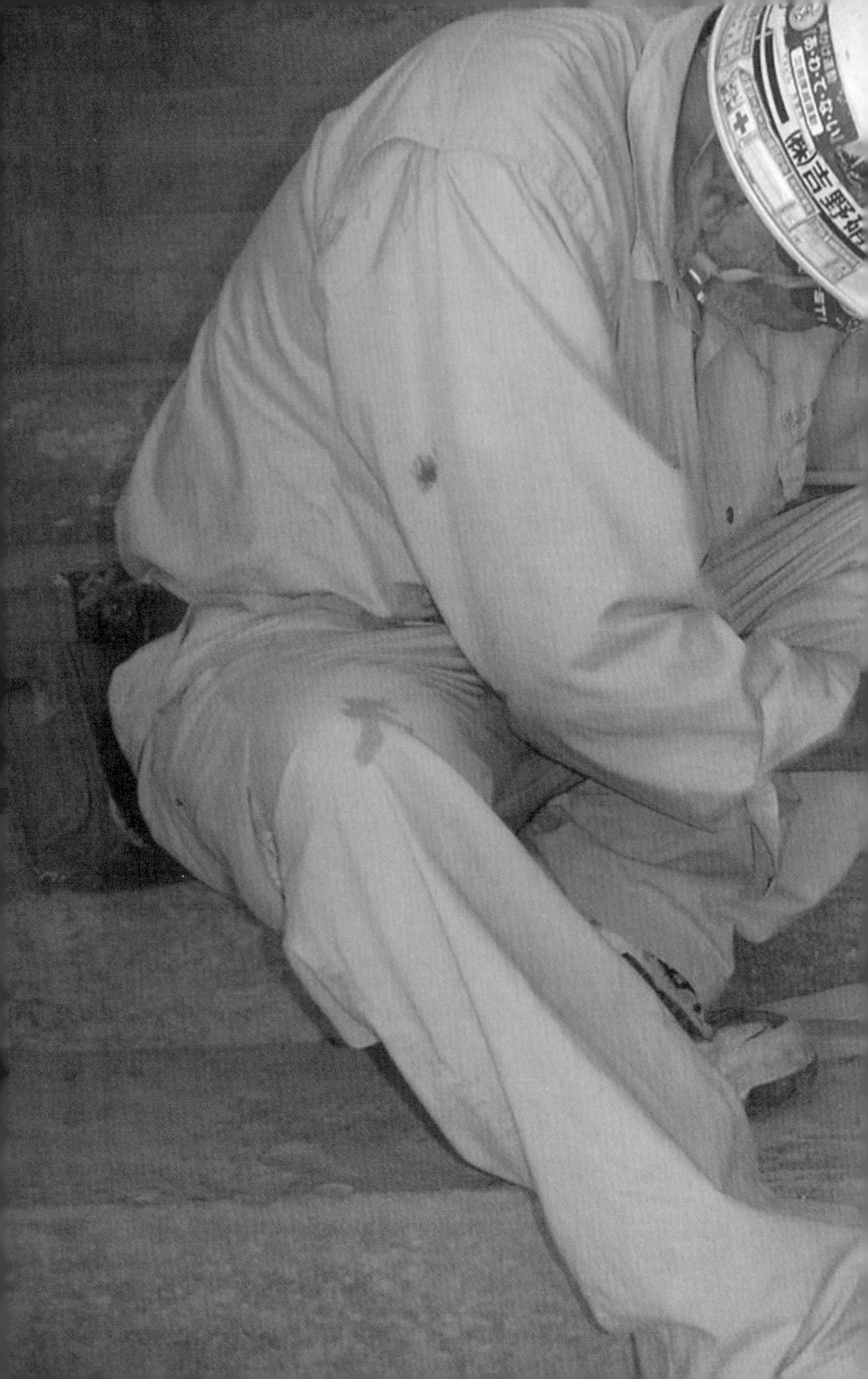
㈱吉野

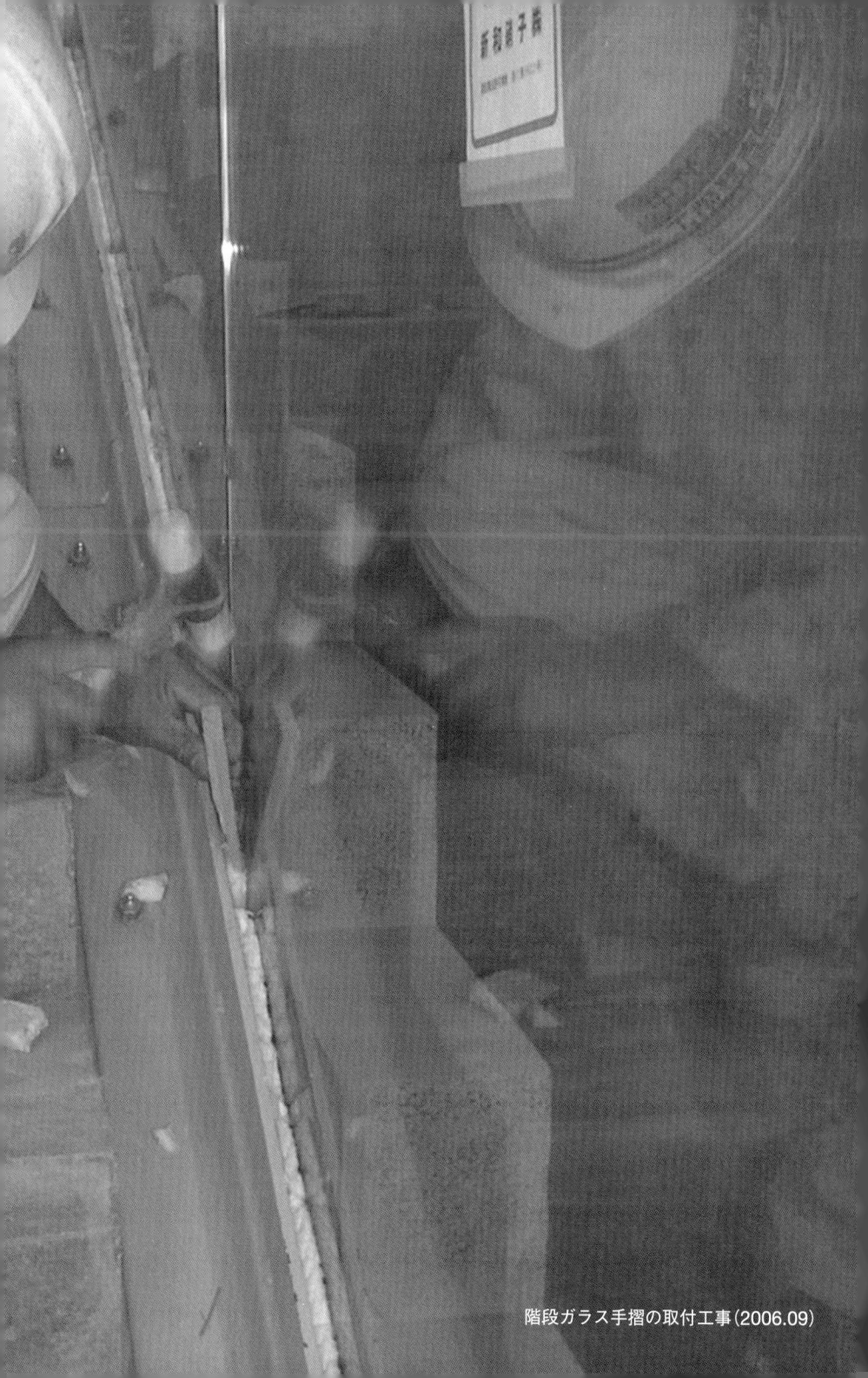

階段ガラス手摺の取付工事(2006.09)

悪戦苦闘　2006年の現場　安藤忠雄

同じように創り、同じように騒ぎ、同じように迷惑をかけていく

We Will Keep on Creating, Disturbing and Inconveniencing Others as We Have Always Done

　現代の人間は暴力を失ってしまった。ここでいう暴力とは単なる社会に対する怒りといった短絡した行動ではない。自分に与えられた分限を越えてでも必要とあれば提案していく行為、境界を越えるという力だ。この暴力を、権力と履き違えずに保ち続けることは難しい。

　私の好きな漫画につげ義春の『山椒魚』がある。山椒魚は、初め泥の中がヌメヌメして気持ちが悪いなと思っているのだけれど、一年もしたら泥の中もなかなか快適だという。それが社会というものらしい。とすれば、建築を始めた四十年前から、同じように創り、同じように騒ぎ、同じように方々に迷惑をかけている我々は特殊なケースなのだろう。分かってはいるが、変わるつもりはない。泥臭い、建築の現場でつくっていく。

People today have lost the power of violence. By violence, I do not mean hasty actions that result from anger against society. I mean proposing something one has no business or is in no position to propose, if one feels it necessary. It is difficult to exercise such violence for long without mistaking it for authority.

There is a *manga* by a Japanese cartoonist named Yoshiharu Tsuge I like entitled "Sanshouo" (Salamander). The salamander thinks mud is slimy and disgusting at first, but after a year it begins to feel rather comfortable in its environment. That is how things are in society too—people adapt. Thus, we who have been creating, disturbing and inconveniencing others in the same way for forty years may be an exception. We understand but do not intend to change. We will continue to create buildings on grimy construction sites as we have always done.

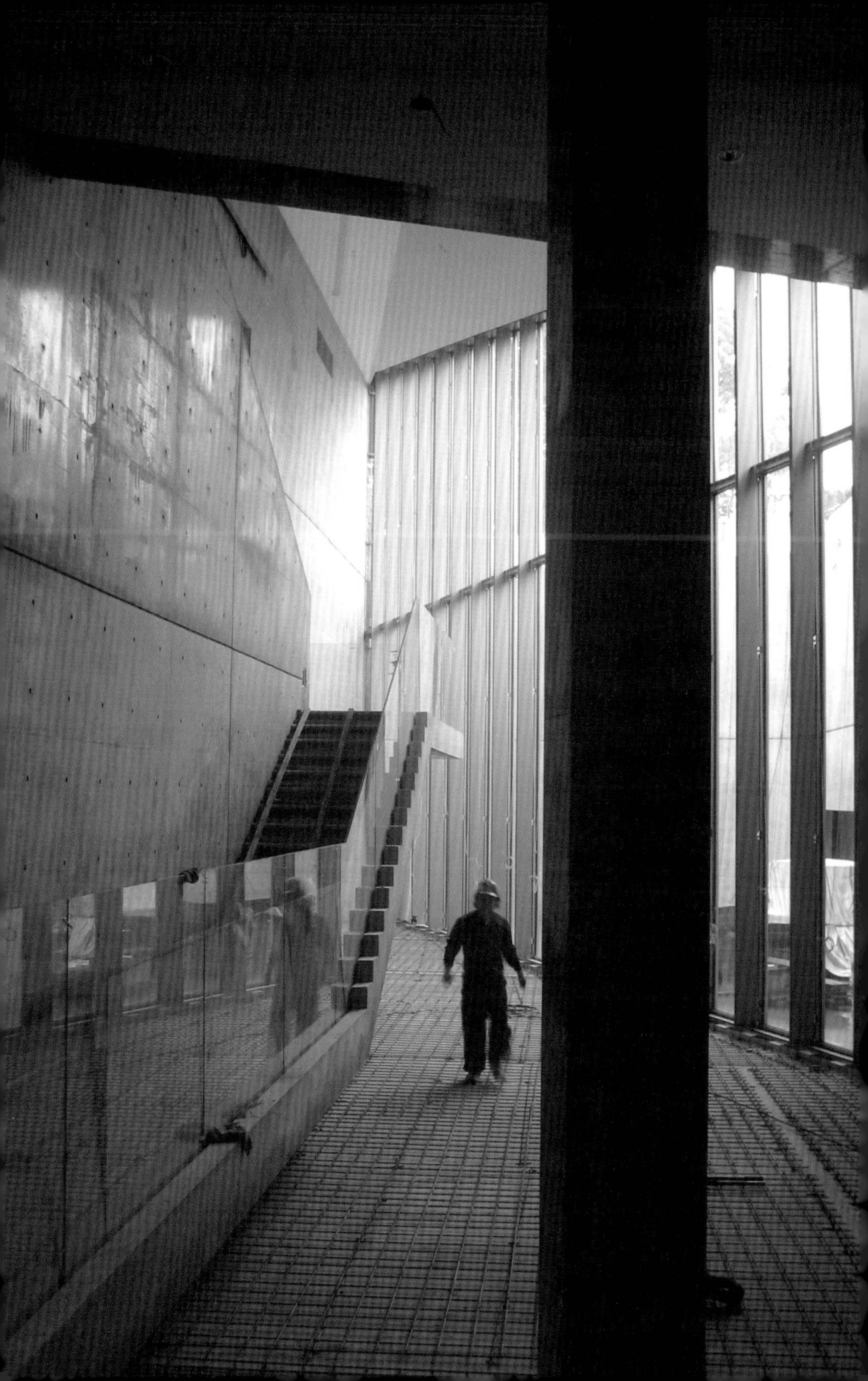

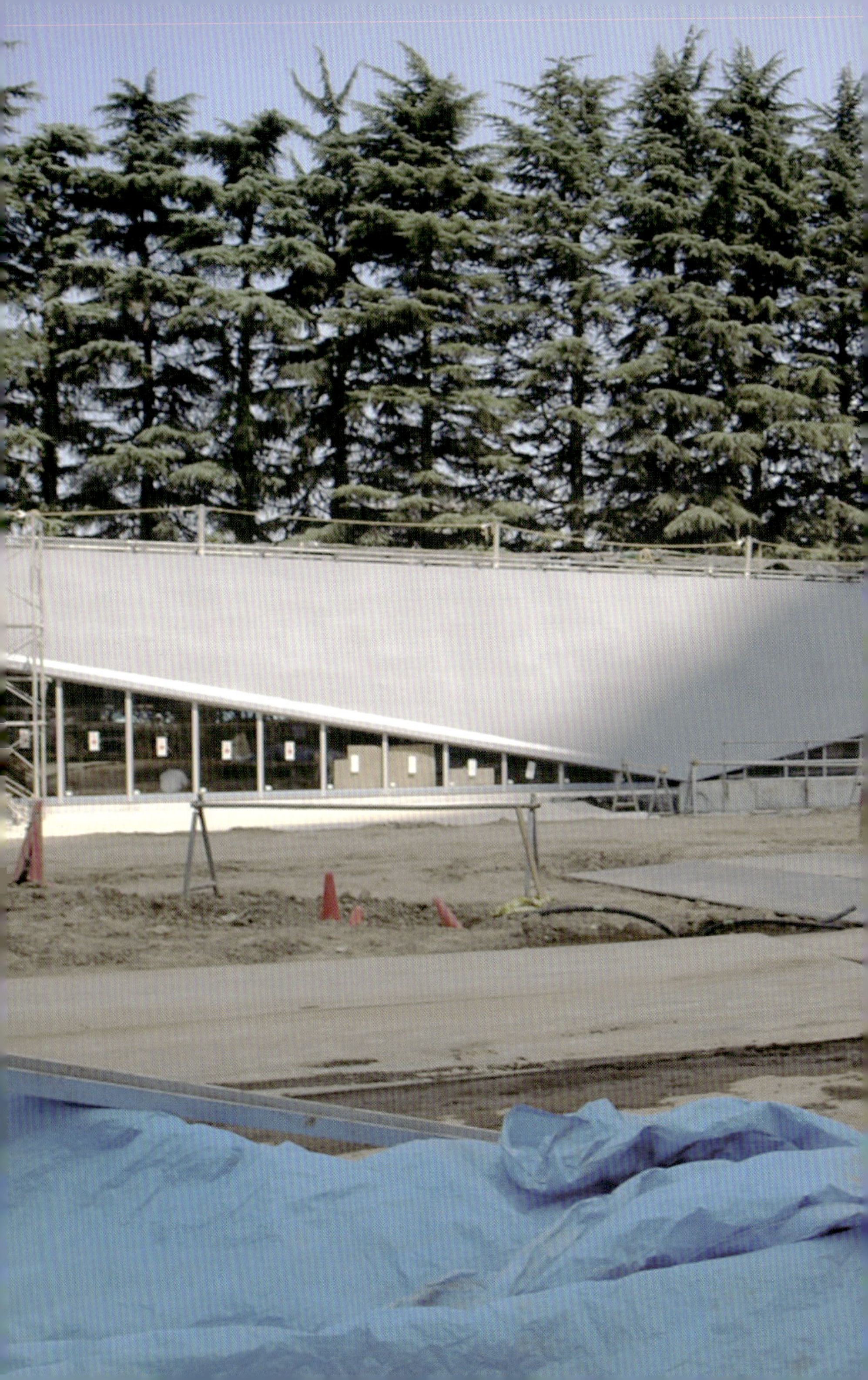

建物の全貌が見えつつある現場をたずねた三宅一生（左）と安藤忠雄。(2006.09)

21_21 DESIGN

IGHT

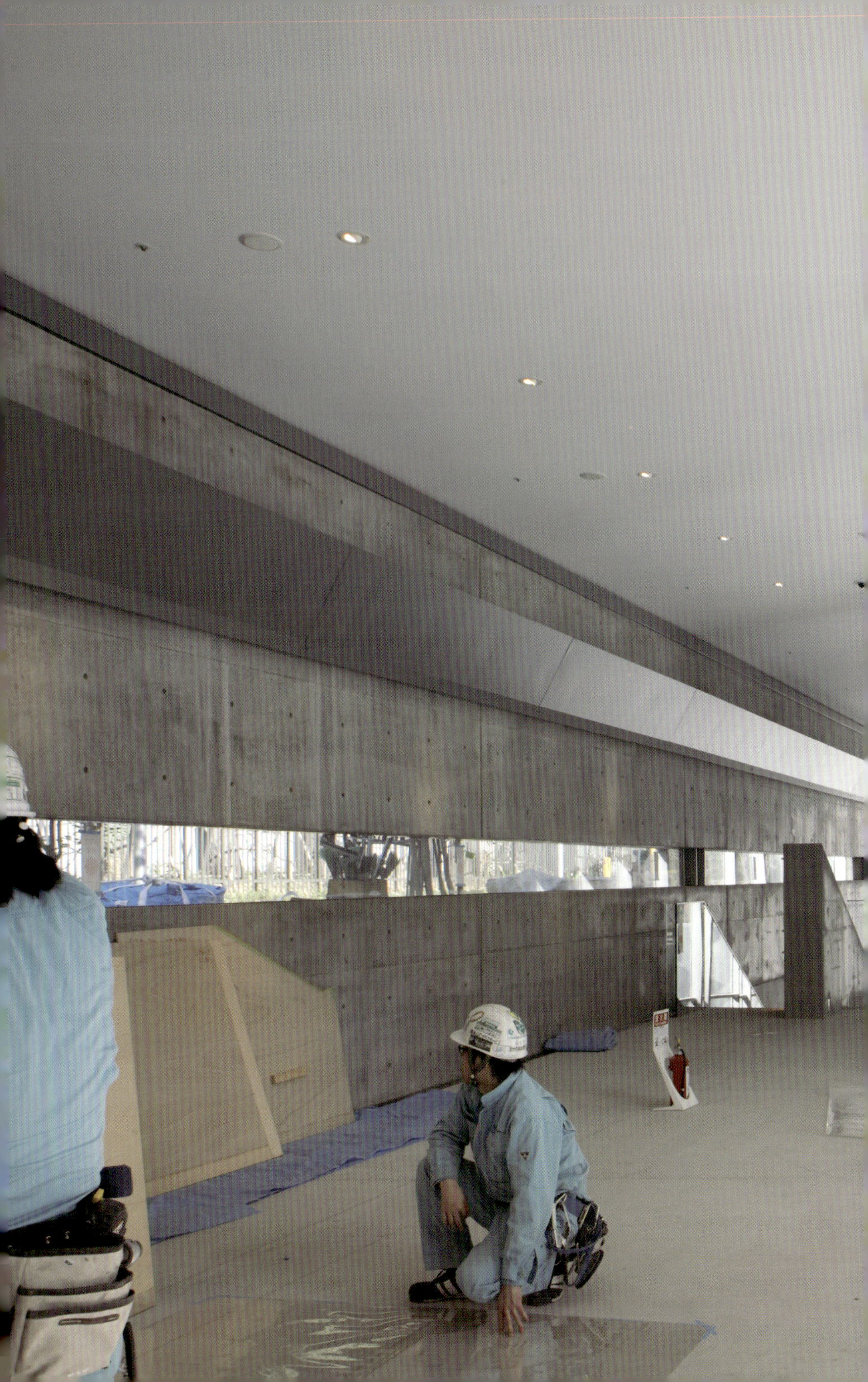

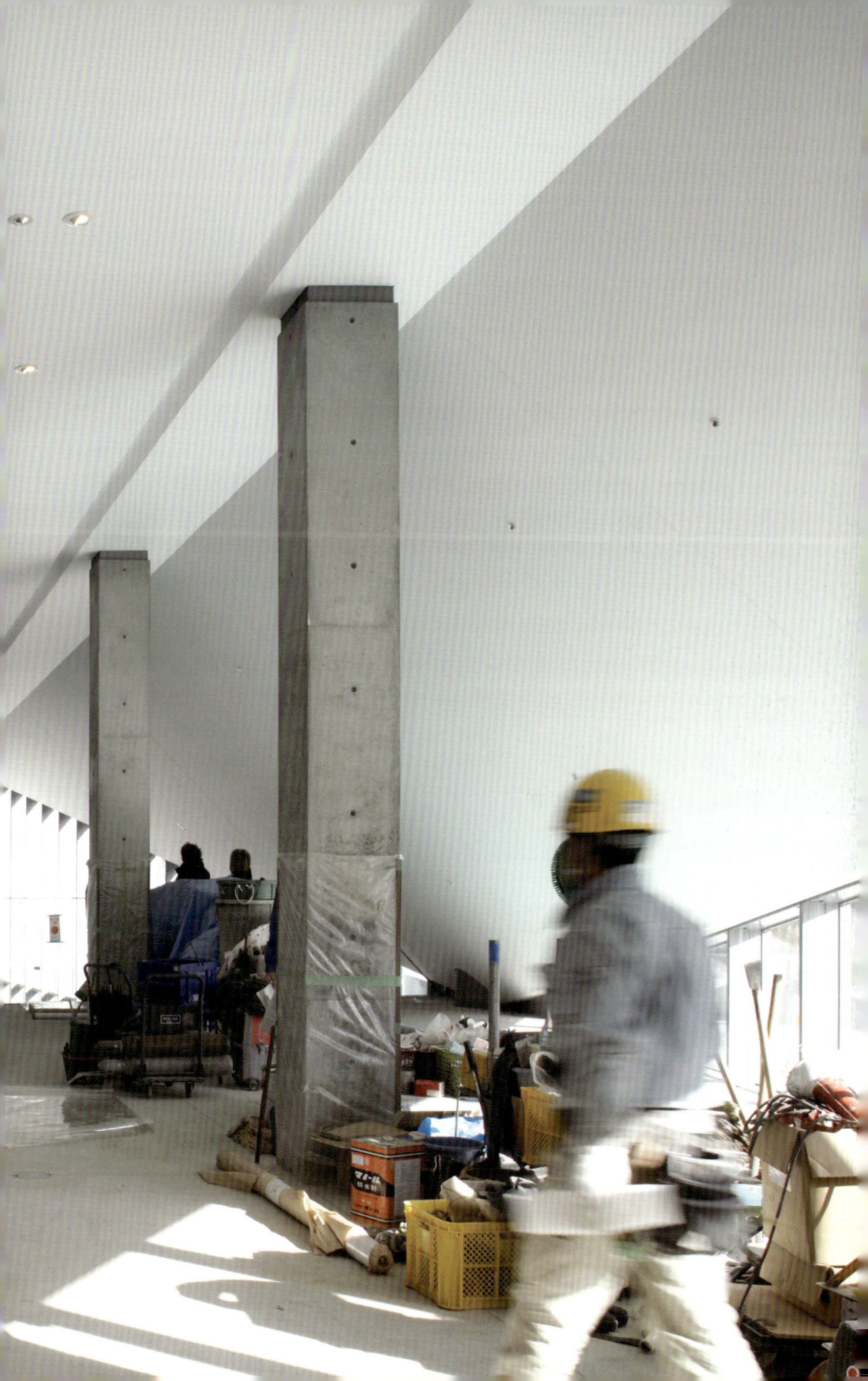

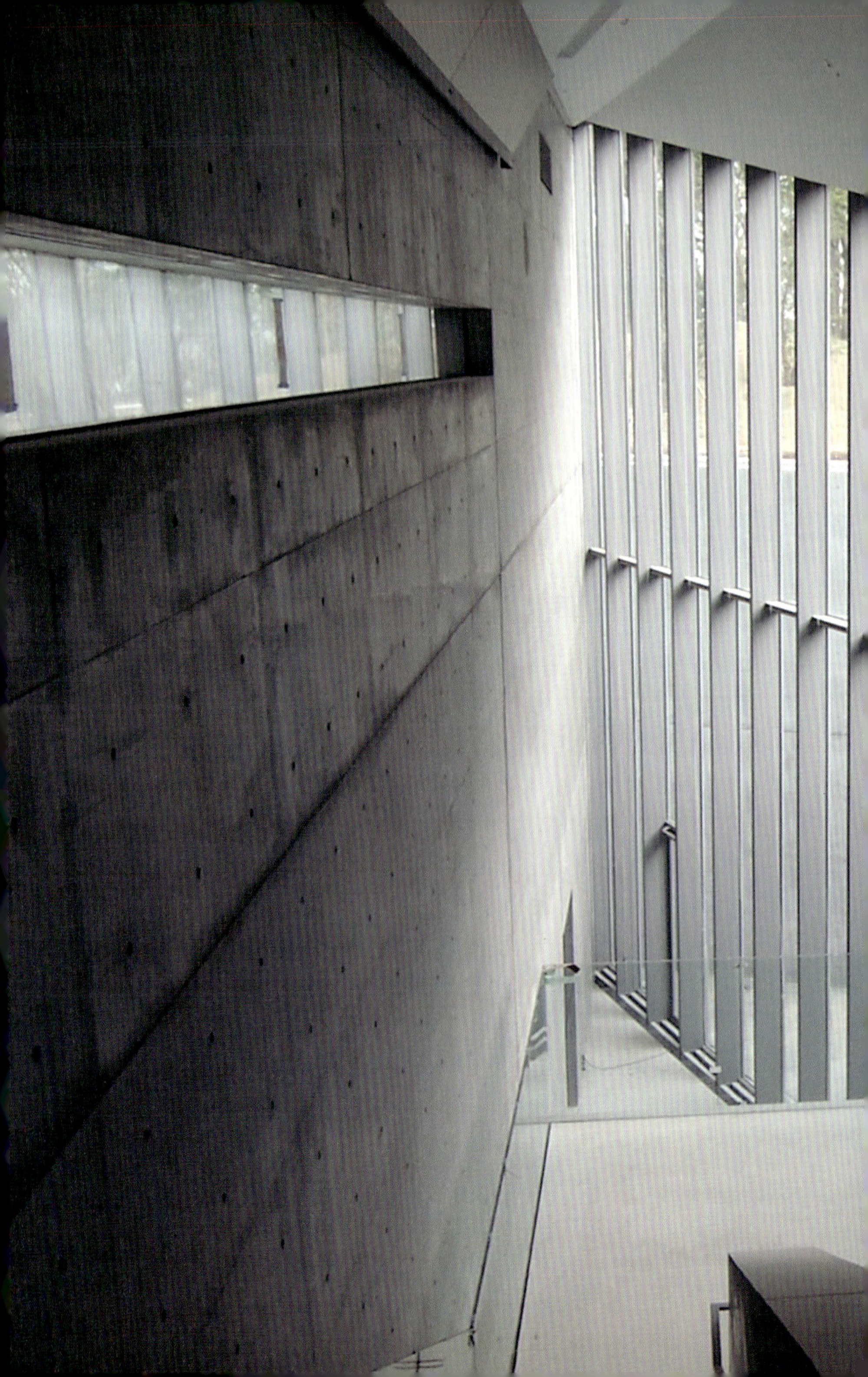

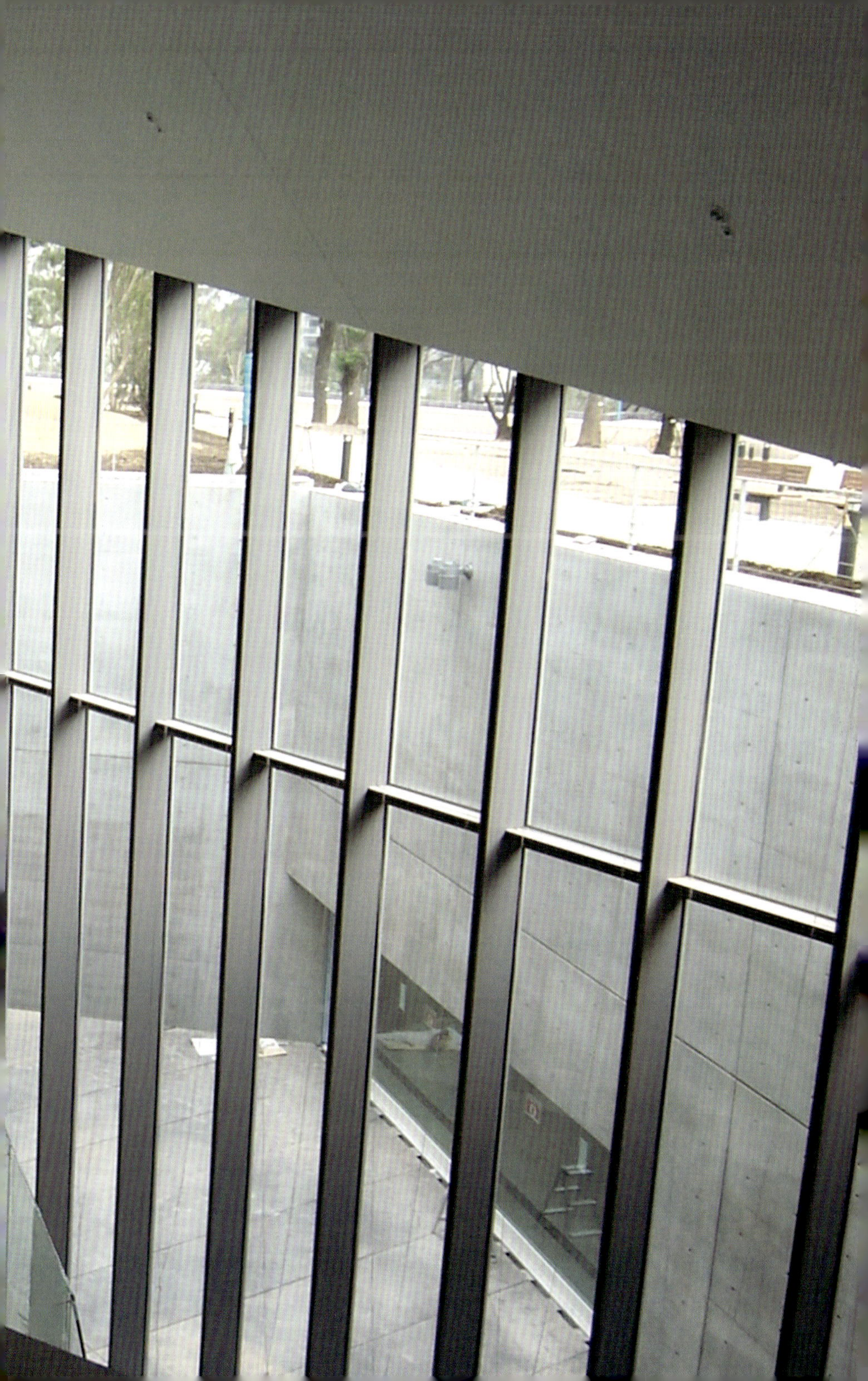

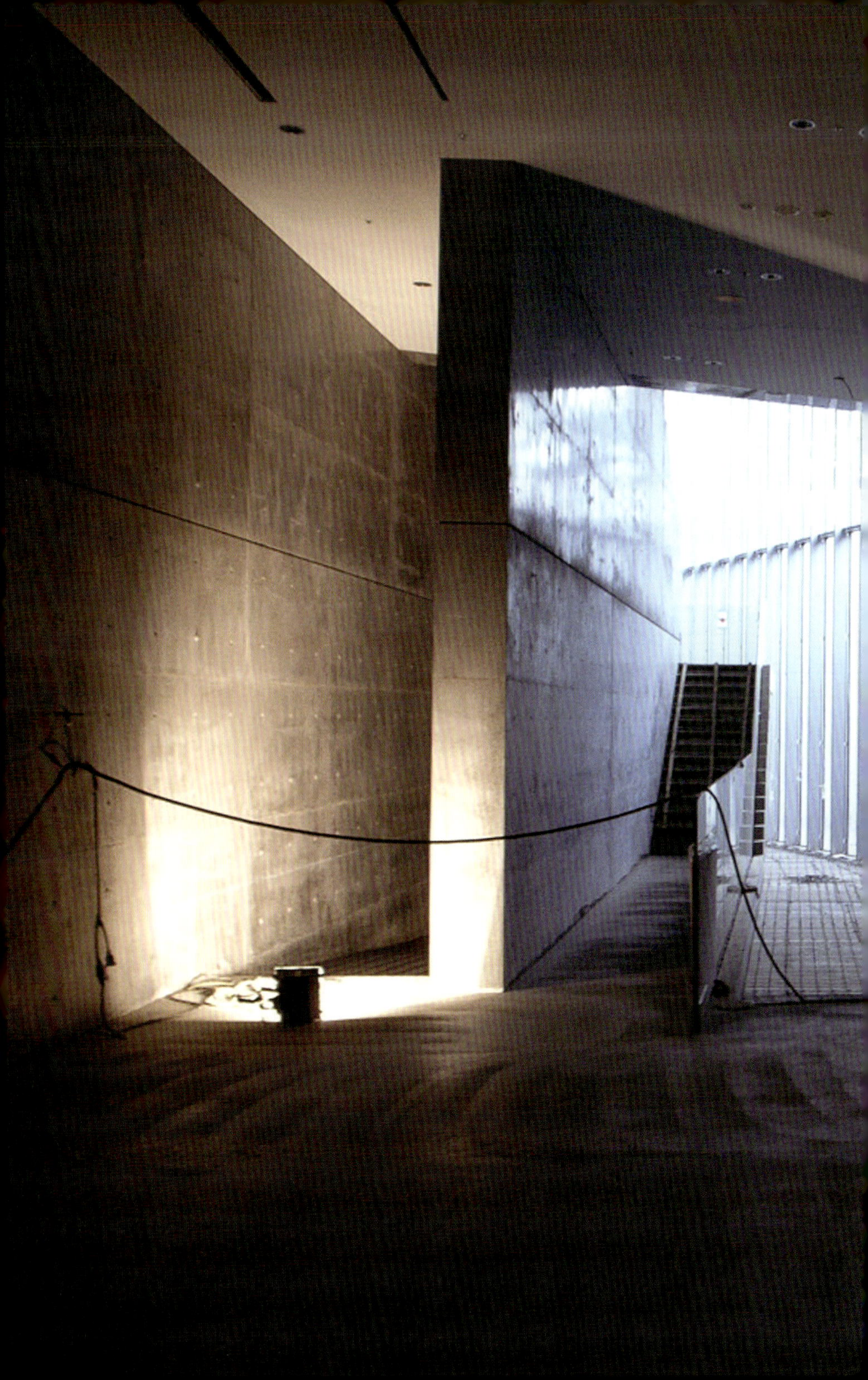

2

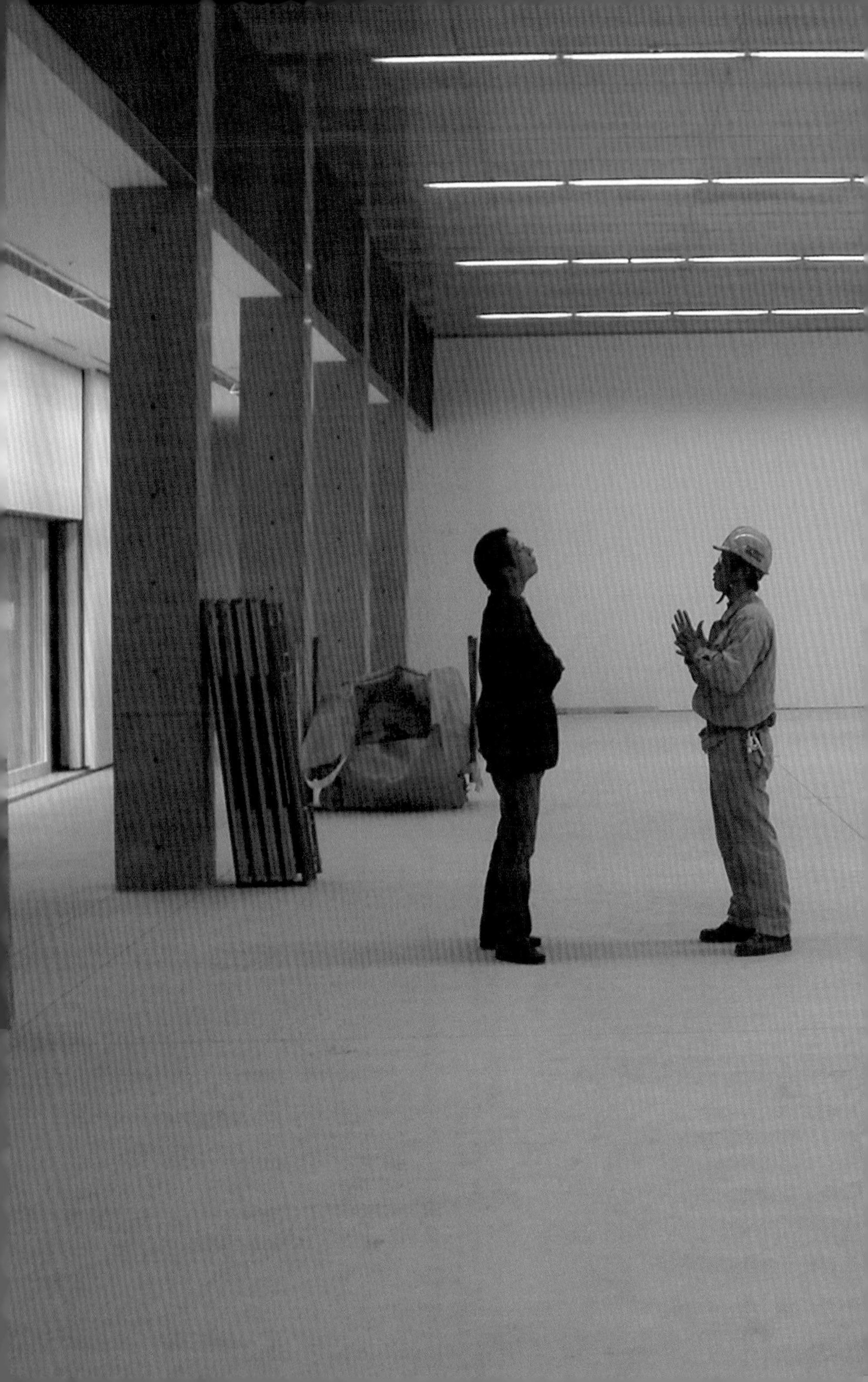

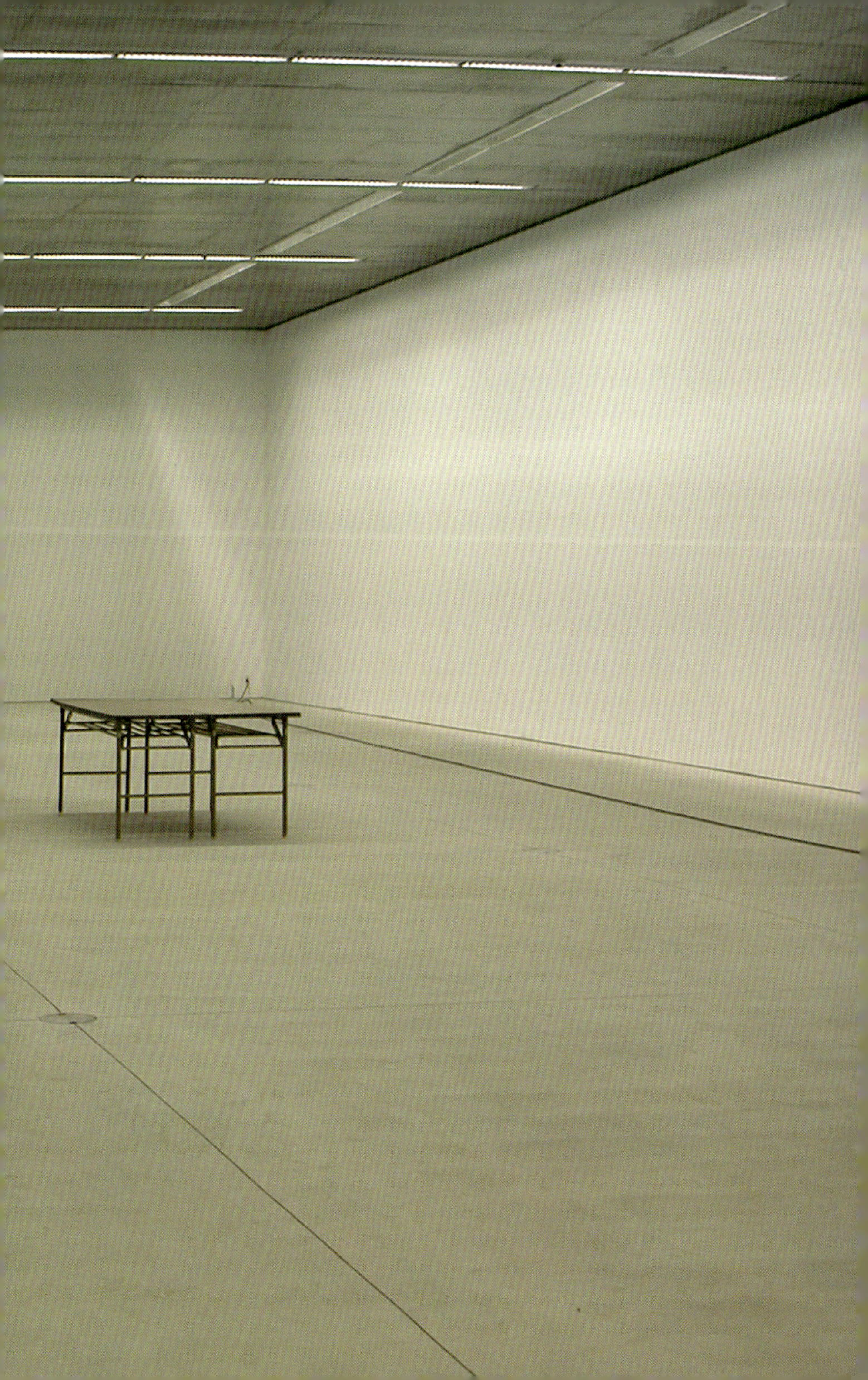

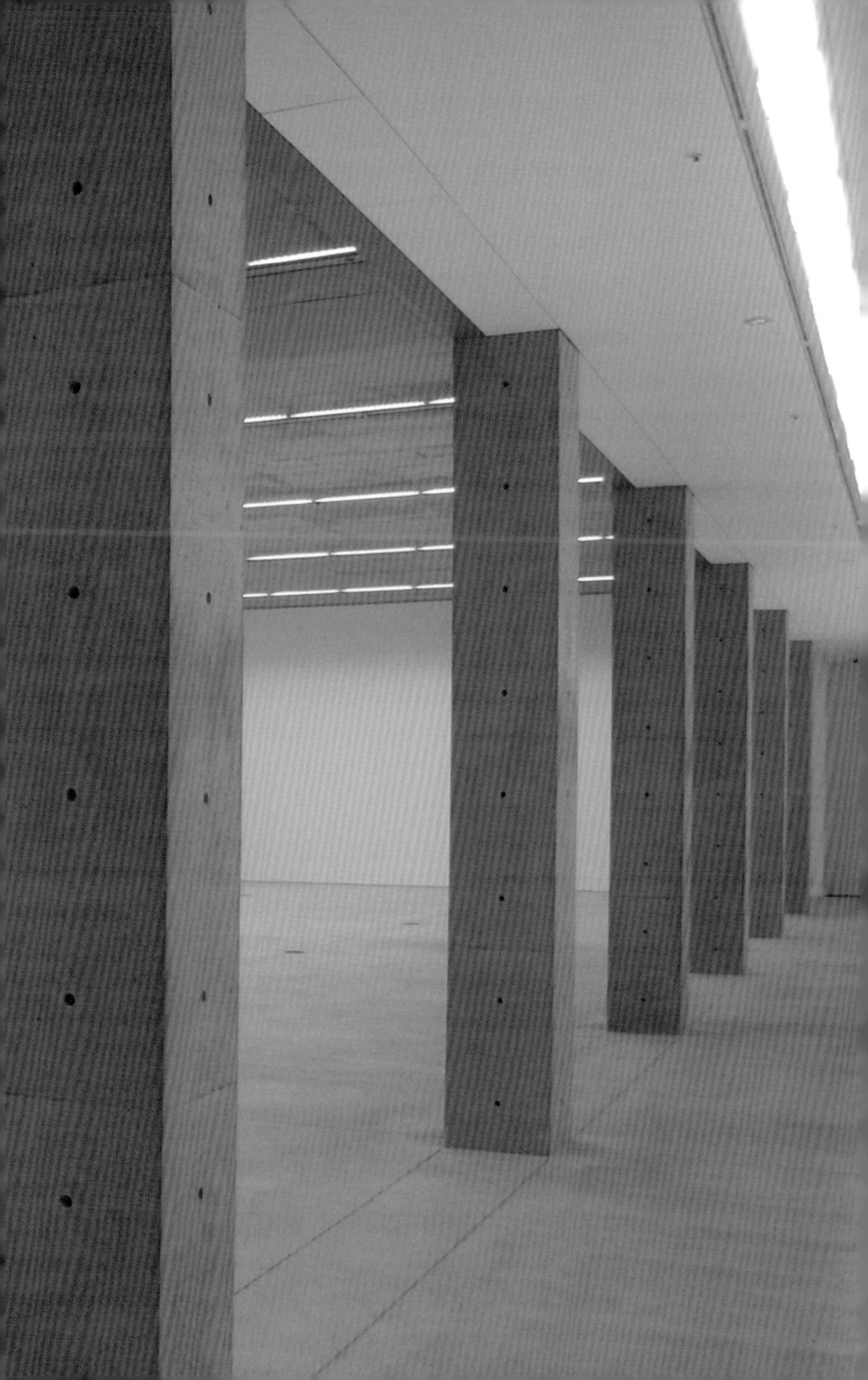

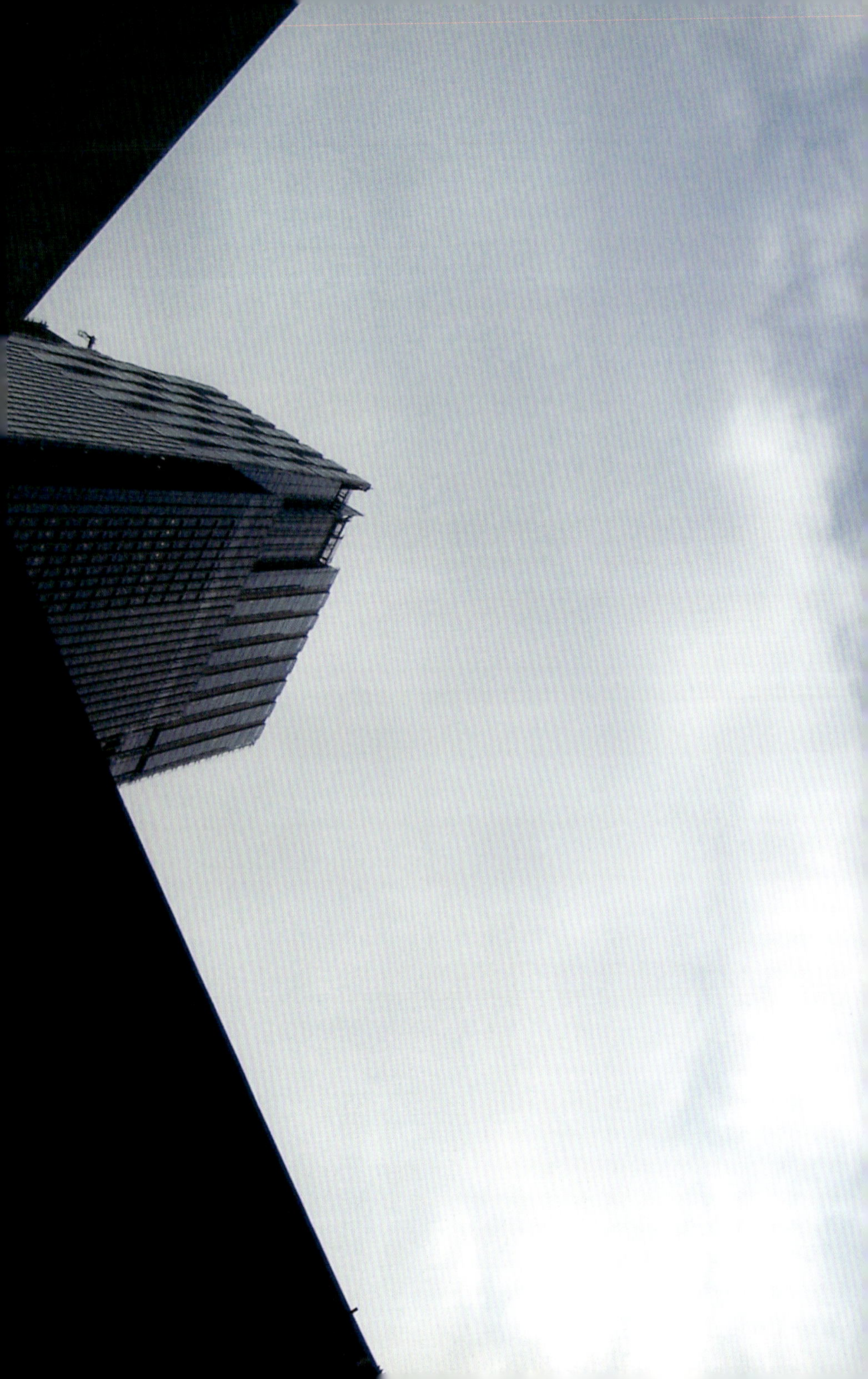

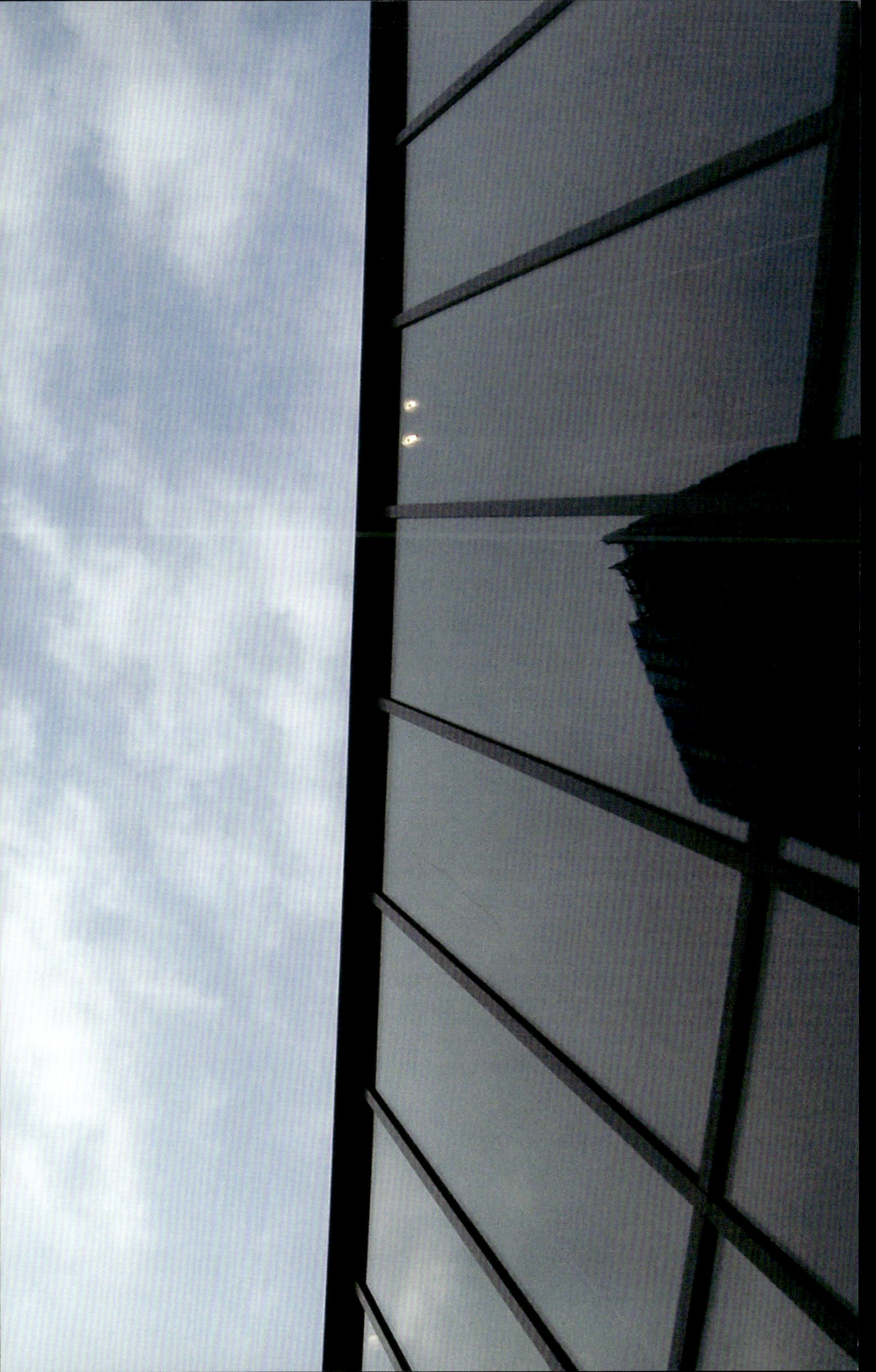

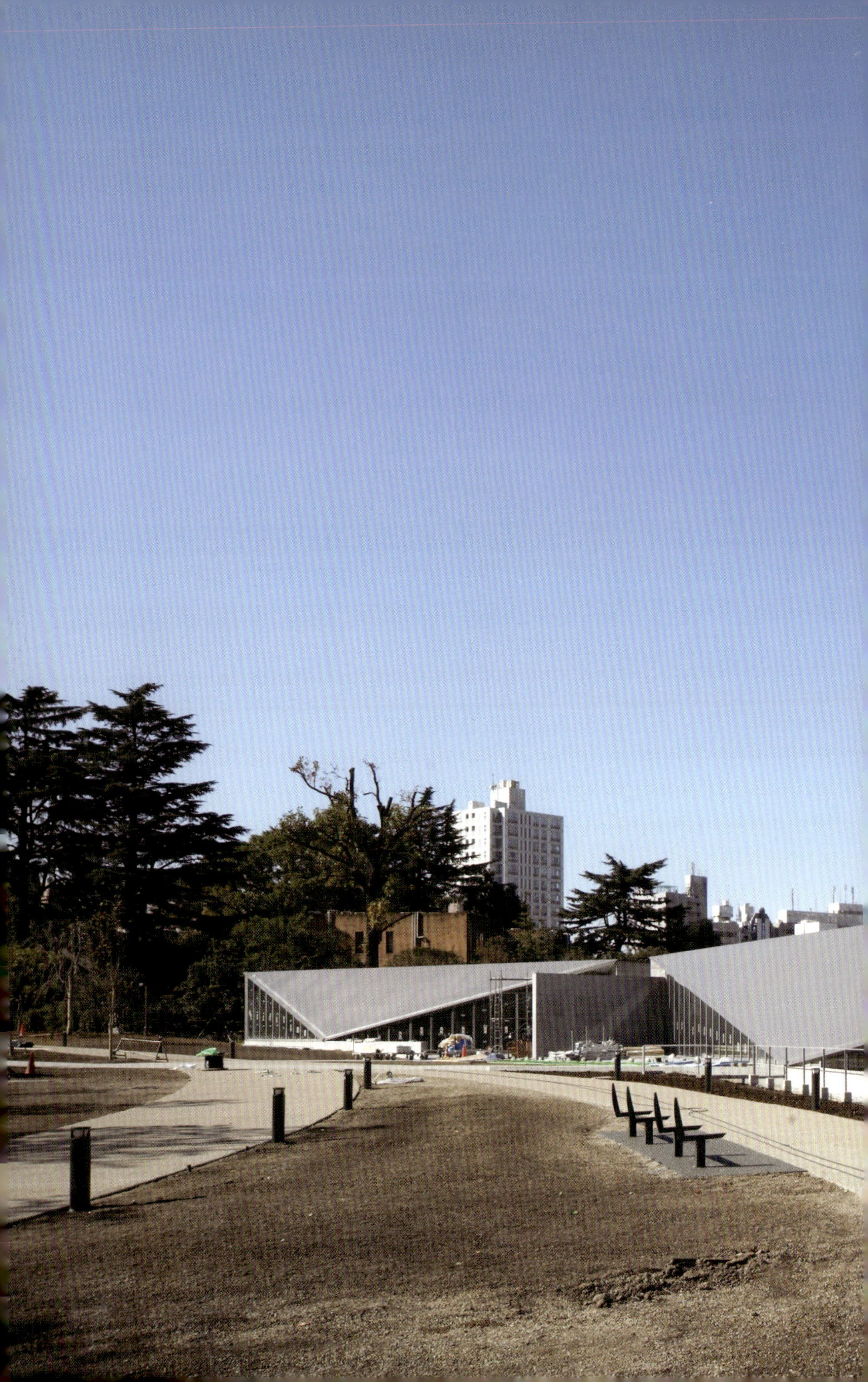

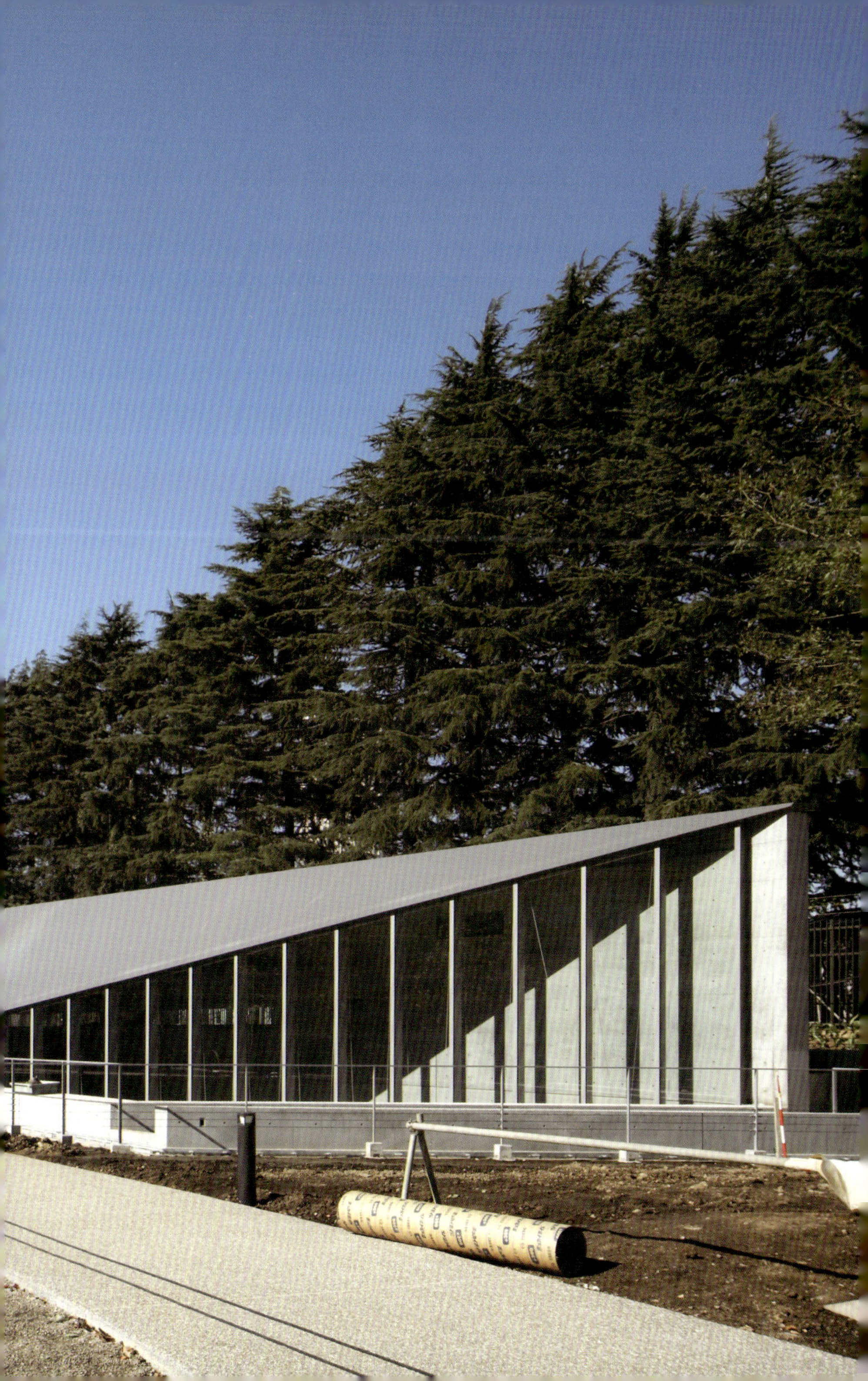

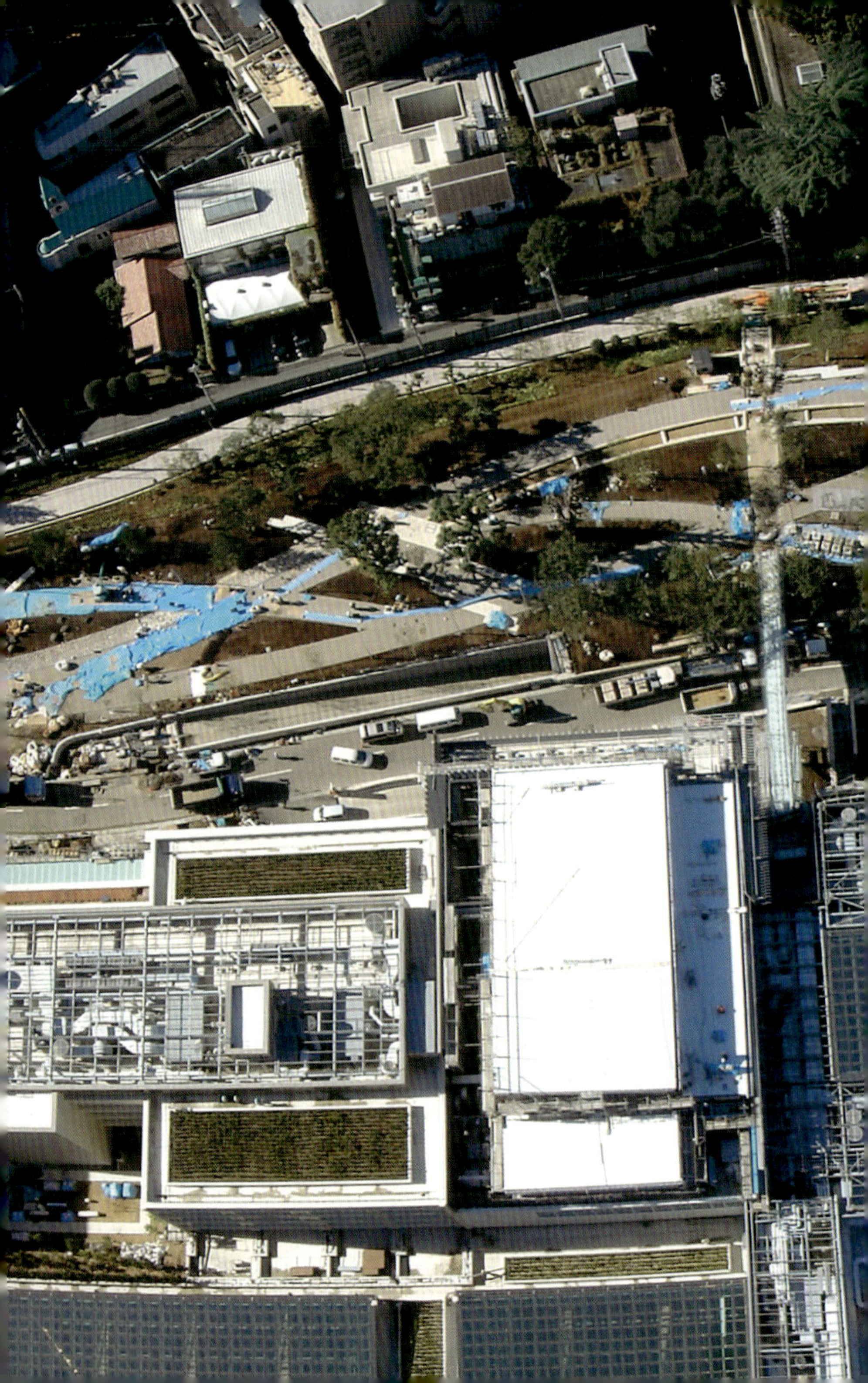

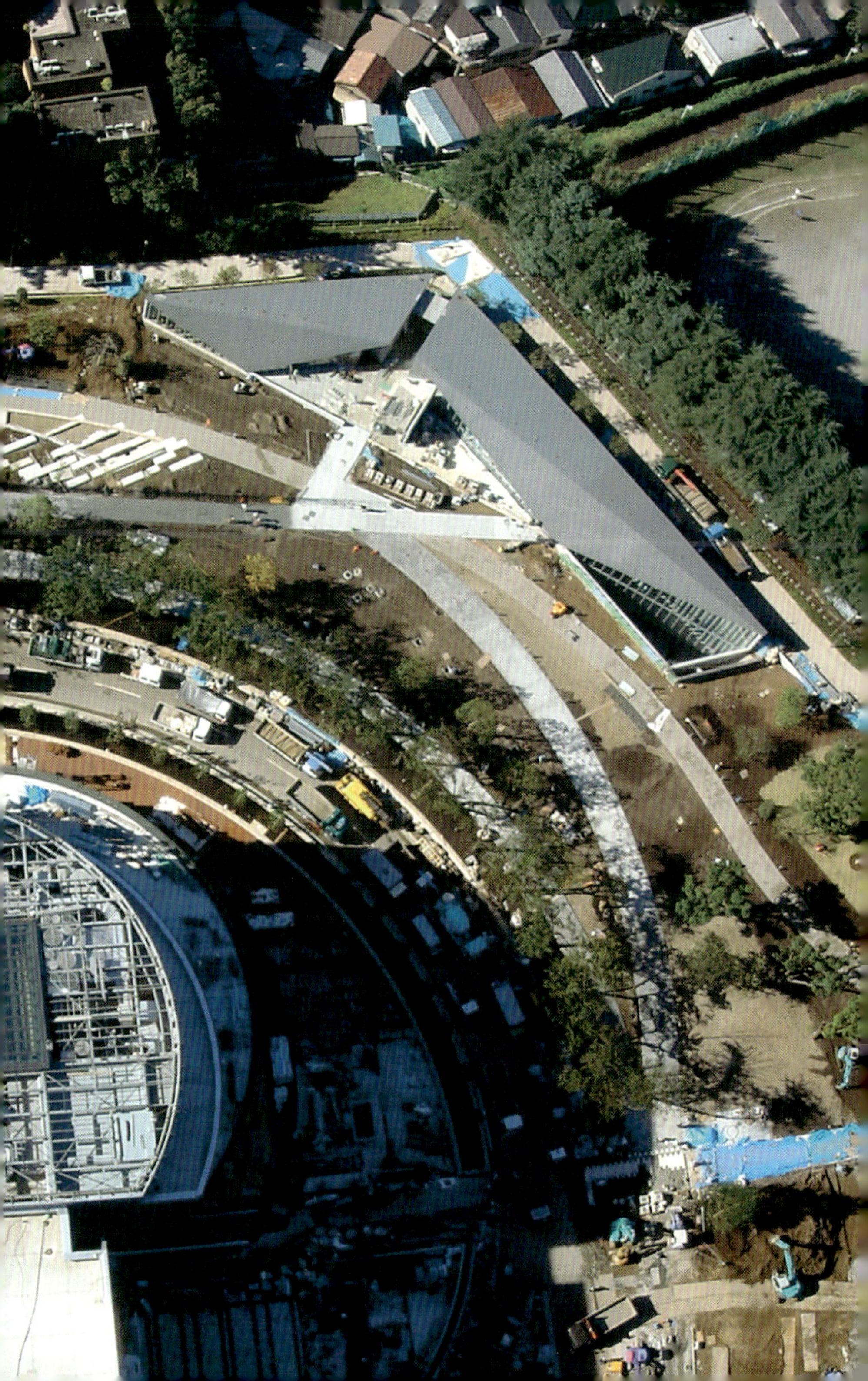

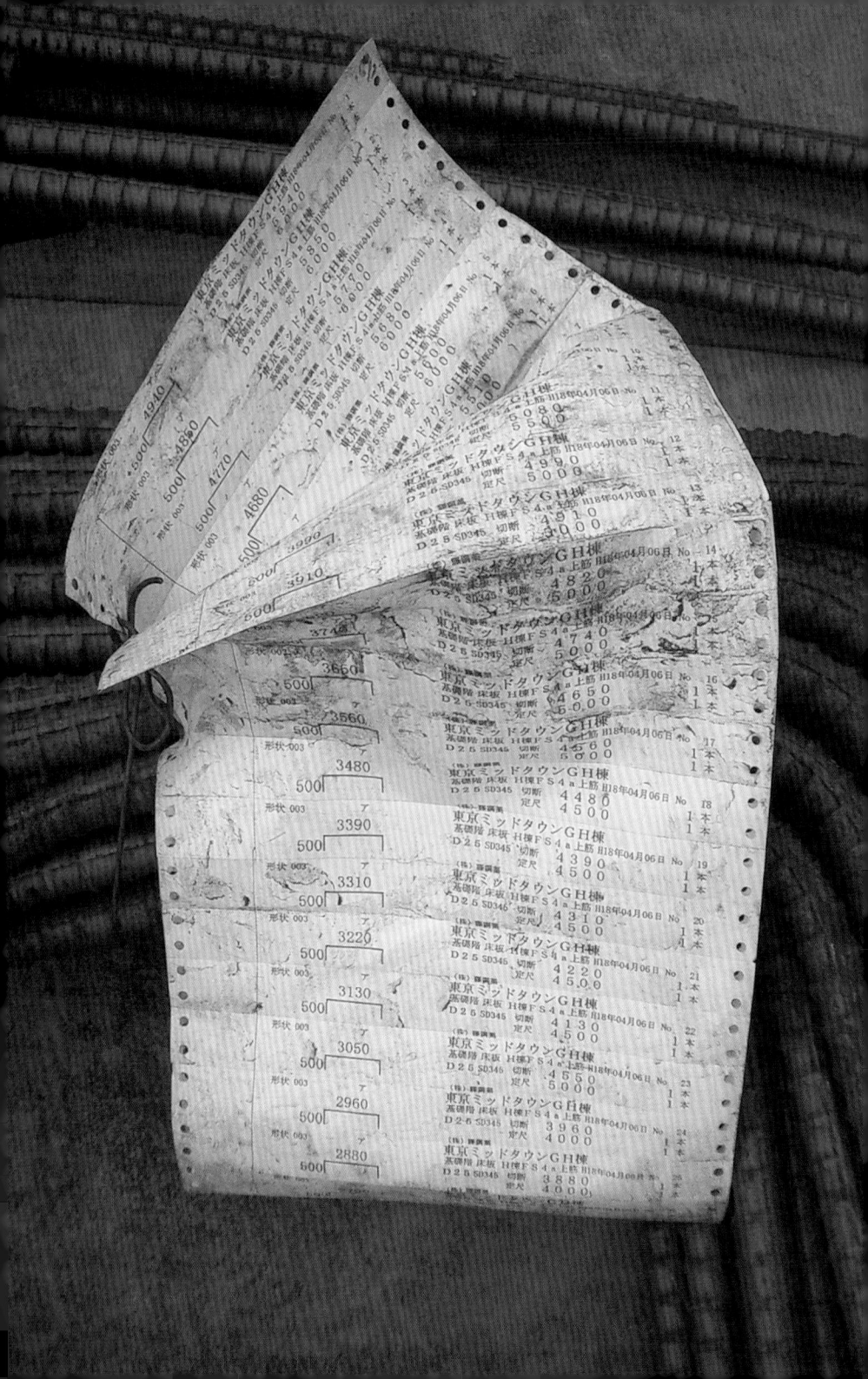

形状	寸法	現場名	部位	規格	加工	日付	No	本数
	4940	東京ミッドタウンGH棟	基礎階 床版 H棟 FS4a 上筋	D25 SD345	定尺	H18年04月06日	5	1本
500⌐ 4590 ⌐								
形状 003	4770				5850 6000			
	4680	東京ミッドタウンGH棟	基礎階 床版 H棟 FS4a 上筋	D25 SD345	定尺	H18年04月06日	8	1本
500⌐	3990				5770 6000			
形状 003	3910	東京ミッドタウンGH棟	基礎階 床版 H棟 FS4a 上筋	D25 SD345	切断	H18年04月06日	11	1本
	3740				5080 5000			
500⌐	3660	東京ミッドタウンGH棟 基礎階 床版 H棟 FS4a 上筋 D25 SD345 切断			4990 5000	H18年04月06日	12	1本
形状 003	3560	東京ミッドタウンGH棟 基礎階 床版 H棟 FS4a 上筋 D25 SD345 切断			4910 5000	H18年04月06日	13	1本
500⌐	3480	東京ミッドタウンGH棟 基礎階 床版 H棟 FS4a 上筋 D25 SD345 切断			4820 5000	H18年04月06日	14	1本
形状 003	3390	東京ミッドタウンGH棟 基礎階 床版 H棟 FS4a 上筋 D25 SD345 切断			4740 5000	H18年04月06日	15	1本
500⌐	3310	東京ミッドタウンGH棟 基礎階 床版 H棟 FS4a 上筋 D25 SD345 切断			4650 5000	H18年04月06日	16	1本
形状 003	3220	東京ミッドタウンGH棟 基礎階 床版 H棟 FS4a 上筋 D25 SD345 切断			4560 4500	H18年04月06日	17	1本
500⌐	3130	東京ミッドタウンGH棟 基礎階 床版 H棟 FS4a 上筋 D25 SD345 定尺			4480 4500	H18年04月06日	18	1本
形状 003	3050	東京ミッドタウンGH棟 基礎階 床版 H棟 FS4a 上筋 D25 SD345 定尺			4390 4500	H18年04月06日	19	1本
500⌐	2960	東京ミッドタウンGH棟 基礎階 床版 H棟 FS4a 上筋 D25 SD345 定尺			4310 4500	H18年04月06日	20	1本
形状 003	2880	東京ミッドタウンGH棟 基礎階 床版 H棟 FS4a 上筋 D25 SD345 定尺			4220 4500	H18年04月06日	21	1本
500⌐		東京ミッドタウンGH棟 基礎階 床版 H棟 FS4a 上筋 D25 SD345 切断			4130 4500	H18年04月06日	22	1本
		東京ミッドタウンGH棟 基礎階 床版 H棟 FS4a 上筋 D25 SD345 切断			4050 5000	H18年04月06日	23	1本
		(株)藤昌業 東京ミッドタウンGH棟 基礎階 床版 H棟 FS4a 上筋 D25 SD345 切断			3960 4000	H18年04月06日	24	1本
		(株)藤昌業 東京ミッドタウンGH棟 基礎階 床版 H棟 FS4a 上筋 D25 SD345 切断			3880 4000	H18年04月06日	25	1本

巻末資料

21_21 DESIGN SIGHT アクセスマップ
建築計画データ
竣工図面
プロジェクトの経緯
安藤忠雄　略歴

21_21 DESIGN SIGHT アクセスマップ

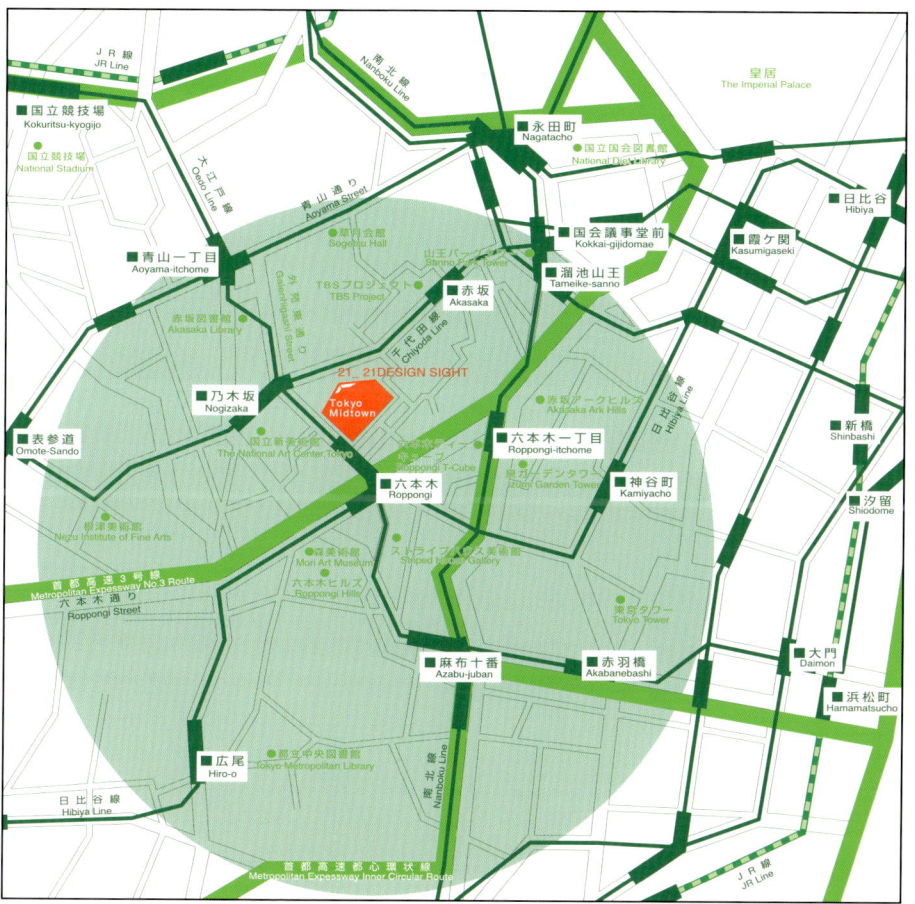

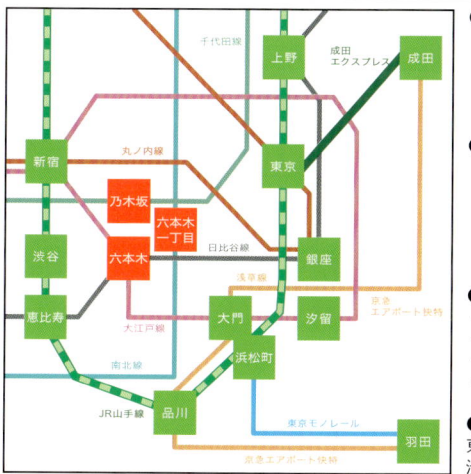

●成田空港へ
・直通リムジンバスで、約90分
・電車で最短70分
 六本木駅→東京駅（地下鉄で約10分）
 →成田空港駅（成田エクスプレスで約60分）

●羽田空港へ
・電車で最短29分
 六本木駅→大門駅（大江戸線で約6分）
 浜松町駅→羽田空港第2ビル駅（東京モノレールで約23分）
 六本木駅→大門駅（大江戸線で約6分）
 →羽田空港駅（京急エアポート快特で約23分）

●最寄り駅との連絡
・千代田線「乃木坂駅」から徒歩約3分
・南北線「六本木一丁目駅」から徒歩約8分
・大江戸線「六本木駅」と直結
・日比谷線「六本木駅」と直結予定

●近郊の主要駅へ
東京：約10分　汐留：約8分　品川：約11分　新宿：約9分
渋谷：約7分　銀座：約9分

建築計画データ

建築名称：　21_21 DESIGN SIGHT
建築所在地：東京都港区赤坂 9-7-6（東京ミッドタウン内）
主要用途：　デザイン文化交流施設（デザインミュージアム）、店舗（カフェレストラン）
建築主：　　三井不動産、他5社
企画構想：　北山創造研究所
設計監理：　安藤忠雄建築研究所＋日建設計
　　　　　　（安藤忠雄、矢野正隆、平野玲以、三浦朋訓＋神成健）
　　　　　　（構造：鳥井信吾、吉田和彦、新田山直紀）
　　　　　　（設備：高柳慎太郎、吉田直裕）
　　　　　　（監理：石上智章、橋本春二、川添富士美、小野里守旦）

グラフィックデザイン：　佐藤卓＋宮崎光弘

施工者：　　竹中・大成建設工事共同企業体（津山皓司、白石晃平、八重樫政昭）

面積規模：　敷地面積：2,653.30m^2（地区計画面積：約68,900m^2）
　　　　　　　　　　　2,039.15m^2（ミュージアム棟）＋614.15m^2（カフェ棟）
　　　　　　建築面積：　597.30m^2
　　　　　　　　　　　　394.93m^2（ミュージアム棟）＋202.37m^2（カフェ棟）
　　　　　　延床面積：1,932.43m^2
　　　　　　　　　　　1,732.61m^2（ミュージアム棟）＋199.82m^2（カフェ棟）
　　　　　　展示室：　　133m^2（ギャラリー1）＋443m^2（ギャラリー2）

主体構造：　鉄筋コンクリート造、一部鉄骨造
　　　　　　地下1階地上1階（ミュージアム棟）＋地上1階（カフェ棟）
　　　　　　最高高さ＝4.8m
　　　　　　天井高さ＝5.0m（ギャラリー1）、4.8m（ギャラリー2）

主要仕上：　外壁：　コンクリート打放しフッ素樹脂クリア塗装
　　　　　　屋根：　スチールプレート（t=16mm）、全溶接、フッ素樹脂塗装
　　　　　　外部床：石貼（花崗岩 t＝40mm）
　　　　　　　　　　スチールチェッカープレート（t=16mm）溶融亜鉛めっき燐酸処理
　　　　　　内部床：石貼（花崗岩 t＝30mm）
　　　　　　　　　　コンクリート直均し、浸透性表面硬化材塗装
　　　　　　内壁：　コンクリート打放し、プラスターボード貼り（t＝12mm）、EP
　　　　　　天井：　コンクリート打放し、プラスターボード貼り（t＝12mm）、EP

設計期間：　2004年03月 ～ 2005年09月
施工期間：　2005年10月 ～ 2007年02月
オープン：　2007年03月30日

Project Data

project:	21_ 21 DESIGN SIGHT
location:	9-7-6 Akasaka Minato-ku Tokyo, Japan (Tokyo Midtown)
program:	design museum, café restaurant
owner:	Mitsui Fudosan Co., Ltd. and 5 companies
concept:	Kitayama & Company
architect:	Tadao Ando Architect & Associates + Nikken Sekkei

(Tadao Ando, Masataka Yano, Rei Hirano, Tomonori Miura + Ken Kannari)
(structure design: Shingo Torii, Kazuhiko Yoshida, Naoki Nitayama)
(mep design: Shintaro Takayanagi, Naohiro Yoshida)
(supervison: Tomoaki Ishigami, Shunji Hashimoto, Fujio Kawazoe, Moriaki Onozato)

graphic design : Taku Satoh + Mitsuhiro Miyazaki

contractor: Takenaka Corporation + Taisei Corporation
(Kouji Tsuyama, Kouhei Shiraishi, Masaaki Yaegashi)

size:
- site area: $2,653.30m^2$ (total development area: $68,900m^2$)
  $2,039.15m^2$ (museum wing) + $614.15m^2$ (café wing)
- building area: $597.30m^2$
  $394.93m^2$ (museum wing) + $202.37m^2$ (café wing)
- floor area: $1,932.43m^2$
  $1,732.61m^2$ (museum wing) + $199.82m^2$ (café wing)
- gallery: $133m^2$ (gallery 1) + $443m^2$ (gallery 2)

structure: reinforced concrete + steel
1 story and 1 basement (museum wing) + 1 story (café wing)
height = 4.8 m
ceiling height=5.0m (gallery 1), 4.8m (gallery 2)

finish:
	exterior wall:	exposed concrete, fluoropolymer paint
	roof:	steel plate (t=16mm), fluoropolymer paint
	exterior floor:	stone (granite), steel plate (t=16mm)
	interior floor:	stone (granite), concrete
	interior wall:	exposed concrete, gypsum board (t=12mm), EP
	ceiling:	exposed concrete, gypsum board (t=12mm), EP

design period: Mar. 2004 – Sep. 2005
construction period: Oct. 2005 – Feb. 2007
open: 30 Mar. 2007

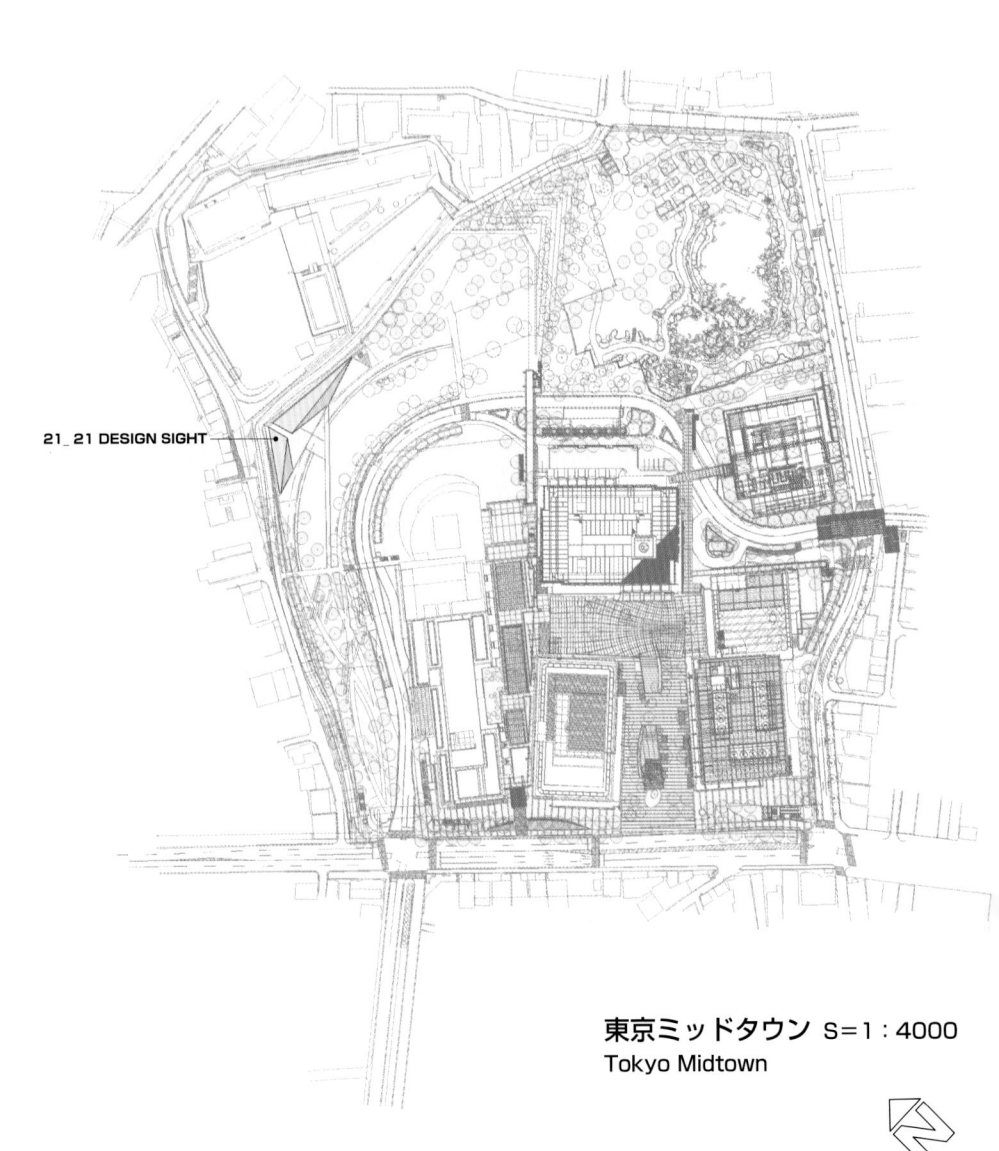

21_21 DESIGN SIGHT

東京ミッドタウン S=1:4000
Tokyo Midtown

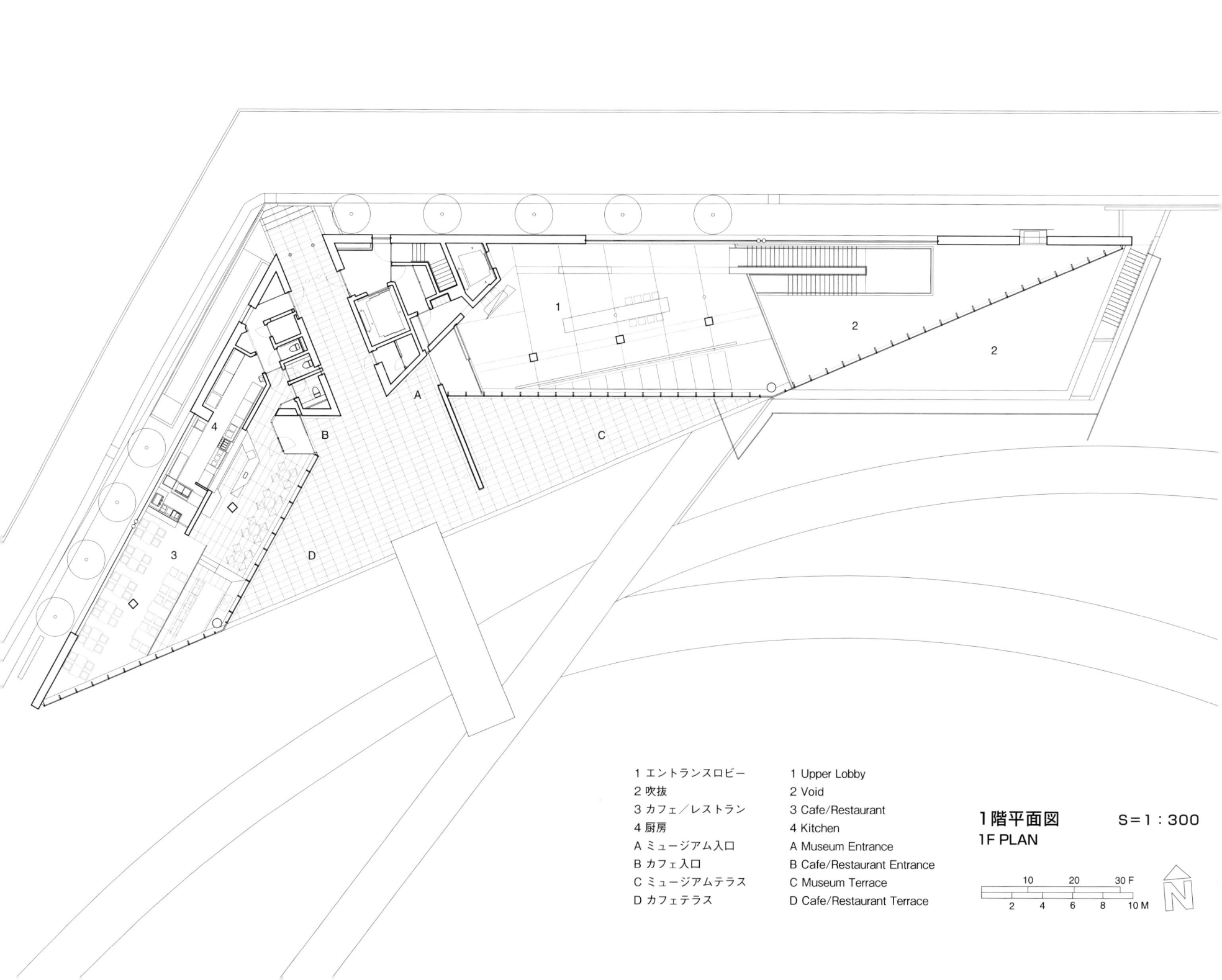

1 エントランスロビー	1 Upper Lobby
2 吹抜	2 Void
3 カフェ／レストラン	3 Cafe/Restaurant
4 厨房	4 Kitchen
A ミュージアム入口	A Museum Entrance
B カフェ入口	B Cafe/Restaurant Entrance
C ミュージアムテラス	C Museum Terrace
D カフェテラス	D Cafe/Restaurant Terrace

1階平面図　　S＝1：300
1F PLAN

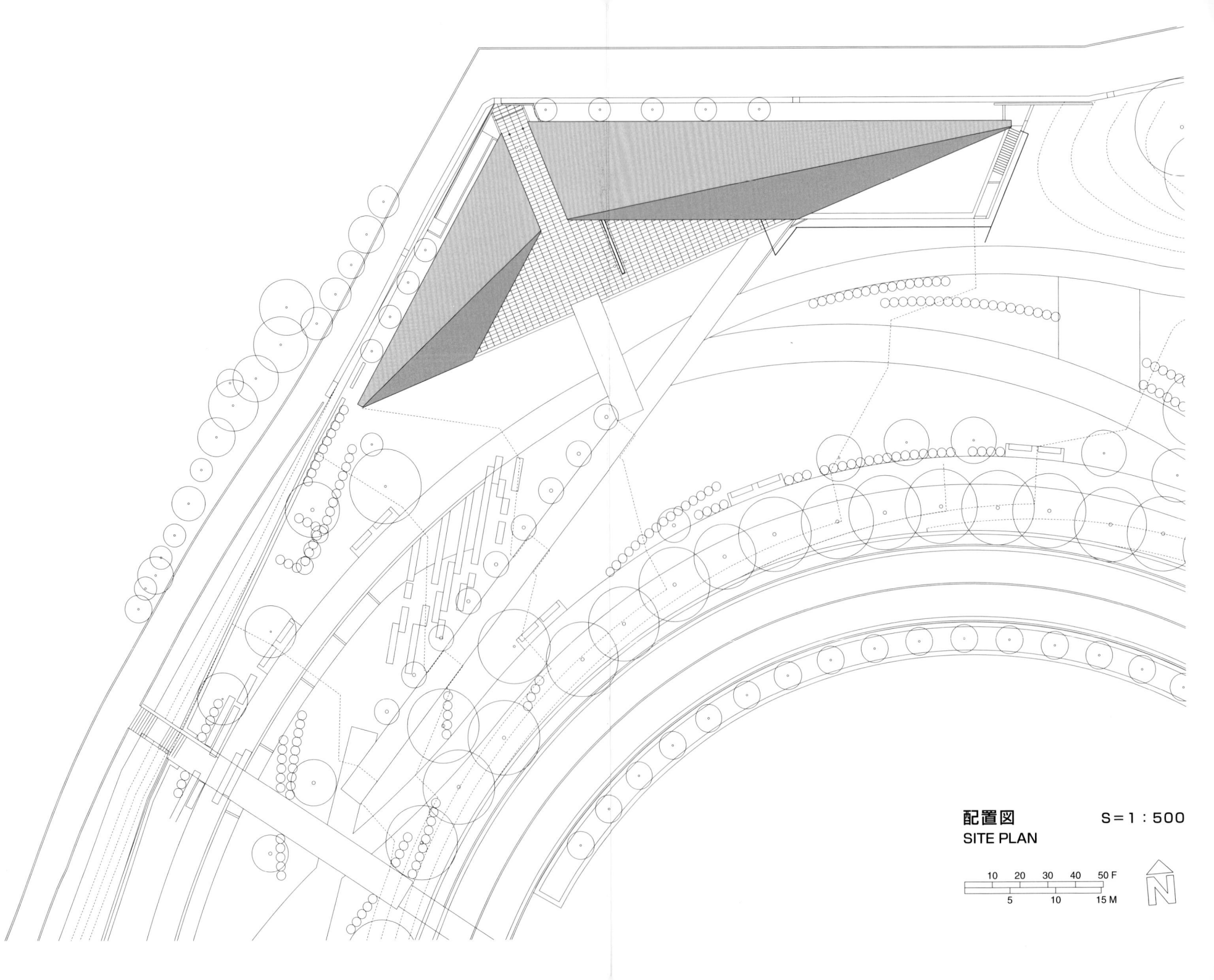

配置図　S=1:500
SITE PLAN

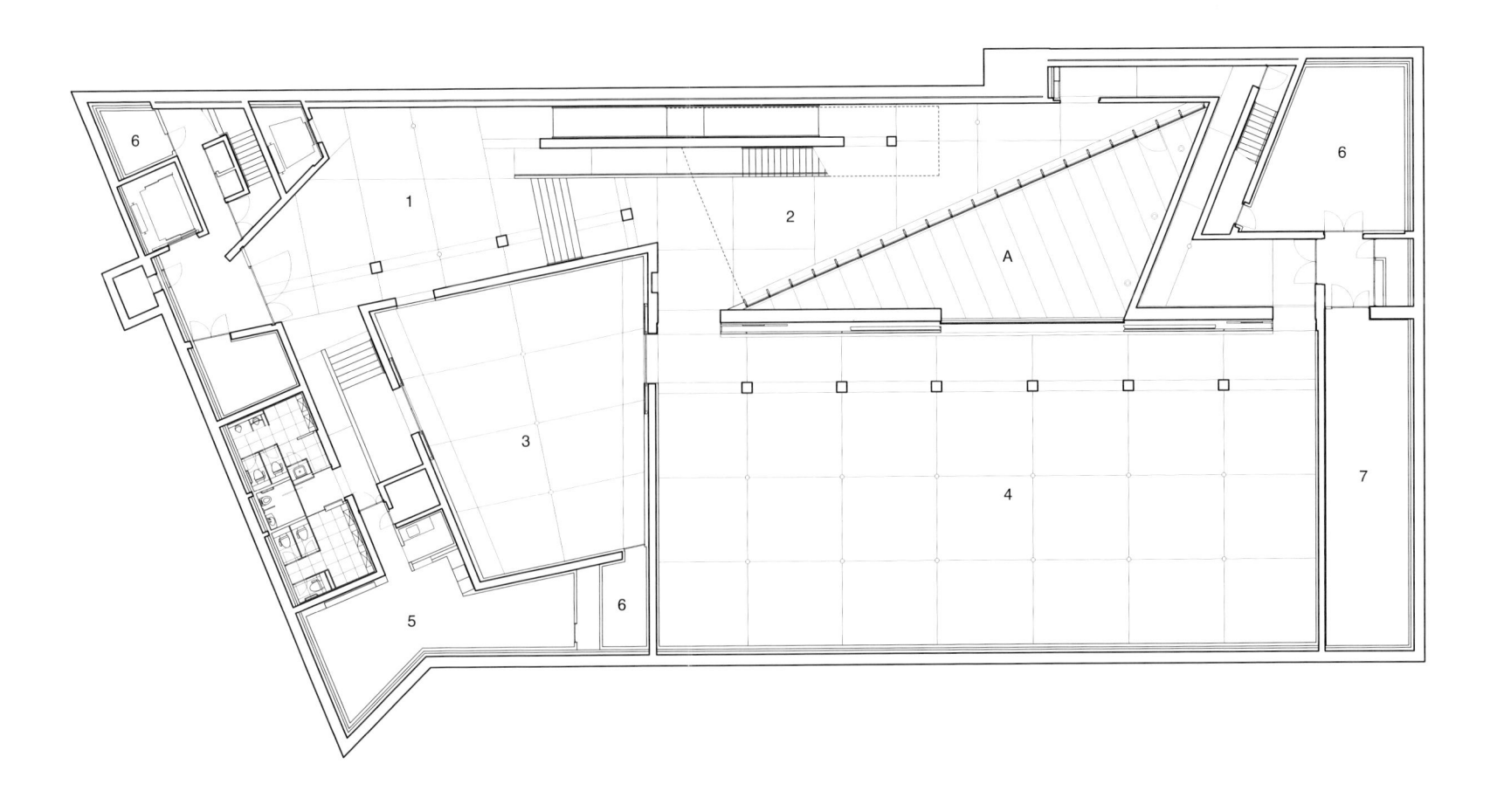

1 ロビー1	1 Lower Lobby1
2 ロビー2	2 Lower Lobby2
3 ギャラリー1	3 Gallery1
4 ギャラリー2	4 Gallery1
5 事務室	5 Office
6 倉庫	6 Storage
7 機械室	7 Machine Room
A サンクンコート	A Sunken Court

地下1階平面図　S=1:300
B1F PLAN

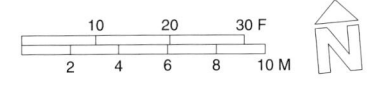

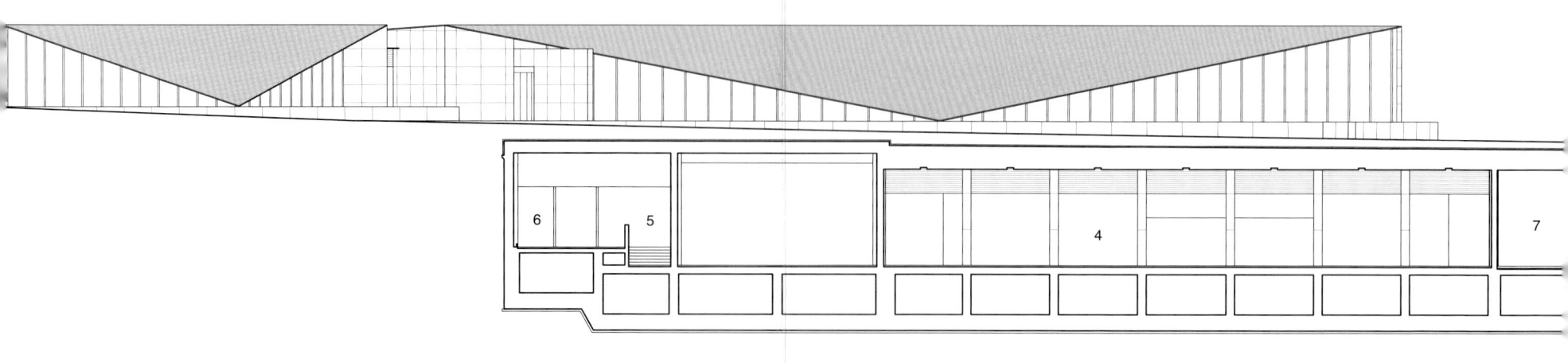

立断面図　S=1：300
ELEVATION/SECTION

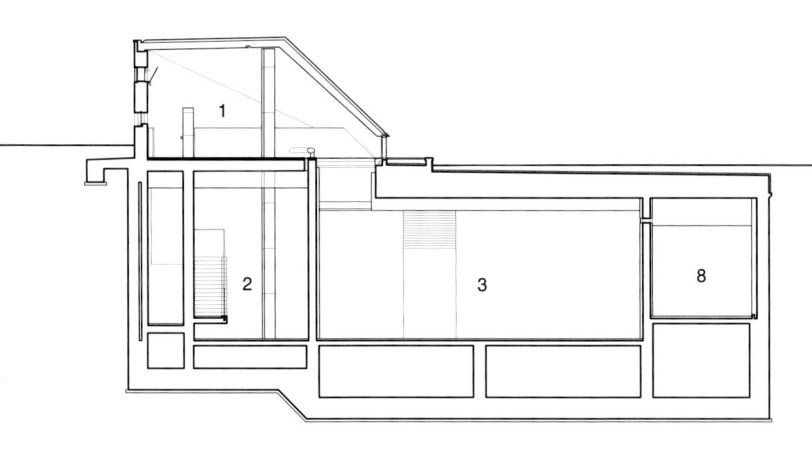

断面図　S=1：300
SECTION

1 エントランスロビー	1 Upper Lobby
2 ロビー1	2 Lower Lobby
3 ギャラリー1	3 Gallery1
4 ギャラリー2	4 Gallery2
5 ホワイエ	5 Foyer
6 洗面 便所	6 Rest Room
7 機械室	7 Machine Room
8 事務室	8 Office

安藤を囲む現場の人たち(2006.01)

プロジェクトの経緯

2001
04	赤坂9丁目(防衛庁跡地)再開発地区計画告示

2002
08	赤坂9丁目再開発研究会立上げ
09	用地一般競争入札

2003
01.28	三宅一生による「造ろうデザインミュージアム」の記事が朝日新聞に掲載
04	赤坂9丁目開発地区計画敷地内にデザインミュージアム構想浮上 北山創造研究所より計画検討の要請
07	安藤忠雄建築研究所による基本構想案提出(三角形案、地下2階、延床面積3300m²程度)

2004
01	東京ミッドタウン緑地内でのデザインミュージアム構想が正式採用 地下中央指揮所の利用の検討
03	北山創造研究所より設計の打診 西北角の敷地が新たに決定され、基本構想着手(延床面積2500m²程度)
04	北山創造研究所による東京デザインミュージアム構想案
05.18	東京ミッドタウン着工
05	基本計画案提示 (延床面積2900m²、地上1階地下3階)
07	基本計画とりまとめ(延床面積2900m²、カフェ別棟、地上1階地下2階)
11	基本設計完了
12	運営の見なおしにより設計条件の変更

2005
01	設計条件の変更にともなう基本計画提示(延床面積 2000m²程度、地上1階地下1階)
02	屋根鉄板案浮上
03	修正基本設計完了
04	実施設計開始
05	造成工事開始
06	実施設計(申請用)完了 現場遺跡調査
07.14	プレス発表、建物名称を 21_21 DESIGN SIGHT と決定
09	建築確認
10	着工

2006
05.20	上棟、鉄板屋根敷設開始
11	東京都他公官庁検査
11.15	東京ミッドタウンプレス発表

2007
01.26	21_21 DESIGN SIGHT竣工、引渡し
01.30	東京ミッドタウン竣工式
03.30	グランドオープニング

Project Process

2001
04 Official announcement of "Akasaka 9-chome District (Roppongi Defense Agency Site) Redevelopment Plan"

2002
08 Akasaka 9-chome District Redevelopment Workshop launched
09 General competitive bidding

2003
01.28 The article "Let's Create Design Museum" by Issey Miyake featured in the Asahi Shimbun
04 The idea of a Design Museum Plan at Akasaka 9-chome District Redevelopment site is conceived Kitayama & Company requested Tadao Ando to conduct a Preliminary Study
07 Concept Design proposed by Tadao Ando Architect & Associates (Triangular plan, 2 Basement floors, Floor area around 3300m^2)

2004
01 The concept of a Design Museum within the green area of the Tokyo Midtown was officially accepted. Feasibility study for the reuse of the Central Control Center in the basement is conducted
03 Design Commission requested by Kitayama & Company
New site confirmed at the north west corner of the Tokyo Mid Town Concept Design Started (Floor area 2500m^2)
04 Tokyo Design Museum Concept Plan by Kitayama & Company presented
05.18 Tokyo Midtown Groundbreaking
05 Preliminary Plan presented (Floor area 2900m^2 1F, 3 Basement floors)
07 Schematic Design presented (Floor area 2900m^2 Separate Café wing, 1F, 2 Basement floor)
11 Schematic Design completed
12 Design requirements revised due to changes in the museum's operation

2005
01 Basic Plan presented (Floor area 2000m^2, 1 Floor 1 Basement floor) based on the new design requirements
02 Idea of Steel-Plate Roof is conceived
03 Revised Schematic Design Completed
04 Design Development started
05 Design Museum Ground Breaking
06 Design Development Completed Site archeological examination
07.14 "21_ 21 DESIGN SIGHT" press announcement
09 Building Permit
10 Construction started

2006
05.20 Steel Frame rising and Steel Roof Plate work started
11 Authorities Inspection
11.15 Tokyo Midtown Press Announcement

2007
01.26 21_ 21 DESIGN SIGHT completed and handover
01.30 Tokyo Midtown completion ceremony
03.30 Grand opening

安藤忠雄　略歴

1941	大阪に生まれる
1962-69	独学で建築を学ぶ
1969	安藤忠雄建築研究所を設立

受賞
1979	「住吉の長屋」(1976)で昭和54年度日本建築学会賞受賞
1985	フィンランド建築家協会から、国際的な建築賞アルヴァ・アアルト賞(第5回)を受賞
1989	1989年度フランス建築アカデミー大賞(ゴールドメダル)受賞
1993	日本芸術院賞受賞
1995	1995年度プリツカー賞受賞
1996	高松宮殿下記念世界文化賞受賞
2002	2002年度アメリカ建築家協会(AIA)ゴールドメダル受賞 ローマ大学名誉博士号 同済大学(上海)名誉教授 京都賞
2003	文化功労者
2005	国際建築家連合(UIA)ゴールドメダル受賞

名誉会員
2002	イギリスロイヤルアカデミーオブアーツ名誉会員

教職
1987	イェール大学客員教授
1988	コロンビア大学客員教授
1990	ハーバード大学客員教授
1997	東京大学教授
2003-	東京大学名誉教授
2005-	東京大学特別栄誉教授 カリフォルニア大学バークレー校客員教授

主な作品
1983	六甲の集合住宅 I, II (1993), III (1999) 神戸、兵庫
1989	光の教会 茨木、大阪
1992	ベネッセハウス ミュージアム、ベネッセハウス オーバル(1995) 直島、香川
1994	大阪府立近つ飛鳥博物館 河南、大阪
2000	淡路夢舞台 東浦、兵庫 南岳山光明寺 西条、愛媛 FABRICA(ベネトンアートスクール) トレヴィソ、イタリア
2001	ピューリッツァー美術館 セントルイス、アメリカ アルマーニ・テアトロ ミラノ、イタリア 大阪府立狭山池博物館 大阪狭山、大阪
2002	兵庫県立美術館 神戸、兵庫 国際子ども図書館 台東、東京 フォートワース現代美術館 フォートワース、アメリカ
2003	4×4の住宅 神戸、兵庫
2004	地中美術館 直島、香川 ホンブロイッヒ/ランゲン美術館 ノイス、ドイツ
2006	同潤会青山アパート建替計画(表参道ヒルズ) 渋谷、東京 パラッツォ・グラッシ再生計画 ヴェニス、イタリア

Tadao Ando Biography

1941	Born in Osaka, Japan
1962-69	Self-educated in architecture
1969	Established Tadao Ando Architect & Associates

Awards

1979	Annual Prize, Architectural Institute of Japan "Row House, Sumiyoshi"
1985	The 5th Alvar Aalto Medal, The Finnish Association of Architects, Finland
1989	Gold Medal of Architecture, Académie d'Architecture (French Academy of Architecture), France
1993	Japan Art Academy Prize, Japan
1995	The Pritzker Architecture Prize, U.S.A.
1996	The 8th Premium Imperiale
2002	Gold Medal of the American Institute of Architects, U.S.A.
	Honorary Degree, Universit Degli Studi di Roma, Italy
	Honorary Degree, Tongji University, Shanghai, China
	The Kyoto Prizes, Japan
2003	Person of Cultural Merit, Japan
2005	Gold Medal of Union Internationale des Architectes

Affiliations

2002	Honorary Academician, The Royal Academy of Arts in London

Academic Activities

1987	Yale University, Visiting Professor
1988	Columbia University, Visiting Professor
1990	Harvard University, Visiting Professor
1997	University of Tokyo, Professor
2003-	University of Tokyo, Emeritus Professor
2005-	University of Tokyo, Special University Professor Emeritus
	University of California, Berkeley, Regent Professor

Representative Works

1983	Rokko Housing I, II (1993), III (1999) Kobe, Hyogo
1989	Church of the Light, Ibaraki, Osaka
1992	Benesse House Museum/Naoshima, Oval (1995), Naoshima, Kagawa
1994	Chikatsu-Asuka Historical Museum, Kanan, Osaka
2000	Awaji-Yumebutai (Awaji Island Project), Higashiura, Hyogo
	FABRICA (Benetton Communication Research Center), Treviso, Italy
2001	Pulitzer Foundation for the Arts, St. Louis, U.S.A.
	ARMANI/TEATRO, Milan, Italy
	Sayamaike Historical Museum, Osaka-Sayama, Osaka
2002	Hyogo Prefectural Museum of Art, Kobe, Hyogo
	The International Library of Children's Literature, Taito, Tokyo
	Modern Art Museum of Fort Worth, U.S.A.
2003	4 x 4 House, Kobe, Hyogo
2004	Chichu Art Museum/Naoshima, Kagawa
	Langen Foundation/Hombroich Museum, Neuss, German
2006	Omotesando Hills (Omotesando Regeneration Project), Shibuya, Tokyo
	Palazzo Grassi Renovation, Venice, Italy

写真提供

吉村昌也／ナカサアンドパートナーズ
2-3, 96-97, 100-101, 108-111, 126-127,
131-135, 140-141, 200-201, 250-251, 262-263

藤塚光政
37, 65

新建築社
78-79, 84

編集出版組織体アセテート
252-253, 256-257, 260-261

その他の写真
安藤忠雄建築研究所／日建設計／竹中工務店

英文翻訳
渡辺洋

凡例

TA　安藤忠雄建築研究所
NS　日建設計
TK　竹中工務店

Photograph

Masaya Yoshimura/
NACASA & PARTNERS, INC.
2-3, 96-97, 100-101, 108-111, 126-127,
131-135, 140-141, 200-201, 250-251, 262-263

Mitsumasa Fjitsuka
37, 65

JA (Shin-Kenchikusha)
78-79, 84

acetate
252-253, 256-257, 260-261

other
Tadao Ando Architect & Associates/
Nikken Sekkei/Takenaka Corporation

Translation
Hiroshi Watanabe

Explanatory Note

TA　Tadao Ando Architect & Associates
NS　Nikken Sekkei
TK　Takenaka Corporation

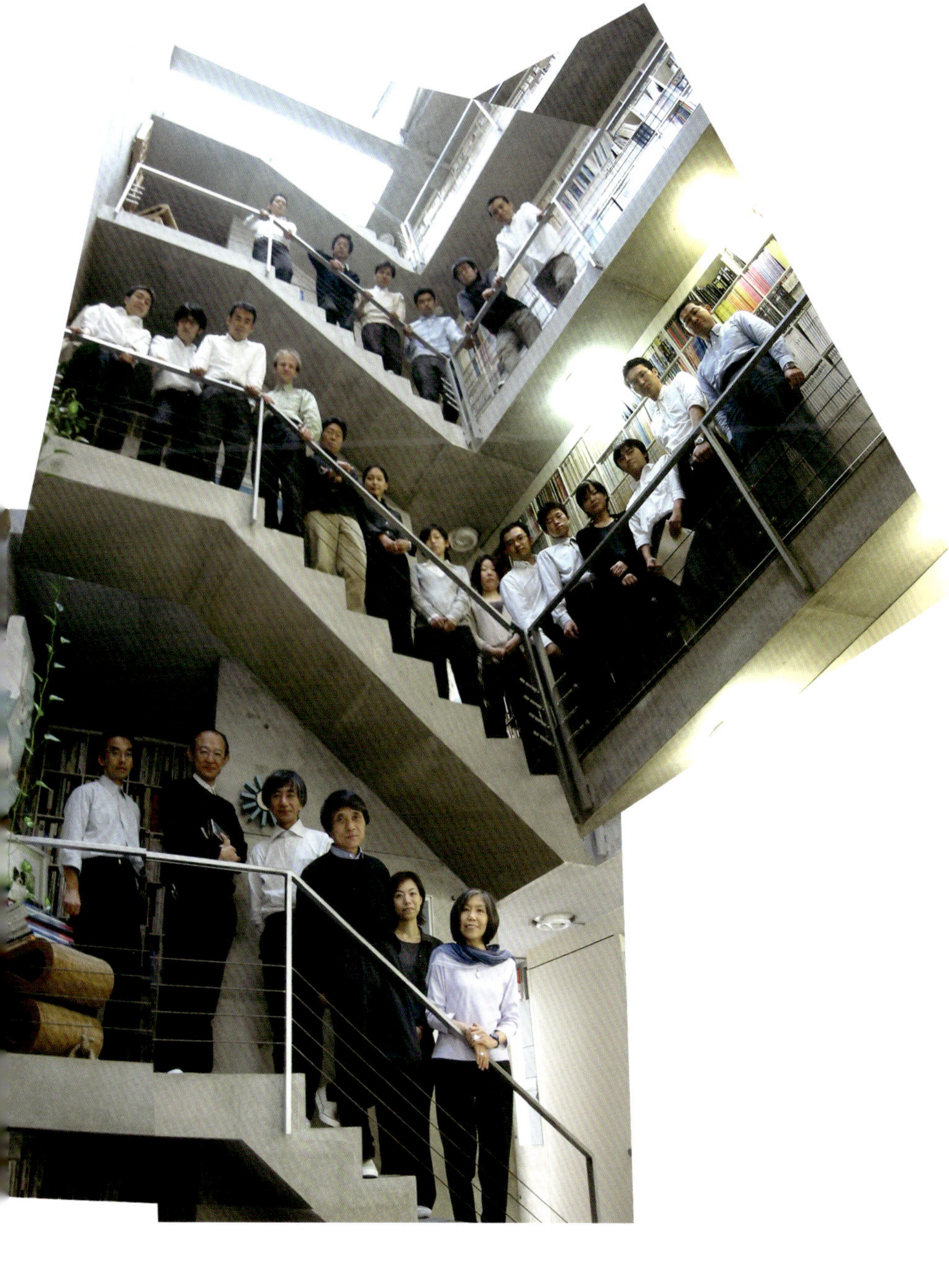

悪戦苦闘2006年の現場　21_21 DESIGN SIGHT
2007年3月30日初版発行

21_21

著　　　者	安藤忠雄建築研究所
発　　　行	安藤忠雄建築展実行委員会
編 集 協 力	編集出版組織体アセテート
印刷・製本	株式会社国際印刷出版研究所

© Tadao Ando Architect & Associates 2007 Printed in Japan
ISBN978-4-9903545-0-3 C3052
表紙写真　基礎梁配筋の様子　撮影：吉村昌也／ナカサアンドパートナーズ